高校志愿服务
与长效机制建设研究

马　凌　闵德美◎著

吉林出版集团股份有限公司

图书在版编目（CIP）数据

高校志愿服务与长效机制建设研究/马凌,闵德美
著. — 长春：吉林出版集团股份有限公司，2023.9
ISBN 978-7-5731-4332-7

Ⅰ. ①高… Ⅱ. ①马… ②闵… Ⅲ. ①高等学校－青
年志愿者行动－社会服务－研究－中国 Ⅳ. ①G646
②D432.6

中国国家版本馆CIP数据核字（2023）第181942号

高校志愿服务与长效机制建设研究
GAOXIAO ZHIYUAN FUWU YU CHANGXIAO JIZHI JIANSHE YANJIU

著　　者	马　凌　闵德美
责任编辑	滕　林
封面设计	林　吉
开　　本	787mm×1092mm　　1/16
字　　数	220千
印　　张	14
版　　次	2023年9月第1版
印　　次	2024年1月第1次印刷
出版发行	吉林出版集团股份有限公司
电　　话	总编办：010-63109269
	发行部：010-63109269
印　　刷	廊坊市广阳区九洲印刷厂

ISBN 978-7-5731-4332-7　　　　　　　　　　　　定价：78.00元

前　言

　　“把培育和弘扬社会主义核心价值观作为凝魂聚气、强基固本的基础工程”，大学生志愿服务是践行社会主义核心价值观的有效载体之一。大学生在参与社会奉献、进行志愿服务的过程中能够提高精神境界，培育文明风尚，树立起社会主义核心价值观。因此，在大学生志愿服务中嵌入社会主义核心价值观培育，厘清社会主义核心价值观与大学生志愿服务两者之间的关系，从而对大学生志愿服务中价值观的具体内容进行提炼和总结，明确大学生志愿服务中价值观就是社会主义核心价值观在大学生志愿服务领域有针对性体现的部分内容，可以为大学生更好地培育和践行社会主义核心价值观提供现实依据和理论参考。大学生志愿者服务活动作为推进其思想政治教育工作的重要组成部分，对于加强思想政治教育和推进社会主义核心价值观建设具有很大的实效性。

　　为了保证内容的丰富性与研究的多样性，本书在撰写的过程中参阅了大量关于“互联网＋”及大学生志愿服务方面的相关资料，再次对其作者表示衷心感谢。最后，由于作者水平有限，时间仓促，书中难免有疏漏和不妥之处，恳请同行专家和读者批评指正。

目　录

第一章　导论

志愿服务是在志愿精神感召下志愿开展的无偿的公益性服务活动。作为一种专门的系统化的社会服务活动，志愿服务活动来自于西方，但作为人类社会所共有的精神追求和实践活动，它贯穿于人类社会历史过程的始终，并且存在于人类社会各种文化和文明之中。现代意义的志愿服务活动既与人类社会普遍存在的扶危、济困和做好事等相联系，同时又注入了新的时代内涵。在当前，志愿活动具有强大的精神价值和内在的感召力，是社会主义社会建设的强大精神力量，值得大力弘扬和推广。

第一节　志愿服务的界定

如前所述，志愿服务是人类社会普遍存在的一种美好理念和精神追求，它存在于人类社会历史发展的过程，贯穿于一切人类历史和文化之中，但是作为现代意义的志愿服务概念又与志愿服务的思想有着很大的不同，因此，有必要对现代意义的志愿服务概念进行界定和说明。

一、志愿服务的基本概念

对于志愿服务（Volunteer Service）的界定，国内外学者有着不同的理解。美国学者 Barker 认为志愿服务是为追求公共利益而提供的服务，强调对公共利益的追求，而对其服务的性质和特点并没有作具体规定。英国学者 Bills 和 Harris 将其定义为一种有组织的利他行为，强调志愿服务的社会动机，而对志愿服务过程和行为也没有更多说明。而另一位英国学者 Dunn 更进一步对志愿服务进行了界定，认为志愿服务是出于社会公益责任的自愿行为，具有无偿利他、非强迫参与等特点，表达的是人与人之间互动及社会文化、民主与经济发展的过程，比较全面地界定了志愿服务的性质、特点和功能，对志愿服务做了相对完善的定义。

国内学者丁元竹等将志愿服务界定为任何人自愿贡献个人时间和精力，在不为物质报酬的前提下，为推进人类发展、社会进步和社会福利事业而提供的服务。李凯将志愿服务界定为：利用个人的时间、技能、资源与善心，为邻居、社区和社会提供非营利、无偿、非职业化援助的行为。莫于川将志愿服务定义为：不以营利为目的，基于利他动机，自愿、无偿地贡献知识、体能、劳力、经验、技能及时间等，以增进他人福利、提升个人价值、促进社会和谐与进步的服务活动。它源自慈善，但提供的主要是非金钱的帮助。

与学者对志愿服务定义相对比较个性化和多元性相比，一些组织和机构，特别是志愿服务方面的法律法规对志愿服务的界定更为具体和具有操作性。比如，西班牙志愿服务法对志愿服务的定义为：由自然人推行且符合公共利益之整体工作为志愿服务，唯上述工作之推行非基于一项劳动、公职、商业或任何其他有给薪关系，且具备下列条件：（1）具备利他及助人之特性；（2）其从事志愿服务出于自由意志，非基于个人义务或法律责任；（3）无酬劳，然而在从事志愿服务工作时产生之花费，得核实报销；（4）透过私人或公家组织且依据具体计划或方案推行。

单独、偶发或在公、私立非营利组织之外，基于家庭、友谊或睦邻原因执行之志愿服务工作皆排除在外。

在任何情况下，志愿服务工作皆不得取代有给薪之工作。

根据前条之规定，以下皆视为符合公众利益之工作：救助、社会服务、市政、教育、文化、科学、体育、卫生、合作发展、环境保护、经济或研究之保护、联合活动之发展、志愿服务之提升或其他任何类似性质者。

捷克志愿服务法对志愿服务的界定为：

（1）志愿服务是志愿者实施的以下活动：

①对失业者、社会弱势群体、老人、少数民族、移民、刑满释放者、吸毒者、家庭暴力受害者的援助，以及在业余时间对儿童、青少年、家庭的援助。

②在发生自然灾害、环境灾害、人道主义灾害时，为保护或改善保护

文化遗产，准备慈善活动，或为上一项中的人捐款而提供援助。

（2）第一款所述志愿活动，不包括为满足个人利益而从事的活动，也不包括企业经营活动，或其他营利活动，或根据雇佣合同、服务合同或成员合同而从事的活动。

（3）依其本质，志愿服务可为短期服务，也可为执行超过3个月的长期服务。

而我国《北京市志愿服务促进条例》（2007年9月14日北京市第十二届人民代表大会常务委员会第三十八次会议通过）将志愿服务界定为：志愿服务是指自愿、无偿地服务他人和社会的公益性活动。我国台湾地区的"志愿服务法"对志愿服务做出如下解释："民众出于自由意志，非基于个人义务或法律责任，秉承诚心，以知识、体能劳力、经验、技术、时间等贡献社会，不以获取报酬为目的的，以提高公共事务效能及增进社会公益所为之各项辅助性服务。"

上述组织机构和法律对志愿服务的界定更为明确和具体，不仅对志愿服务的内涵和实质进行了明确说明，而且明确了志愿服务的范围和领域，指明了志愿活动与社会公益活动和社会工作的边界。

在联合国志愿人员组织的网站上，志愿服务是与志愿精神联系在一起的，联合国志愿人员组织对志愿精神的理解："是一种在自愿的，不计报酬或收入条件下参与推动人类发展、促进社会进步和完善社会区域工作的精神"，它是"公众参与社会生活的一种重要方式"，是"个人对生命价值、社会、人类和人生观的一种积极态度"。联合国教科文组织对志愿服务的定义："志愿服务是一种利他行为，是指人们在正式（非私人）场合中，在一段时间内自愿、无偿地贡献自己的时间和专业技术。对志愿服务，人们要进行实务的考量和安排，比如，志愿者维持生活所需的费用、交通费以及安全问题。"

综合以上对志愿服务的三个维度理解，我们认为志愿服务是一种在志愿精神感召下志愿开展的无偿的社会公益服务。它包括以下几方面的含义：

第一，志愿服务是一种有着内在价值支撑的活动，这种价值支撑就是志愿精神，是在志愿精神感召下的一种活动。志愿服务并不是一种简单直接朴素的服务工作，它有着内在的价值支撑，是在志愿精神的照耀和支持下，有目的地、自愿自觉地开展的社会服务工作。这样就把现代意义的志愿服务与传统具有朴素志愿思想的助人和利他行为区分开来，现代志愿服务有着更高的理念和价值支持系统，正是在这种理念和价值系统的支撑下，志愿服务才不至于成为一种朴素的行为或成为一种沉重的精神负担，而是一种社会的责任和使命、一种可以长期开展的可持续的活动。

第二，志愿服务是一种志愿开展的服务。它不是在任何外力强迫下开展的活动，是出于自己的志愿自觉地开展的活动。尽管开展志愿服务的动机各种各样，但在这项活动中，人们并不是被动地，而是积极主动地参与的活动。非强制性出于自觉自愿的活动，是志愿服务区别于职业活动的特点。一般来说，职业活动具有强制性，不管一个人是否愿意，都必须履行职业义务，承担职业工作。志愿服务并不是一种职业工作，它是个体出于自愿开展的社会服务，尽管在服务过程中也需要完成社会责任，但它以人们的自觉自愿为基础。当然，在实际的志愿服务过程中，每个人或多或少都有一个从不完全自愿到自觉自愿的过程，在志愿服务的过程中，也会有各种各样内在的矛盾和冲突，但从志愿服务本身的内涵来看，它具有自觉自愿的特点。

第三，志愿服务是一种非营利性的服务。它不从志愿服务活动中收取物质和金钱上的回报，是以不计回报作为自己的出发点开展的社会服务工作。志愿服务不计回报、不以物质报酬为出发点，并不意味着在志愿服务的过程中与经济方面的因素绝缘，志愿服务组织不需要经济方面的支撑。事实上，现代志愿服务组织和机构的发展离不开雄厚的经费支撑。但是，需要指出的是，志愿服务组织和机构不能以营利为目的，更不能对自己的服务对象收取经济方面的回报。

第四，志愿服务是一种社会公益服务。它不是个人之间出于友谊、亲戚关系和其他私人关系而开展的相互帮助活动。志愿服务的对象和领域是社会的公益活动，也就如西班牙社会志愿法所列举的"救助、社会服务、市政、教育、文化、科学、体育、卫生、合作发展、环境保护、经济或研究之保护、联合活动之发展、志愿服务之提升或其他任何类似性质者"等活动，而不仅仅只是一种"做好事"和"助人为乐"的活动，它是一种系统的有组织的自觉开展的社会，是社会建设的重要组成部分；它弥补了政府力量和个人力量不足之处，起到了加强国家和个人相互联系的桥梁作用。

从上述志愿服务的界定来看，志愿服务思想虽然一直存在于人类社会发展过程，但现代意义上的志愿服务是一种更具有系统性组织性和社会发展功能的有机体系，志愿服务有着相互联系的内在要素。

二、志愿服务的基本要素

依据志愿服务定义和内在构成，志愿服务是一种既包含理念和精神层面内容，也包括具体实务活动的社会公益活动，至少包含以下基本要素：一是志愿精神，二是志愿者，三是志愿行为。

1. 志愿精神

如前所述，志愿精神是志愿服务过程所遵循的理念、精神追求和价值体系，它是志愿服务内在的动力和价值支撑，也是志愿服务的精髓；志愿服务就是一种在志愿精神感召下的实践活动。联合国志愿服务者组织将志愿精神理解为"是一种在自愿的，不计报酬或收入条件下参与推动人类发展、促进社会进步和完善社会区域工作的精神"；而前联合国秘书长科菲·安南在2001年国际志愿者年启动仪式上，将志愿精神界定为"服务、团结的理想和共同使这个世界变得更加美好的信念"的崇高精神和信念，是人类社会共同的一种精神财富，是人对生命价值、社会、人类和人生观的积极态度和一种使社会更加美好的信念，赋予了志愿精神以广阔的社会内涵与永恒的内在价值。关于志愿精神，有各种各样的解读，如利他主义、无私奉献、仁慈善良、服务大众等，中国青年志愿者协会将中国志愿精神概括为四个方面：奉献、友爱、互助、进步，体现了志愿精神的基本内核。

2. 志愿者

志愿者是志愿服务的主体，是指那些不以获取物质报酬为目的，利用自己的时间、技术等资源，自愿为社会和他人提供帮助的组织和个人。志愿者既可以是个体的人，也可以是组织和团体，它是志愿服务过程中最具积极性的因素。志愿者的英文表述为volunteer，在中国香港、深圳、广州等地也被称为"义工"，在中国台湾地区被称为"志工"，这几种称谓虽然叫法不一，但基本内涵是大致相同的，即都是一种个人自愿开展的，而不是强迫开展的有助于社会的活动，都是出自某种精神、道义原则和共同的理想所开展的志愿服务。从这个意义上说，无论是志愿者，还是"义工""志工"，其基本内涵是相通的。但是，深究起来，这几者之间还有着细微差别。志愿者主要强调行动者是出自自愿，而不是强迫开展的社会服务活动。而"义工"主要强调行动者是出于某种责任和义务所展开的活动，因为"义"在我国，除了某种道义和精神价值外，还可以理解为义务，是相对于权利的责任，也就是个体享受了某种权利以后所必须履行的义务。有研究者认为，我国目前的"义工"，除了有自愿性质的"道义义工"外，还有：（1）部门用规章的形式强制推行的"政治义务"，如上海市某区颁布的要求公务员每年做40小时义工的规定，并把它作为指标纳入年终考核；（2）规定青少年中学期间要在社区完成40小时义务工作的"制度义工"；（3）通过发布社区服务令的方式，强制有过失的青少年在社区做义工的"惩罚性义工"；（4）规定受助的低收入人员或学生必须做义工的"以工代赈式义工"。这些"义工"，都不是完全出于自愿的。而"志工"除了可以理解为志愿参与服务的人员以外，也可以理解为因某种共同理想而开展的社会服务，比如，"志"在我国除了可理解为志愿以外，还可以理解为"同志"，即基于某种共同理想和信念而组合在一起的组织或个人。总之，虽然志愿者、"义工""志工"都具有共同的来源和含义，但几者之间也存在着细微的差别，需要作明确概念界定。

3. 志愿行为

志愿行为是志愿服务的具体实践活动，它是作为志愿服务主体的志愿者把志愿精神落实到具体实务活动中的一种社会实践活动，通过志愿行为，志愿服务活动得以实现和完成。志愿行为具有一些基本特征：第一，针对服务对象的需求，以对象需求为本。志愿者没有必然服务的职业要求，而是发现社会建设需求、弱势群体需求之后，主动开展服务。第二，率先探索和实践。志愿服务往往是政府服务、市场服务所难以顾及的领域，缺乏前人经验借鉴，必须通过志愿者大胆探索、勇于实践，从而满足对象的服务需求。第三，微观性及影响力。志愿行为来自广大公民，但仅仅是公民生活中的小小组成部分。这样，在从事志愿服务的时候，各种行为创新不会直接产生太大影响，容易为社会接受。但是志愿服务中的一些有价值的行为模式、理念模式，逐渐具有社会推广价值，就能够渗透到社会其他领域。

志愿行为与慈善捐赠行为、利他行为、助人行为和亲社会行为是非常相关的概念，它们之间既具有相似性和相通性，但又有明确的边界，这几种行为的共通性是行为的结果都是使他人或社会获益。慈善捐赠行为是指个体无偿地将有价值的东西给予他人的行为。捐赠行为的形式仅是指捐钱或捐物品，捐赠行为的目的是为了使他人获益。而利他行为比较宽泛的定义是指提供时间、资源或能量以帮助他人的行为，主要表现为如同情、慈善、捐款、救难、自我牺牲等。助人行为是指给他人带来益处或促进他人福祉的行为。与其说助人行为是一个科学概念，不如说它更是一个生活概念，和人们日常的理解一致。如果一个人因另外一个人的行为而提升了福祉，那么助人行为便发生了。亲社会行为是用来代表所有的与侵犯等否定性行为相对立的行为，如同情、慈善、分享、协助、捐款、救灾和自我牺牲等。这些行为虽然表现各异，具体情境也有所不同，但有一个共同的基本目的，就是使得他人乃至社会获得益处。

但如果从动机的角度进行区分，它们之间是有差别的。捐赠行为和利他行为的动机都是出于自愿，并不企图获得任何的回报或者奖赏；助人行为在帮助他人，给他人带来福祉的同时，可能也带有自利的动机；而亲社会行为的动机是多种多样的，如为了得到外部奖赏，或为了获得社会的赞许，或为了减轻自己内部的消极状态等，都会引发亲社会行为。D.Krebs 认为，就利他行为、助人行为和亲社会行为而言，三者都是对社会有利的行为的描述，但是行为越是向利他方向靠拢，个人的目的就越少，社会的目的就越多。

三、志愿服务与相关概念的关系

志愿服务作为一个从西方引入的现代意义的概念，它既与我国所熟悉的一些活动有着密切相关，又具有根本差异，需要进行概念上的区分。

1. 志愿服务与慈善活动

慈善即仁慈善良，慈的本意是父母对子女的爱，引申为怜爱，是一种长辈对晚辈、富人对穷人、强者对弱者的怜爱。善即善良、美好，是一种人性中美好的品质。英文"慈善"一词来源于拉丁语"caritas"，意思是"对他人的爱"或是"对有需求的人或贫困的人行善和慷慨施舍"。另一来源于拉丁语的词"philanthropy"，意为"爱全人类"，包含两层含义：一是爱全人类，这种爱通过个人的善举或通过捐献钱物来促进人类福利、生活质量；二是指通过捐赠、提供服务或其他志愿活动来减轻人类的痛苦和灾难，改善人们生活质量的活动。传统慈善活动是基于人类"慈悲"情怀,对社会弱者施予的关爱、救助与扶持。如我国古代儒家学说所倡导的"博施济众"的仁爱观念,墨家学说主张的"兼爱"精神,释家所倡导的"慈悲"精神,以及在民间出现过的私人"义米""义仓""义学"等组织,都具有"慈善"的性质。现代慈善出现了公平、公正、权利平等的价值追求,形成了5个实体要素:一是国家、政府制定法规、政策;二是慈善组织,进行社会动员,充当慈善中介;三是捐赠者(个人、企业)捐赠资金、物质、知识和时间;四是受益者,如社会弱势群体;五是大众传媒传播信息、理念,进行宣传、教育、推动、监督。现代慈善理念和5个实体要素共同构成了现代慈善文化。

从上述慈善活动的界定来看,慈善活动与志愿活动具有诸多的相通性:一是从思想起源上看,具有共同的思想基础和来源,都来自于人类普遍的慈悲情怀;二是从两者的发展过程来看,都经历了现代的转换,成为一种具有共通性的公益事业;三是从两者的构成要素来看,现代意义的慈善活动和志愿活动是一种有理念、有政策法规支持、有组织、系统开展的社会公益事业。但是两者之间也存在着差异,一般来说,当社会救助活动针对特殊的对象时,就演变成慈善活动;而社会救助活动不针对特定明确对象时,就转化为志愿活动。具体来说,两者之间主要有以下差异:一是所持的理念不同,志愿服务的理念是一种使人类变得更美好的志愿服务精神,而慈善活动的理念以慈悲的情怀公正、公平对待处理社会弱者和社会公益事业。二是所开展服务的领域不同,志愿服务主要针对社会公益事业,强调对社会的一种志愿、无酬的公益活动,而慈善活动主要是针对特定人群开展的社会救助活动;三是强调的重点不同,志愿服务强调行动者的志愿,慈善活动强调以平等公平仁慈对待救助者;四是行为特点不一样,志愿服务主要强调行者的行为特性,慈善活动强调物的特性,用一句俗语来区分,即慈善活动强调"有钱出钱"、志愿服务强调"有力出力"。

2.志愿服务与学雷锋活动

学雷锋活动是20世纪50年代在我国兴起的一种具有志愿服务性质的助人服务活动,也是中华人民共和国成立以来持续时间最长、影响面最大的一种无私奉献活动。学雷锋活动内涵十分丰富,涉及领域也非常广泛,但其中最核心的实践活动与志愿服务活动具有很大的共通性,因而有人把学习雷锋活动称为中国的志愿活动,而把志愿活动看成新时期弘扬雷锋精神的有效载体。

但是，学雷锋活动与志愿服务有着明显的差别。学雷锋活动所持的理念是雷锋精神，而志愿服务的理念是志愿精神。志愿精神与雷锋精神既有相通之处，也存在着层次差异。志愿精神和雷锋精神都是志愿、无偿地服务于他人的公益精神和利他精神；它们都是人类社会美好的精神追求，体现了人类崇高的道德理想和生活品质；它们都是与社会主义社会建设相适应、与中华民族传统美德相承接、与人类社会思想道德发展趋势相一致、符合社会主义核心价值体系要求的高尚精神，在今日之中国都值得大力倡导和弘扬。但是，志愿精神与雷锋精神也存在着不同。志愿精神是一种有私的奉献，它以"服务社会，提升自我"为理念，而雷锋精神是一种无私的奉献精神，以共产主义精神作为精神支撑；志愿精神是比较单一的精神，而雷锋精神并不局限于志愿服务领域，是一种综合性的精神。中共中央办公厅颁发的《关于深入开展学雷锋活动的意见》把新时期雷锋精神概括为5个方面：（1）热爱党、热爱祖国、热爱社会主义的崇高理想和坚定信念；（2）服务人民、助人为乐的奉献精神；（3）干一行爱一行、专一行精一行的敬业精神；（4）锐意进取、自强不息的创新精神；（5）艰苦奋斗、勤俭节约的创业精神。志愿精神是人类社会普遍存在的一种精神，而雷锋精神是社会主义、共产主义精神的典范，它产生于中华人民共和国成立初期的特定历史条件，虽然具有永恒的价值，但呈现出特定的发展阶段的特征。

3. 志愿服务与社会工作

社会工作是近百年来新兴的一门科学，它由英文 social work 直译而来，由于社会工作对象广泛、内容丰富，各国经济、政治、社会、文化背景不同，各国所采取的定义不尽一致。1947 年联合国举行各国社会工作教育概况调查时，33 个国家所提供的定义各具特点，这些不同定义可以分三类，分别与社会工作发展的三个阶段相吻合。第一类定义：社会工作是一种个人的慈善事业，是中上层人士基于人道主义或由宗教信仰的驱使，自动为社会上贫苦及不幸者举办的慈善施舍。第二类定义：社会工作是由政府或私人社团所举办，以解决因经济困难所引起的问题为目的的各种有组织的活动，包括对社会上失业、贫困、疾病、衰老、残废、孤寡等各种经济方面的扶持与救济事业。第三类定义：社会工作是一种由政府或私人社团所举办的服务事业。现代意义的社会工作更强调社会工作的科学性、专业性与助人性，认为："社会工作是一种以利他主义为指导，以科学的知识为基础，运用科学方法进行的助人服务活动。"从上述定义的演变来看，社会工作与志愿服务具有同源性和领域相通性，同源性是指两者都有着相同的起源，都具有古代慈善的思想基础和对社会弱势群体的关怀行为；而领域相通性指两者的主要工作领域具有很大程度的相通和共同性，都是一种对社会性助人活动。但两者之间也有着根本的差异。一是社会服务是一种专业化的职业活动，是一种有酬劳的职业活动；而志愿服务是一种自愿开展的无偿的活动；二是社会工作者是以专业角度介入具体活动之中，而志愿服务虽然讲究专业性，但从总体上来看，它更多的是一种非专业性的服务活动；三是志愿服务活动虽然具有系统性和稳定性，但与社会工作职业活动相比，依然具有变化性和不稳定性的特点。志愿服务需要通过社会工作来提升服务的专业性和科学性，而社会工作也需要大量志愿服务来拓展其工作领域，形成广泛社会影响。

第二节　志愿服务的重要意义

志愿服务是人类社会普遍存在的一种精神需求，它既是人类社会公共生活发展的需要，也是社会主义社会建设的需要，更是提升人们精神生活层次的需要，在当代中国开展志愿服务活动，倡导志愿精神，具有重要的意义。

一、志愿服务是人类社会公共生活发展的需要

人类是一种社会性动物，人的本质在其现实性上是一切社会关系的总和，离开社会和人与人之间的关系，人就无法存在或无法成为一个完整的人。正因为如此，在人类社会的发展过程中，人们产生了相互关心、相互帮助的需要，也产生了对他人和社会的同情、怜悯和关怀之心。这些朴素的人与人之间的互助、体谅和关爱之心，构成了人类社会关于慈善、关怀、利他和奉献的思想资源。因此，在人类社会各种历史和文化中，存在着十

分广泛和丰富的关于志愿服务的思想资源。比如，我国古代"慈爱"的思想、乐善好施的传统、见义勇为的行为；西方基督教博爱和救赎的精神，都是人与人之间相互关爱和帮助的朴素志愿精神的理论升华。如果说在一个相对比较封闭、人们交往和社会流动并不频繁、社会发展相对比较简单和单纯的环境下，这种朴素的志愿服务的思想和行为尚能够较好地发挥作用。那么，在现代多元开放的社会，在社会流动频繁、人们交往范围日益复杂和广泛多样、社会风险日益突显的环境下，传统朴素的志愿服务的思想和行为就不能很好地适应现代社会的需要。现代意义上的志愿服务正是顺应社会发展需要，适应人类社会公共生活需要而产生的社会服务的新的理念和行为模式，而志愿服务也反映了人类社会公共生活的需要，它反映了人类社会的一种精神需求，标志着人类社会精神发展的阶梯。因此，从这个意义上说，志愿服务反映了人类社会发展的需要，是人类社会朴素的、美好的道德传统的一种升华和发展，在现代社会提倡和推行志愿服务，既是对人类美好道德传统的继承和发扬，也是人类社会公共生活发展的一种必然。

二、志愿服务是社会主义社会建设的发展需要

志愿服务精神的倡导与推行，对于当代我国社会的发展具有重要的意义。当前我国正处于社会发展的关键时期，经过改革开放 40 年的积累和持续发展，我国在经济建设方面取得了长足的发展和进步，为社会主义社会建设奠定了坚实的物质基础。在这种情况下，如何积极推进经济增长方式的转变，促进经济、社会、政治、文化和生态的协调发展，促进社会发展和人的全面进步，就成为社会主义社会建设过程中的重要问题。志愿服务既是中华民族传统美德的继承与弘扬，同时也体现了社会主义思想道德的基本要求，符合社会主义先进文化发展的方向和要求，是社会主义社会建设中必须大力倡导和弘扬的一种高尚的精神，志愿服务精神体现了社会主义社会建设的基本需要。

三、志愿服务是提升人们精神境界的需要

人的思想道德素质和精神境界尽管与客观外界环境有着密切关系，正

如恩格斯所说："人们自觉地或不自觉地，归根到底总是从他们阶级地位所依据的实际关系中……从他们进行生产和交换的经济关系中，获得自己的伦理观念。"中国古代管子也说："仓廪实而知礼节，衣食足而知荣辱。"(《管子·牧民》)但是，人的思想道德观念和精神境界的提升并不是一种自发的形成过程，它需要一定的知识作为基础，需要一定的精神要求作为导向，需要个体自己通过不断修养和提高才能不断提升自己的精神境界。改革开放以来，随着社会生产力的发展，广大人民群众物质生活水平和生活条件有了明显的改善，人们的思想道德水平也随着社会环境的变化而发生了深刻变化；但与我国经济建设取得的伟大成就相比，人们在精神和文化生活方面的变化和提高并没有像物质生活条件改善那样明显，人们思想道德现状和精神境界还存在着种种与社会发展极不适应的一面。党的十七届六中全会报告指出："一些地方单位对文化建设的重要性、必要性、紧迫性认识不够，文化在推动全民族文明素质提高的作用亟待加强；一些领域道德失范、诚信缺失，一些社会成员人生观、价值观扭曲，用社会主义核心价值体系引领社会思潮更为紧迫，巩固全党全国人民团结奋斗的共同思想道德基础任务繁重。"这表明，个人的思想道德水平和精神境界的提升并不是一个自然发展的过程，需要不断地用社会主义核心价值体系进行引领，需要不断增进社会主义思想道德建设和公民道德建设，需要鼓励和倡导人类社会一切美好的思想道德和精神成果，用人类社会形成的一切优秀文明成果来武装人民，形成高尚思想道德情操和精神境界。而志愿服务活动就是在志愿精神感召下的一种社会实践活动。它既体现了人类社会美好的道德情操和精神追求，又是个体提升自我完善自我的社会实践活动。倡导和开展志愿服务是提升人们思想境界的需要。

第三节 志愿服务的价值

志愿服务作为一种以志愿、无偿地推动人类社会向着更加美好社会发展的信念支撑下的社会实践活动，作为人类社会的一种崇高的精神追求和社会公益活动，对个体和社会具有广泛而深远的价值。

一、志愿服务的个体价值

志愿服务作为一种"有私"的社会服务活动，志愿者在参与志愿服务的过程中服务他人，同时也提升着自我，志愿服务对志愿者具有丰富的个体价值。

1.志愿服务对个体身心健康的价值

劳动是人的天性，劳动不仅创造了人的本质，而且在劳动过程中获得了实现自我的途径，劳动也促进了个体身心的发展。志愿服务作为一种志愿开展的社会公益活动，是志愿从事的劳动活动，由于它是发自自己的志愿，从事自己所喜爱的劳动，因此在志愿活动中个体往往比较容易获得身心的愉悦，有利于身心的健康。俗话说，送人玫瑰，手有余香。志愿者开展的是一种崇高的精神活动，因此，在帮助他人服务社会的过程中，自身的心理和行为也得到了净化和提升。心理学研究表明，从事志愿活动有助于缓解和治疗抑郁症等心理障碍，因为抑郁症和出现心理问题的人群的一个共同的心理特点就是神经质的自我中心主义，而参加志愿服务有助于打破这种自我中心的循环，使患者感受到自己存在的意义和价值，从而有利于心理疾病的治疗。不仅如此，参加志愿服务还有助于个体长寿，修女是世界上最大的大脑捐献群体，通过修女大脑的研究发现，那些成年早期对社会和人类富有积极社会性情感的个体，更少患类似阿尔茨海默症等疾病，并且与那些社会性情感得分较低的修女相比，得分较高者更有可能长寿。

2.志愿服务对个体社会发展的价值

人是一种社会的动物，人只有在社会关系中才能够获得其发展的条件和手段。因此，任何个体在出生以后，都有一个不断融入社会、实现个体社会化的过程。志愿服务是一种有效的社会化方式，通过志愿服务，志愿者搭建了奉献社会服务他人的重要平台，有助于志愿者寻找与社会发展联系的切入点；通过志愿服务，志愿者建立了与其他志愿者、组织、服务对象良好的人际关系，有助于提升志愿者协调能力、沟通能力、人际交往能力，进而与社会建立友好和谐的人际关系；通过志愿服务，志愿者开拓了知识视野，学习了新知识与技能，增加了服务社会的本领；通过志愿服务，志愿者还丰富了人生阅历和生活体验，增进了对社会和他人的理解。这些都有利于培养志愿者个体亲社会行为，为个体适应社会创造良好条件。

3.志愿服务对个体精神发展的价值

志愿服务作为人类一种崇高的精神追求，对个体精神世界的提升和良好品德的形成起着重要促进和推动作用。美国学者詹姆斯·尤尼斯等人研究发现，参加志愿服务对个体道德品质发展和精神境界提升具有重要影响。他们的研究着重探讨那些从事社区服务的青少年，考察这些活动是如何影响他们的政治道德品质发展。研究发现，青少年参与一些社会性服务活动确实对他们产生了某种影响。比如，在帮助一些无家可归的流浪者的活动中，尤尼斯观察到青少年在这些活动中的变化，首先他们改变了对无家可归的人的消极认知和冷漠情绪；其次他们对自我的看法也得到了转变；并且他们对生活的态度也变得更为积极和有力。尤尼斯及合作者对中学生参与无报酬的社会服务、有报酬的短时工作对他们行为影响的研究结果表明，参加无偿社会服务是高中生遵守规则行为、非常规行为及违规行为和态度的一个有说服力的预测指标。以这3种行为为因变量的多项回归分析表明，无偿的社会服务是最强有力的预测指标。在尤尼斯等人分析的每一个样本中，如果指导社会服务加入到包括有人口统计背景资料和参加有偿工作等自变量中，就会使变量解释率增加1倍。这说明，除了人口统计学因素和有偿工作的影响之外，无偿社会服务经验对参与政治、宗教以及防止药物滥用行为有显著促进作用。

二、志愿服务的社会价值

志愿服务不仅具有良好的个体发展价值，对整个社会也具有重要的价值，它是现代社会建设不可缺少的重要组成部分。

1.志愿服务的经济价值

尽管志愿服务是一种志愿进行的无偿行为，志愿服务过程中志愿者没有获取或很少获取经济上的报酬，但这并非意味着志愿服务活动不具有经济价值，志愿服务的经济价值主要表现为志愿服务所创造的产出，它可以用人们计算实物产出的指标来表示，如时间、货币等。美国霍布斯金大学公共政策研究中心提出了国民生产总值计算方法，已经被许多志愿服务研究机构和研究者所采用。其主要做法是：计算志愿者人数、贡献时间数量，折合成全日制劳动力数量，再折合成国民生产总值。他们用这种方法对包括美国、加拿大在内的 22 个发达国家的志愿活动产出进行估算后发现，这些发达国家志愿服务活动的产出平均占国民生产总值的 1.1%。不仅如此，由于志愿服务属于无偿、低偿服务，相对于商业性服务来说，其成本明显较低，回报率更高，如果我们从投入与产出的回报率来计算志愿服务的经济价值，则志愿服务的回报率是非常高的。志愿服务还可以通过降低成本来提高经济效益，这实际上也等于创造了经济价值。

2. 志愿服务的社会价值

志愿服务作为志愿者志愿开展的无偿的社会公益活动，它的活动主要指向推动社会发展，促进社会和谐，帮助社会进步，因而具有巨大的社会价值。志愿服务以扶贫济困、扶弱助残为主体，在城乡发展、社区建设、抢险救灾以及大型社会活动等公益事业中推动经济和社会进步。志愿者通过帮助他人、服务社会，加强了人与人之间的交往与关怀，消除了彼此之间的疏远感，培植了积极的社会性情感。志愿组织的存在是政府与市场功能的重要补充，它们以独特方式为社会提供大量服务。另外，通过共同参与志愿活动，不同社会群体阶层之间加强了相互了解和沟通，缓解了社会矛盾，增进了社会信任，对社会问题的消除发挥了积极作用。有研究者对社区志愿服务的价值进行了挖掘，认为社区志愿服务是推动基层民主法治建设的重要途径；是实现社会公平正义的必要补充；是推动形成诚信友爱社会风尚的重要手段；是促进社会充满活力的重要平台；是保持社会安定有序的积极因素；是促进人与自然和谐相处的重要力量。从我国当前的情况来看，志愿服务活动还是推动我国社会成为和谐社会的重要杠杆，当前我国正处于社会转型的重要时期，经济体制深刻变革、社会结构深刻变动、利益格局深刻调整和思想观念深刻变化。这种空前的变化既给我国社会发展进步带来了空前的发展活力，也必然带来这样或那样的矛盾和问题。面对社会矛盾和问题，志愿服务采取了一种积极主动的态度，从自己力所能及的一些具体小事做起，进而通过这些小善积累成社会的大善，它具有通过每一个人"从我做起，从现在做起"的小善，到推动整个社会大的改变的功能，从这个意义上来看，志愿服务活动虽然只是从身边微不足道的小事做起，却是整个社会建设中一支不可忽视的积极力量，是推动社会发展的有效润滑剂。

3.志愿服务的精神价值

志愿服务是一种在志愿精神感召下的活动，它继承了人类社会美好的社会性情感，是中华民族优秀道德传统和中国革命精神的传承和发展，它与社会主义核心价值体系相协调的思想道德观念，具有永恒的精神价值。志愿精神倡导的主动的精神，是一种对人类生活的积极精神，体现了人类社会昂扬的精神状态；志愿服务体现的利他精神，是人类得以生存和繁衍的重要支柱，体现了人类对自我发展的超越精神；志愿服务体现的关爱精神，是人类积极的社会性情感，体现了人类共同体相互关怀的温情；志愿精神体现的公益精神，是人类对自我的一种社会事务的关心，体现了人类对社会发展的关注；志愿精神体现的责任精神，是人类对自己共同命运的关切，体现了自我与他人的一种崇高的使命。因而有研究者认为，志愿精神对当代中国，具有凝聚功能，为构建社会主义核心价值体系提供了更为广泛的社会公众支持；具有人文教育功能，为构建社会主义核心价值体系提供了具体的精神支持；具有示范功能，为社会主义核心价值体系提供了动力支持。志愿服务的精神价值远不止以上这些，它为人类社会向着美好方向发展提供了一座精神的丰碑，是人类不断向前发展的永恒的精神动力。

第四节　大学生志愿服务发展的特点

当前，我国的发展进入了新的历史时期，中国特色社会主义进入新时代。在新时期，志愿服务仍是大学生思想政治教育的载体，解决目前大学生志愿服务发展遇到的困境，推动志愿服务健康有序地开展，显得十分重要。

一、传统与现代手段相结合的发展

首先，要构建"互联网+"的新媒体平台。网络信息技术的发展使得以微信、微博等为代表的新媒体逐渐走向成熟，网民年轻化趋势的特点让新媒体受到越来越多年轻人的喜爱。这让利用新媒体为大学生志愿活动服务成为可能,通过"互联网+"的新媒体平台,可以打破地域、时间的限制,快速找到愿意参加服务的同学。除此之外,新媒体平台实现资源共享,实现志愿者、服务对象、服务项目三方的精准对接,有效提升志愿服务的工作效率。在新媒体平台上,大学生志愿者可以进行交流,对服务成果进行展示,实现信息共享、经验交流、成果共享,使志愿服务更加具有活力。

其次,完善志愿服务制度建设。以1994年中国青年志愿者协会成立为标志,我国志愿服务活动已经开展了20多年,各方面都取得了巨大的成就。青年志愿服务形成了以"小白菜""绿羊羊""小青荷"等为代表的富有特色的志愿者文化,展示了我国青年的精神面貌和价值追求。高校可以借鉴我国青年志愿服务的经验,建立属于自己独具特色的志愿服务标识体系,使大学生更具有归属感、集体感。通过标识体系来弘扬志愿服务精神,吸引更多的大学生参与,打造高校志愿服务品牌。以推行"第二课堂成绩单"制度为契机,将志愿服务与高校实践学分结合。高校通过记录学生参加志愿服务情况,并纳入个人档案进行学分认定,完成规定的实践学分要求才能毕业,志愿服务成为考量学生综合素质的一项标准。同时,将学生参加的志愿服务活动作为发展党员、选拔学生干部、评选奖学金的依据,促进高校志愿服务向制度化方向发展。

再次,落实志愿服务激励机制。根据马斯洛的需求层次理论,当人的基本需求得到满足以后,就会追求最高层次的需要,即自我实现的需要。志愿服务是通过无偿奉献的方式,让志愿者深入了解社会,切身感受不同社会群体的生活,以此推动人们建立积极乐观的心态,来追求进步和成功。因此,要使大学生志愿者保持对服务工作的积极性,就要满足他们较高层次的需要。比如,在我国台湾地区,如果志愿者参加活动达到3年,累计时数达到300小时以上,可以申请发放志愿者荣誉卡,享受在一些旅游景点、娱乐场所等地方的免费政策。此外,还可以通过在学校里选出先进典型志愿者代表,在全校范围进行宣传学习,增强优秀志愿者的成就感、荣誉感。

最后,建立志愿服务专业化培训平台。对大学生志愿者进行专业、系统的培训,是保障志愿服务活动高效有序开展必不可少的条件。高校可以成立志愿者培训中心,开设专业的理论课程和实践培训,通过线上方式如微信、网站来开展微课堂形式的培训,同时与线下面对面的授课培训相结合,共同为志愿服务开展做好前期准备工作。同时,为了使大学生能够拥有更多的自主性，自由合理地安排参加培训的时间，高校可以利用培训中心平台发布的学习课件，使大学生进行在线学习，学习完成后通过考核方可合格。高校通过多渠道、专业化的指导，能够促进大学生志愿服务水平的提高。

大学生志愿服务的蓬勃发展，展示了我国社会的文明进步，彰显了当代大学生的精神面貌，是我国精神文明建设的重要内容。越来越多的大学生积极主动地加入志愿服务队伍，也是在实际行动中践行和发扬社会主义核心价值观的表现。"互联网＋"时代的到来，为我国大学生志愿服务提供了新的视角，打开了全新的局面。随着"互联网＋"的发展，"互联网＋志愿服务"的模式可以发挥互联网优化整合资源的优势，创新了志愿服务的工作方式，为大学生提供了更加广阔的发展平台。探究"互联网＋"时代志愿服务的发展路径，推动大学生志愿服务事业再上新台阶，播撒志愿服务精神的种子，温暖社会上的每一个人。

二、内涵与外延相结合的发展

大学生志愿服务发展是内涵与外延相统一的过程。内涵的发展为外延发展提供基础和前提，外延发展为内涵发展提供空间和条件。

大学生志愿服务发展首先表现为内涵的发展，内涵发展是本质、特性、结构、功能等的发展。内涵的发展是大学生志愿服务发展的内在动力和源泉，它使志愿服务呈现为内源发展。这种内源发展能保持大学生志愿服务的主动性和自主性，减少被动性和依赖性。由于各国国情不同，志愿服务的发展存在差异，我国大学生志愿服务发展可以借鉴但不可复制先进国家的经验，更不能照搬西方国家的发展模式，大学生志愿服务共同适用的统一发展模式是不存在的。近几十年的经验充分表明，任何发展模式都不是普遍适用的，也不能推广，无论从地域还是从时间上都不能推广。任何真正的发展，最先应该是内源发展，因此，只能从大学生志愿服务的内在矛盾运动寻求发展目标与动力，调整大学生志愿服务的目标、完善服务体制等，来推动大学生志愿服务发展，满足大学生对志愿服务的需要，这也是大学生志愿服务的内源发展。

其次，大学生志愿服务的发展，需要外延发展为其提供空间和条件。大学生志愿服务的外延发展，主要指大学生志愿服务在领域上的拓展。要不断巩固志愿服务传统服务领域，拓展专业服务领域，开拓国际服务领域，走向科技和经济发展所开辟的新领域。大学生志愿服务的发展，需要内涵发展与外延发展的统一。志愿服务的内涵得不到发展，阻碍志愿服务在相应领域发挥应有的作用，更不能主动开辟新领域。同样，志愿服务的外延得不到发展，也很难通过具体的实践研究新问题、分析新情况、探索新方式、吸收新内容，内涵发展因此缺乏条件。经济领域变革发展很快，而志愿服务的发展相对滞后，志愿服务在中国兴起也不过几十年的时间，在实际工作中为适应新形势会遇到各种困难和矛盾，要建构大学生志愿服务的新体制，不能一蹴而就，需要一个逐步探索渐进的过程。

三、渐进与飞跃相结合的发展

大学生志愿服务发展，之所以具有飞跃性的特点，是因为大学生志愿服务的发展也涉及旧质的转换与新质的形成。我国改革开放以来，进行了一系列广泛的政治改革、经济体制改革，社会环境发生变化，党的工作重心转移，改革引发社会转型并面临新格局。这种新格局，带来志愿服务目标以及时代内容、环境内容、理论内容的巨大改变。这种改革，既有对过去的继承，又有新时代的发展，与以前相比具有质的区别性。例如，在科学发展观的指导下，全社会要努力构建社会主义和谐社会，要求大学生志愿服务必须与建设和谐社会、学生的全面发展相协调，必须推动大学生志愿服务的所有环节、各个要素的全面协调发展，而不是片面强调某一环节和要素。大学生志愿服务全面协调发展，是要建构适应时代发展需要的志愿服务新体制、新模式。

这就是志愿服务发展的整体性飞跃。志愿服务是一项崇高的社会事业，随着我国改革开放的深入和社会发展水平的不断提高，大学生志愿服务已成为大学生接触社会以及服务社会的一种直接途径。大学生志愿服务在社会服务领域发挥着越来越重要的作用，成为社会发展和变革中一支不容忽视的力量，是我国社会保障体系的有利补充。志愿服务已经引起了我国政府、企事业单位以及普通民众的广泛关注和参与，大学生作为社会中最富有朝气和活力的群体，踊跃参与社会各项志愿服务，为我国志愿服务的发展做出了积极的贡献。我国大学生志愿服务是在新时期社会转型、体制转轨、价值观变革的社会环境中发展起来的。我国大学生志愿服务发展的总体方向是上升的、前进的，我国的志愿服务是具有中国特色的志愿服务。虽然发展时间不长，却取得了显著的成就。在这个发展过程中，大学生志愿者脱颖而出，成为我国青年志愿者群体的核心力量，为维护社会稳定、服务经济建设贡献了巨大的力量，对推进社会公益事业的发展与和谐社会的构建具有重要的意义。大学生志愿服务不仅是一项服务社会的活动，也是大学生进行实践、实现自我提升的舞台。因此，大学生志愿服务的发展对社会、对大学生自身成长都具有重大意义。但是我国大学生志愿服务的发展，也面临很多困难，例如，志愿服务的立法工作尚待开展，社会支撑体系相对落后，志愿组织自身建设不足，资金运作存在困难，对大学生志愿者的培训与管理不够，等等。这些问题在很大程度上制约着我国大学生志愿服务的发展和提高。同时，大学生志愿服务的发展又是一个系统而复杂的问题，所以我们必须走加强组织引导、促进相互合作、推动协调发展的道路。在积极营造良好志愿服务发展环境的同时，进一步克服大学生志愿服务在组织管理等方面的不足，积极组织开展志愿服务活动，力争通过实践提升服务水平，进而推进大学生志愿服务事业的进一步发展。

四、继承性与超越性相结合的发展

继承性发展与超越性发展的结合，是我国志愿服务的特点。大学生志愿服务发展，继承是发展的基础和前提，没有继承就没有发展根基，没有思想和理论来源。继承性决定了我国大学生志愿服务发展的渐进性，与之前志愿服务的发展一脉相承。同时，大学生志愿服务发展，超越是最终的目的和方向，没有超越发展就缺乏生命力，必定显得保守、僵化。超越性决定了我国志愿服务发展的飞跃性，是性质的不断丰富与充实。

大学生志愿服务发展的继承性指的是在批判继承传统志愿服务的基础上，对大学生志愿服务的诸要素进行现代传承、转化和发展。大学生志愿服务不能与之前的志愿服务完全割裂，否则，它的发展将成为"无本之木、无源之水"。我国大学生志愿服务在新时期的发展，是在继承我国古代文化优良传统基础上的发展。我国是有着几千年历史的文明古国，传统文化孕育中华民族的民族特色。在新时期，我们要继承民族的优秀传统文化，善于把丰富的文化资源进行现代传承、转化和发掘，为新时期志愿服务发展服务。我国发展志愿服务的同时还可以批判继承国外先进经验，但不能教条主义地生搬硬套，只能结合新的情况继承和运用。

大学生志愿服务发展的超越性指的是志愿服务要根据社会和人的发展需要，不断调整志愿服务的观念、探索服务领域、完善服务体制，不断实现对自身的超越。社会主义事业也面临各种挑战，当代社会与过去时代已经完全不同，社会发展会不断出现新的问题和情况，超越应是一种适应社会发展需要的创造性和开拓性发展。志愿服务的发展要把志愿服务发展近期目标和长期目标、社会主义改革实践的近期目标与长期目标互相结合、现实生活与未来生活相结合，以实现对自身和当下社会发展的超越。新时期大学生志愿服务的发展展示为联结过去、现在与未来的动态过程，具有永久的生命力。

第二章 志愿服务的基本理论及其构成要素

志愿服务是在一定的理念和价值支持下所开展的社会公益活动，在志愿服务的过程中渗透着志愿精神，体现着志愿服务基本理念。志愿服务需要理论的解释，也需要理念的导引。本章以与志愿服务有关的理论为切入点，对志愿服务的基本理念进行探讨。

第一节 志愿服务的理论依据

志愿者为什么要进行志愿服务，目前有不少的理论进行了相关的解释，本节主要介绍一些有关志愿服务的理论。

一、功能理论和过程模型

功能理论是国外学者 Omoto 和 Snyder（1995）提出的。该理论以心理学的动机理论为研究视角，认为志愿者之所以选择志愿行为是因为志愿服务具有某些功能，即表达个人价值、增加自我价值感、增长职业技能、减轻负罪感、建立和强化人际关系以及履行义务 6 个方面的功能，而人们之所以选择志愿行为是由于这些志愿行为可以帮助志愿者实现其中的某种功能。当然，志愿者实施志愿行为的动机可能很复杂，可能不止一个，但是其中有一个关键动机，该动机与志愿行为的功能之间越是一致，人们选择该志愿行为的可能性越大。过程模型的提出者是 Snyder 和 Omoto（2008），该模型构建了分析志愿者行为的过程模型，它将志愿的过程分成事前、事中和事后 3 个阶段，并且分别从个体、人际、组织和社会 4 个不同的水平来分析。在事前阶段他们比较注重分析人格、动机以及环境因素，事中阶段主要关注的是如何维持志愿者的行为，事后阶段则从个体、人际、组织和社会 4 个层面分析志愿者行为受到的影响。

二、特质理论

特质理论认为，具有某些人格特质的人更容易产生志愿者行为。比如，有研究发现"大五"人格中的宜人性特质对志愿者行为具有一定的预测作用。外倾性和亲社会价值动机对志愿行为有影响。Carlo、Okun、Knight 和 Guzman（2005）的研究更加深入和细致，比如，他们发现，安全感缺乏的依恋会降低志愿者行为的发生率。Erez、Mario、Ijzendoom 和 Kroonenberg（2008）研究指出，高回避型依恋者的志愿行为比较少，这类志愿者通常也不是出于利他性动机，但离焦虑型依恋者在利己性动机的促动下完全可能成为志愿者。

三、多因素模型

多因素模型把影响志愿者志愿行为的因素分成持久性和调节性两个类别。持久性的因素是指人格、社会经济、文化等稳定的因素，调节性的因素是指道德感、认同感等涉及内部认知过程的客观因素。持久性影响因素对志愿者志愿行为的影响受调节因素的调节，Matsuba 和 Hart Atkins（2007）抽查了美国中年人进行调研，并用结构方程模型对结果进行了分析，结果表明，他们提出的多因素模型的假设，模型中诸多因素在统计学意义上都和志愿者行为有显著的相关。但是他们的研究也仅仅止于相关，不能得出因果的结论。

四、自我实现论

心理学家马斯洛提出了需要层次理论，认为人类的需要依次可以分生理需要、安全需要、归属和爱的需要、尊重的需要和自我实现的需要。从中可以发现，自我实现的需要是人类最高层次的需要，是人类追求的终极目标，自我实现的需求作为成长性需求是永远也无法达到满足的，因此最终能够达到自我实现的人是极少数。在需要层次理论中，马斯洛认为，只有当人们满足了低层次的需要才会有高层次的需求。

被马斯洛称为"自我实现型人格"或"自我实现者"具备15方面的特质：（1）对现实有卓越的洞察力并能和现实保持适宜的关系。（2）对自我、他人和客观事物表现出最大限度的认可和接纳。（3）行为方式自然真实地流露，表现出朴实、纯真的美德。（4）以问题为中心，而不是以自我为中心，视野宽阔，常常关注各种社会问题。（5）具有超然独立的特性和离群独处的需要。（6）意志自由，不受文化和环境的限制、约束。（7）具有清新不俗的鉴赏力。（8）能够产生某种神圣意义上的神秘体验和高峰经验。（9）更多地具有全人类的共性，爱人类并认同自己是全人类的一员。（10）拥有持久而精粹的人际关系。（11）具有民主的性格结构。（12）具有强烈的伦理道德观念，绝不为达到某种个人目的而不择手段。（13）具有良好的发展性的非敌意的幽默感。（14）具有创造革新的思想和能力。（15）能够抵抗消极的适应现存的社会文化类型，具有独立的内在品质。

自我实现者往往拥有透彻的自我意识。他们以哲人的态度接受自我，接受人性，接受众多的社会生活，接受自然和客观现实。一般人总是身陷于许多冲突、挫折和威胁之中，从而被迫做出某种选择，价值就是在选择中表现出来。但对于自我实现者来说，这种冲突、挫折和威胁都很小或者根本没有，他们往往发现和关注生命活动中比较本质的东西。根据马斯洛的理论，"道德"在很大程度上是不接受或不满意的副现象。例如，打牌、跳舞、穿短裙、喝酒、只吃某些肉或只是在某些日子里吃肉等，对于自我实现者来说，不仅这些琐事变得不重要了，而且整个生命进程在一个更重要的水平上继续发展。在自我实现者的世界中，几乎没有冲突存在。

参加志愿服务的志愿者，参与服务和奉献的过程就是追求自我实现的过程。志愿者在客观现实允许的前提下关注他人的幸福，是关注自己良心道德的引领，实现超我的过程。因此我们不难发现，大多数志愿者是学有余力或者生有余钱的有产一族。如大学生志愿者，有理想、有追求，拥有先进的知识和先进的思想，基本的物质需求已得到满足，因而有更高的精神需要。但大学生并不是十分坚定的志愿者，很容易对其他的精神类活动感兴趣，因此在志愿服务过程中表现出来的奉献精神是需要引导的。这也是大学生志愿者流动性强，年级与年级之间差异大的原因所在。一个经常从事志愿活动、立场坚定的志愿者，通常对自己有比较清晰的认识，有明确的自我概念，理想我是什么，现实我是什么，通过志愿服务可以满足自己的哪些精神需求。

五、社会互助论

一提起进化论，大家不约而同地就会想起达尔文和华莱士的优胜劣汰理论，即人类物种的进化史是一个生存竞争的历史。事实上，解释动物的进化过程还有另外一种观点，那就是克鲁泡特金的互助进化论。

与达尔文和华莱士不同，克鲁泡特金认为"互助"才是人类进化的原因。他在书中曾暗示，最能够适应社会生存的不是那些体格上最强壮的，也不是那些最狡猾的，而是会为了群体利益联合起来互相援助的个体。尽管达尔文与此观点不同，但是他本人也写道："拥有数量最多的最富有同情心的成员的社会，将最为昌盛，并且繁育最多的子孙。"

以蚂蚁的群居生活为例，蚂蚁在劳作时是按照自愿互助的原则进行的。除此之外，它们也会为了同类的生存牺牲自己的利益，比如，如果一只蚂蚁因为很渴或者很饿向另外一只蚂蚁求救，那么这只蚂蚁是必须要用自己身体中的食物来喂食那只求救的蚂蚁的；否则，将会受到集体的谴责，它们会用比对待敌人更加残酷的手段对待这只见死不救的同族。

人类似乎与这些小动物不同，现代社会人类是以家庭作为基本的社会单位群居，而且永远彼此战斗。但是在进化的序列中并不是这样的，这是进化后期的产物。考古学家的证据证明，只要在一个地方发现了一件石器，必定会在附近发现大批的石器，这意味着无论什么时候，人类总是大规模地群居的，只是在人类后来的发展历史中，由于发生了大规模的迁徙使得族群原有的联系松散后，家庭的发展打乱了氏族内部的团结，人类便开始按照地域原则发展了新形式的联结——村落公社，在城市中，也随即出现了各种各样的联结方式——行业、社区等。

社会资本理论认为，"公共精神"和"社会互助"也是一种社会资本，和资本家的资本一样能够增值。按照普特南的定义，社会资本至少可作如下三方面的理解：

（1）社会资本主要是由公民的信任、互惠和合作有关的一系列态度和价值观构成的，其关键是使人们倾向于相互合作、去信任、去理解、去同情的主观世界观所具有的特征；

（2）社会资本的主要特征体现在那些将朋友、家庭、社区、工作以及公私生活联系起来的人格网络；

（3）社会资本有助于推动社会行动和实现行动目标。

社会资本是以一定的社会关系为基础的，以一定的文化作为内在的行为规范，以一定的群体或组织的共同收益为目的，通过人际互动所形成的社会关系网络。帕特南、福山、科尔曼等几位著名的社会资本问题的研究者普遍认为：社会资本产生于志愿性社团内部个体之间的互动。这种社团被认为是推动公民之间合作的关键机制，并且提供了培养信任的框架。

对于社会发展而言，社会资本的雄厚与否是具有决定性意义的，而志愿服务活动将有助于这种社会资本的积累。志愿服务的实质内容就是社会互助。志愿服务活动作为公民参与与公民合作的重要内容，同其他社团组织一样，是一个地区成功的标志。这是因为，志愿活动不仅体现了人的社会性，同时还以社会团体为载体倡导一种公共精神。这一新型人际关系不仅是邻里熟人间的互助友爱，更在参与公益事业、慈善事业等活动中提高和升华为一种社会公益精神和奉献精神。

符号互动理论是社会学中一个十分重要的理论，同时它还是社会心理学领域的主要理论之一，它主要关注的是生存于社会中的人以及由人组成的社会之间的关系问题。该理论公认的创始人是美国芝加哥学派著名的社会心理学家和哲学家乔治·赫伯特·米德，符号互动主义的主要观点可以概括为：主要关注人类社会生活中互动的形成以及其对自我的决定意义，人们对社会行为的理解应建立在对意义的共识上；有意义的符号的形成是人们社会生活得以存在和维持的基础和前提，也是人自我的前提。总体来说，心灵与自我本质上是社会的产物。人的行为是有意义的行为，意义不是固定不变的东西；在互动的过程中，人们往往通过扮演他人的角色，从他人的角度来解释其思想和意向，并以此为根据来指导自己的行为；在互动过程中，人们往往从自己所认识到的他人对自己的态度和看法之中来认识自己，形成并修改自我概念。

对于生活在社会中的个体而言，参加志愿活动的形式无疑使个体有更多的机会认识多层面的自己；在参与志愿服务的过程中，感受生存的价值和人生的意义。从这个层面而言，志愿活动是志愿者活动的一个载体和活动的符号，志愿者在志愿服务的过程中，对自己的行为有决定权利，在与他人互动的过程中，扮演更多的社会角色，有时候甚至是与日常生活中不一致的角色，并以此来指导自己的行为和思想，领悟人生的意义和价值，这也是志愿服务的魅力所在。

六、社会起源论

萨拉门和安霍尔（1998）提出的社会起源论认为，志愿者的志愿行为动机受宏观社会体制的影响。他们主要研究了大学生参加志愿行为的动机，认为学生参加志愿者活动的动机随着志愿者组织或者非营利机构的不同有所差异。如果一个组织中政府介入越深，志愿者动机中的利他成分就越少；当政府的作用受到限制时，志愿者更愿意显示出利他的一面。在自由主义的模式或体制中，政府用于福利的开支较低，会产生较多的非营利机构；相反，在民主模式的社会体制中，政府的福利投入较大，非营利结构的功能也会受到限制，但使人们更加追求民主、政治、社会利益等。萨拉门和索科洛斯基（2001）明确地将社会起源论的思想概括为：各国志愿者比例取决于非营利结构规模——规模越大，参与者越多。

七、信息传递论

很多学者注意到参与志愿活动对于志愿者的好处，并且从这一方面来研究志愿者参与活动的动机。从宏观方面来讲，如果一个文化或者社会比较看重志愿者参与志愿活动所表现出来的信息内涵，那么这个社会体制中志愿者的教育体系活动自然就比较兴旺。如果在一个社会中的劳动力市场和参与志愿活动较多地受到关注，那么志愿者在参与志愿活动的动机中就会更多地体现渴盼求职和丰富阅历的内涵。那么，志愿者参与志愿活动的信息是如何被传递的呢？斯彭斯（1973）提出，求职者和被录用者必须要传递一些信息证明自己更加符合被挑选的需要。在以竞争为主要特点的环境中，志愿者要传递一些隐含的信息，比如，他更加乐于合作、乐观、有集体观念等。在学校招生招聘时，如何选择具有相同资格的学生求职者，在个人陈述或面试时，面试考官往往会选择适合本机构的学生。比如，曾在临终关怀医院或红十字会当过志愿者的医学院学生更可能是医院的适合人选。

八、社会交换理论

社会交换理论是 20 世纪 60 年代兴起于美国进而在全球范围内广泛传播的一种社会学理论。由于它对人类行为中的心理因素的强调，也被称为一种行为主义社会心理学理论。这一理论主张人类的一切行为都受到某种能够带来奖励和报酬的交换活动的支配，因此，人类一切社会活动都可以归结为一种交换，人们在社会交换中所结成的社会关系也是一种交换关系。社会交换理论由雷曼斯创立，主要代表人物有布劳、埃默森等。霍曼斯为解释人类行为的基本形式，修改和吸收了经济学的基本原理，特别是"经济人"假设：人理性地算计自己在某一市场中行为的长期结果，并试图在交易中获得最大的物质利益。霍曼斯认为，经济学的这一原理必须进行修改，因为：第一，人们并不总是追求最大利润，他们只是想在交换关系中得到某些利润；第二，人在交换中并非常常从长远着想或进行理性算计；第三，交换物不仅仅是金钱，还有赞同、尊重、依从、爱、情感，以及其他紧缺的物质产品；第四，所有的人类行为都是交换行为，而并不是市场中才有交换行为。

布劳认为，虽然大部分人类行为是以对于社会交换的考虑为指导的，但并不是所有的人类行为都是这样受到交换考虑的指导，社会交换只是人类行为的一部分。他提出了使行为变为交换行为必须具备的两个条件："一是该行为的最终目标只有通过与他人互动才能达到；二是该行为必须采取有助于实现这些目的的手段。"布劳把社会交换界定为："当别人做出报答性反应就发生，当别人不再做出报答性反应就停止的行动。"他认为，社会交换是个体之间的关系与群体之间的关系、权利分化与伙伴群体关系、对抗力量之间的冲突与合作、社区成员之间间接的联系与亲密依恋关系等的基础。社会的微观结构起源于个体期待社会报酬而发生的交换。个体之所以相互交往，是因为他们都从相互交往中通过交换得到了某些需要的东西。在讨论社会交换的形式之前，他又区分了两种社会报酬：内在性报酬和外在性报酬。"内在性报酬，即从社会交往关系本身中取得的报酬，如乐趣、社会赞同、爱、感激等；外在性报酬，即在社会交往关系之外取得的报酬，如金钱、商品、邀请、帮助、服从等。"

社会交换理论对人的行为的解释是基于市场交换的角度，与市场上做买卖一样，人类所有的行为背后都有一个付出与回报的计量，即使是看起来没有多少功利性质的志愿行为，用该理论解释，也会发现志愿者和志愿服务对象之间隐藏的利益交换。

以体育赛事的志愿服务为例，志愿者在服务体育赛事的过程中，付出了体力、脑力、汗水、泪水和感情，但同时也培养了能力，获得了同事间真挚的友情，实现了自我的价值，还可以近距离地接触明星，这些都是志愿者参与志愿服务的一种回报。也正是由于这种互惠互利才使得体育赛事的志愿服务竞争越来越激烈。除此之外，体育赛事志愿者也会因此提高自身的综合能力，丰富社会阅历，将书本上学习到的理论知识与社会生活实践有机结合；并因此扩大人际交往的范围，从中感受到奉献的价值和愉悦体验等。

总之，志愿者的志愿服务绝对不是单方面受益的，志愿行为的双方都可以在这个过程中得到彼此的满足。

九、和谐论

和谐的思想理念最初作为一种意识出现，后被确立为价值理念。中西方思想家所倡导的音乐之和、饮食之和、礼乐之和等，都是这种审美心理的积淀。毕达哥拉斯发现了数的和谐，古希腊哲人赫拉克利特站在更高的层面看到了和谐的对立统一关系。中国古代哲人也同样提出过自己的和谐观点，但是与西方哲人的视角存在着很大的差异。西方的和谐观主要注重的是自然的和谐、外部形式的和谐、自然科学色彩的和谐；而中国的和谐论就更注重社会人际关系的和谐、内心的和谐。东西方哲人对"和"的本质特征的认识是相似的，都认为是对差异性的承认，是一种兼容并蓄、对立统一，即"和而不同"。西方较之东方更加张扬个性，推崇差异与竞争，认为社会是斗争的产物，和谐也是一种动态的和谐，中国的和谐更多的是一种静态的和谐。

和谐对社会发展的安定团结具有重要的意义。现代和谐社会是民主法治、公平正义、诚信友爱、充满活力、安定有序、人与自然和谐相处的社会，要实现这个目标，需要全社会成员共同努力。志愿服务的存在有利于弥补社会快速发展带来的不和谐之音。

第一，志愿服务有利于人的内在和谐。对于志愿者而言，志愿者在志愿服务的过程中升华内心的情感体验，感受人生的价值，感受给予带来的内心满足，从而调整自身心理脆弱的一面；对于志愿服务对象来说，身处困境无力反击时，有人雪中送炭，当落水成囚时，有人拉你一把，这样的志愿服务凸显了人性的光辉，击败了内心的阴暗。

第二，志愿服务有利于人与人的和谐。随着经济的快速发展，社会贫富差距也越来越大，不同阶层之间的矛盾越来越深。志愿者们通过志愿服务，架起了各个阶层人们沟通的桥梁，充当了社会群体之间的润滑剂，减轻了社会矛盾，增强了人们的生活信心。

第三，志愿服务有利于人与自然的和谐。人类作为地球上的超强势生物，往往会为了人类的利益而忽视其他动物群体或自然资源的稀缺性，从而破坏了人与自然的和谐。植树造林、保护动物等一系列的志愿服务活动能够起到一定的控制作用，缓解人与自然之间关系的恶化，实现可持续发展。

第二节　志愿服务的理念

理念是我们对某种事物的看法、观点和信念，它是客观事实的本质反应，是事物内在的外在表征。志愿服务理念是指志愿者从事志愿服务所持的基本观点，是志愿者思考从事志愿服务的出发点。概括来说，志愿服务的理念可以归纳为以下几方面：

（一）利他主义

生物进化论认为，生物在看似以毁灭自身的方式来帮助其他生命体的方式，实际上对整个物种的进化和生存是具有积极意义的。利他主义在单个个体看不出有什么真正的好处，还有可能对个体不一定有利，但是有利于整个种群的生存和发展。

人为什么会有利他行为呢？针对这个问题，社会生物学家和社会心理学家进行了大量的探讨和研究，目前主要有三种理论。

1. 本能论或生物论

近代生物学上的达尔文主义的盛行，使许多思想家用生物学的理论来分析、认识社会问题，形成了社会达尔文主义。著名的奥地利动物学家、现代行为科学的创始人、诺贝尔医学奖获得者 Lorenz 通过研究指出攻击性行为对于动物自我保护和发展的意义，但他也承认动物和人类利他行为所带来的益处。美国哈佛大学教授 Wilson 既用生物学的观点，又用社会学的观点来研究动物和人类的利他行为，他认为，人的利他主义行为是通过基因遗传而获得的，是人类的本性，这种利他本性对人类种族的生存和延续有重要意义。正因为如此，人的利他行为才是不期望得到任何奖赏，甚至是利他而损己的。但是这种观点忽略了人与动物的本质区别，难以解释人与人之间的利他行为，所以这种以本能论为基础的观点并没有得到人们的普遍接受。

2. 社会交换和公平理论

社会上人与人之间的关系实际上是一种交换关系，人们通过交换获得一些东西，同时也失去一些东西，这种东西可以是物质的，也可以是精神的。利他行为就是目前或期待将来得到社会承认或奖赏等利益的工具性行为，人际互动就是付出代价和取得奖赏的过程，这就是社会交换理论的基本观点。利他行为是得失权衡的产物。与交换理论不同，公平理论强调人们在权衡自己得失时，会受到与他人进行比较的影响，影响人们利他行为的是主观上的公平感。从总体上看，交换理论和公平理论确实有较强的解释力，但是这两种理论都具有享乐主义的特点，从经济上对于利他主义进行了肯定，强调人的活动目的只有一个，那就是追求效用最大化，而利他主义行为是达到效用最大化、避免损失的关键环节。尽管这种理论目前受到理论界的重视，但是这些理论所提到的利己主义功利观念，在中国文化中并不提倡。

3. 社会规范理论

人的行为都按照社会所赞许、提倡的准则而进行，人们之所以帮助他人，只是因为他们遵守了社会要求帮助别人的规范，而利他行为则是个体对这些社会规范学习并内化的结果。个体接受、遵守和服从这些社会规范意味着自身的社会存在得到了社会的承认和肯定；相反，拒绝和违背这些社会规范则会导致群体排斥、社会非难及遭受惩罚。与利他行为有关的社会规范主要有社会责任规范、社会个人规范和人道主义规范等。尽管这种理论对于解释利他行为基本上是可取的，但是在进行深入研究时，研究者的目光应更多地注意在不同文化中发生作用的独特规范上。

这样的故事在各种媒体中经常可见，古时大臣为了保护国家的安全而舍弃自己家儿的性命，电影《赵氏孤儿》中赵氏为了实现对王妃的许诺，竟然舍弃了自己的亲生儿子换来他人的性命，并且还在屈辱中将他人的孩子养大成人，教育他不舍弃仇恨，但是又不仅仅为了仇恨生活，这是人类生活中一个非常极端的例子。但是比这些故事更加生活化的利他动机却比比皆是，如那些自己不富裕却能把自己的辛苦钱捐献给贫困儿童的人们。

纵观历史发展的轨迹，中华民族的每一次大发展都是从"奉献精神"中汲取力量。在志愿服务中首先倡导的就是奉献精神。广大志愿者抱着奉献社会的态度参与到志愿行为当中，每个志愿者为了参与志愿行为都牺牲了一定的时间、一定的精力。只有志愿者坚信"只要人人都献出一点爱，世界将变成美好的人间"的信念，志愿行为才会长盛不衰。

利他性是志愿者行为的本质特征，也是大多数学者界定的志愿服务的基本特性。但是这并不意味着，我们可能片面地要求所有的志愿者在志愿服务的过程中都不能有任何私心杂念，事实上，只有互惠互利的服务方式才是可持续发展的。

（二）亲社会性

亲社会行为是指社会交往中有利于他人和社会的行为，如合作、共享、帮助等。亲社会行为背后的动机可能是期望得到回报，也可能是完全不图回报。亲社会可能会受个人特质和环境因素的影响，有安全性依恋和具有移情倾向的个体更容易表现出亲社会行为，个体的社会责任感不同，表现出的亲社会行为也可能不同。

志愿者的志愿行为实际上也是一种亲社会行为，志愿者在实施志愿服务的过程中，可能会得到一定程度的精神上或机会上的回报，但也可能根本没有或者个体压根不在乎志愿服务中的回报。例如，驱使大学生参与奥运志愿服务的主要动力，是志愿者个体的社会责任感和荣耀感使然，或许这之后会在精神上或者机会上有些回报，或许根本就没有，大学生奥运志愿者在此过程中表现出的精神核心就是亲社会动机，即借助奥运会这个窗口提升中国的国际影响力，让世界各国人民认识一个崭新的中国，这种理念贯穿于奥运志愿服务的始终。

（三）非强制性

有学者曾对志愿精神下过定义：以志愿精神从事公益的行为，无论采用怎样的具体方式，它都是一种基于个人的慈善与博爱行为。在这里，特别强调的是志愿精神中的非强迫性，任何真正的志愿都只能是个人的志愿，排斥个人自由选择权的"集体志愿"或"社会志愿"都是强制的代名词。志愿行为的非强制性本来就是志愿行为有别于其他行为的根本特征。在中国的背景下，强调这一点尤其具有重要意义，因为中国的志愿服务很多时候具有较浓厚的行政色彩。

（四）友爱互助

友爱是社会共同体理论的核心理念。从我国传统的大同世界理想，到古希腊的城邦社会理想，从佛教的极乐世界到基督教的天堂，都是以友爱为社会关系的基本维度来演绎乌托邦式的社会共同体理想。宋国英认为，友爱是一种基于地缘、学缘等因素而形成的私人之间的伦理关系，友爱是一种被认同为类似血缘亲情的朋友之间的伦理关系；友爱不是人类与生俱来的本能，而是人类基于生存与发展的利益诉求而在社会实践和人际交往的基础上不断生成的。不同的社会文化背景和政治经济发展水平导致友爱的含义、性质、特点及目的有着明显的差异。当代正在生成中的公民社会是我们言说友爱的社会背景。这样的友爱不可能是生成于农业经济土壤中的狭义友爱，也不应是村镇型的城邦共同体生活中的广义友爱，而应该是体现"小政府大社会"以及公民思维与行动视野空前扩展这一时代特质的友爱。然而，那闪烁着个体善及公共善理念的传统友爱思想则是当代友爱思想不能也无法拒斥的思想渊源。

志愿服务作为我国构建社会共同体（即社会主义和谐社会）的重要力量，是社会个体自愿贡献个人的时间、精力和智慧，以不图物质报酬的方式参与社会公共生活，为社会弱势群体以及公共利益提供情感及物质支持的服务性行动。友爱是志愿服务的实然意涵，是现代人际关系的一种理想状态，也是志愿组织在开展志愿服务时所极力推崇和努力的，它既是对志愿者的基本要求，也是志愿精神的永恒主题。作为志愿者，首先要有仁爱之心，比如，宠物保护协会的志愿者们，都养过宠物，并且对宠物有极其深厚的感情。基于这个情感基础，他们会发自内心地保护宠物，每当看到宠物受虐待或者宠物生活环境很差的报道时，他们会控制不住内心的难受，只有尽力帮助，才能够安心，因此，志愿者们首先要有一颗仁爱之心。志愿者们的仁爱之心除了帮助处在弱势地位的弱者之外，还要关注志愿服务对周围人和事造成的影响，用自己的善举感染和带动周边的人与事，从而创建诚信、友爱、和谐的新型人际关系和和谐的社会环境，实现志愿服务的目的。

（五）团结进步

志愿服务体现着服务和团结的理想，有着让世界明天更美好的愿景。从某种意义上说，志愿服务应该是一种没有阶级性的全民参与的行为，但不同的国家、不同的体制运作，志愿服务的发展路径也是不一样的。中国的志愿服务带有深刻的中国制度的烙印。如在中国志愿服务形成初期，主要是计划经济体制下的"学雷锋、做好事""青年突击队"单位固定的慈善捐助等政府主导的志愿服务形式。随着全球化进程的加快，中国志愿服务渐趋社会化、民间化，如现代的"西部志愿者行动""奥运会志愿者"等。但是无论是早期中国志愿服务的官方化，还是现在志愿服务的民间化，志愿服务都体现出爱国主义和集体主义的特点。这是在马克思主义指导下、在建设有中国特色社会主义进程中所形成的具有中国特色的志愿理念。中国志愿服务理念的传播和发扬，会激励越来越多的人自觉地参与到志愿行动中来，从一个侧面体现了社会公民对当今中国的高度认同，也体现了当代国人的爱国、进步的国家观，是社会主义核心价值体系中的两个重要层面构建程度的直接反映。

同时，志愿服务也体现了进步的理念。对弱势群体的重视和关注是一个社会制度文明进步的标志，这不仅仅是政府的职责，更是全体社会成员共同的义务和责任。志愿服务从一定意义上而言，可以承担政府的部分职责，弥补政府的缺陷，帮助政府完善职能，从而全体社会成员共享社会发展的成果，保持社会的公平正义。广大的志愿者们都有一个共同的目标，那就是推动社会文明的进步，这正是志愿者们内在的精神动力。志愿者们是社会文明进步的重要力量，是走在社会最前沿的进步实践者。

第三节　志愿服务的构成要素

尽管志愿服务活动内容丰富、形式多样，但作为现代意义上的志愿服务活动，具有一些共同的构成要素和基本环节。一般来说，志愿服务活动由志愿精神、志愿者、志愿行为、志愿服务对象、志愿服务载体等构成，其中，志愿服务精神、志愿者和志愿行为是最为基本的要素。

一、志愿精神

志愿精神是志愿服务的价值支撑，在志愿服务构成要素中起着价值引领作用。志愿精神是自愿从事各种社会公共服务活动、对社会对他人乐于奉献的精神。志愿精神可以概括为："奉献、友爱、互助、进步。"其中，奉献是志愿服务的精髓、本质，强调志愿者在不计报酬、不求名利、不要特权、不求回报的情况下参与推动人类发展、促进社会进步的所有活动；友爱强调人与人之间平等尊重，提倡与人为善，欣赏他人，这种友爱没有民族之分，也没有文化差异；互助指的是"互相帮助、助人自助"，即志愿者给予处于困难和危机中的人们以帮助，唤醒了许多人内心的仁爱和慈善；同时，这些受助者获得生活能力后，也会投入到关心他人、帮助他人的志愿活动中。进步，是志愿精神的重要组成部分，志愿者通过参与志愿服务，使自己的能力得到提高，生命价值得到彰显，在志愿活动中无处不体现着进步的精神。

（一）志愿精神的基本特征

1. 实践性

志愿精神体现在志愿服务活动之中，是行动的体现，在实践活动中产生感人至深的精神力量。

2.无偿性

志愿服务的价值内在支撑是志愿精神，不收取物质报酬，不以利益、金钱、扬名为出发点。

志愿精神支配下所从事的志愿服务活动，无论是扶贫济困，还是救死扶伤，抑或是抢险救灾、义务劳动等，都是为他人、为社会提供公共服务。

3.公益性

志愿服务的开展，都是有组织的。无论是教会组织的，还是学校组织的、共青团组织的，或者是社团组织的，都具有组织性。在现代法治社会，志愿者都有登记、注册、培训等制度；离开了组织性，志愿服务活动不可能常态化、规范化发展，更不可能有效地培育、形成和弘扬志愿精神。

（二）志愿精神的作用

志愿服务精神作为人类美好的精神追求，对社会主义社会建设具有重要的作用和功能。

1.志愿精神的凝聚作用

志愿精神是公民社会的核心理念，是将公民社会成员团结为一个整体的向心力和凝聚力。这种凝聚力能将各个分散的小团体凝聚成一个大家庭，使公民社会得以存在和扩展。建设社会主义核心价值体系需要将党政各部门、社会各方面的力量充分调动起来，把全体人民的积极性充分发挥出来，公民社会也成为组织和团结社会民众的一个重要部门。只有具备了强大的凝聚力，才能保证各个社会系统紧密联系在一起，形成合力，发挥整体功效。因此，以公民社会为单位，以志愿精神为纽带，整合社会资源、团结全部社会力量来加入和谐社会的构建，成为建设社会主义核心价值体系的一个重要途径。

2.志愿精神的人文教育作用

随着西方价值观全面渗透到我国文化体系中，伴随着市场经济，我国出现了较为严重的消费主义、物质主义现象，要在意识形态领域抵制这种错误思潮的侵害，必须有大众较为认同的能够起到引领作用的核心价值体系的支持，志愿精神的倡导正是对核心价值体系的强化和有力佐证，它指导人们追求更有意义的有利于整个人类发展的人文精神。"人文精神追求人生的真正意义，追求实现人生的真正意义，从而消除极端世俗化的迷误，所以，两者是相互统一和补充的。人文精神提供对现代社会生活的深层思考和导向，志愿服务则将生活的物质享受之外的崇高意义和价值体现在行动中，从而促进社会发展的不断完善。"

3. 志愿精神的示范作用

志愿者的志愿精神容易感动人，也容易感召人。丛飞是 2006 年"感动中国"十大人物之一，他曾经说过，"只要我活着，就要搞公益"，这句话让很多人动容。如今丛飞已不在人世，但"丛飞精神"却生生不息，有越来越多的人、越来越多的社会团体投身到志愿行动和公益事业当中。这就是志愿精神所具有的示范功能所发挥的作用。"志愿精神是在广大志愿者群体的基础上形成和发展起来的，是群体精神的表现。同时，志愿精神又是对个体精神的提炼和升华。"

二、志愿者

志愿者是志愿服务中最积极和活跃的因素。志愿者是什么？要回答这个问题，我们首先要做的是看参与志愿服务的是志愿个人还是志愿组织，如果参与服务的人是以个体形式出现的，那么志愿服务的主体就是志愿者个体；如果参与服务的人是以群体形式出现的，那么志愿服务的主体就是志愿组织。因此，志愿者有两个：志愿者组织和志愿者个人。就志愿者个人而言，还可以再次细分为正式的志愿者和非正式的志愿者，作为志愿者，最为重要的是需要具备志愿精神和利他动机。志愿组织是以团体形式存在的志愿服务主体，它的存在受不同的时代、不同的社会，以及组织自身的原因所限，因此在不同的国家不同的时代其表现形式并不完全相同，属于非政府非营利组织的一种组织。

（一）志愿组织

1. 概念

目前，关于志愿组织的概念分歧甚大，缺少带有权威性质的说法，对志愿组织的另类称呼也非常多，如第三部门、非营利组织、非政府公共部门、慈善组织、非政府组织等。

有研究者提出，志愿组织（在英国极少使用"非营利部门"这一词）为集体名词，指具有社会性目标而在会员中不进行利益分配的各种正式或非正式组织。慈善机构、社区组织、志愿组织、社会企业以及一些互助组织均属此列，它们都不以营利为目的。

在众多研究非营利组织的作者中，美国学者莱斯特·M.萨拉蒙是认可度较高的一位，他把非营利组织的特性总结为以下几方面：①组织性，即这些机构都有一定的制度和结构；②私有性，即这些机构都在制度上与国家相分离；③非营利性，即这些机构都不向他们的经营者或所有者提供利润；④自治性，即这些机构基本上是独立处理各自的事务；⑤自愿性，即这些机构的成员不是法律要求而组成的，这些机构接受一定程度的时间和资金的自愿捐献。

至于"非政府组织"，简称NGO，和非营利组织的意思并不完全一致，非政府组织是由民间的力量发起和组织起来的一种力量。在中国，民间组织主要由社会团体和民办非企业单位这两类组成。其中，社会团体是指中国公民根据自愿组成，为实现会员共同意愿，按照其章程开展活动的非营利性社会组织。民办非企业单位是指企业事业单位、社会团体和其他力量以及公民个人利用非国有资产举办的，从事非营利性社会服务活动。"非政府组织""志愿组织"等概念所涵盖的外延大致相同，但也反映出不同的侧重，比如，"非政府组织"强调非政府非官办性，"非营利组织"强调组织的非营利性。在现代中国，志愿组织以多种形式存在，名称可能不同，但是性质是相同的。在这里，我们参考西方学术界的概念"Voluntary Organization"，将它们统称为"志愿组织"，界定志愿组织有以下两个标准：第一，活动的开展是有组织有序展开的，不是个人的行为；第二，以推广从事志愿行为为己任。

故在本书中，我们将志愿组织定义为：能激励和调动起志愿者的热情，献身参与社会进步和社区发展的公益性或互益活动的非政府的社会组织；在该组织当中，志愿者较好地发挥了志愿精神，并主要承担着组织的项目工作，从而为达成组织的目标，推动社会进步发展而贡献自己的力量。

2.性质

现代的志愿组织形式多样、领域宽广，涉及环境保护、公共福利、教育、医疗、弱势人群关注等领域。不管是哪种形式，也不管是哪个领域的志愿组织，都具有以下特性：

（1）合法性。中华人民共和国成立后，我国陆续颁发了许多关于志愿组织管理的法律规范，如《社会团体登记暂行办法》《基金会管理办法》《民办非企业单位登记管理暂行条例》等。同时，民政部还有社会团体管理规章 50 余个。这些法律法规共同构成了中国民间组织发展的法律框架和法制环境。《中华人民共和国宪法》肯定了民间公益组织作为社会团体的合法地位；最新出台的物权法明确规定，作为社会团体的民间公益组织的合法财产受法律保护。在对民间公益活动的管理、监督方面，《中华人民共和国公益事业捐赠法》《基金会管理条例》等法律法规促进了会计制度等一系列管理监督体制的确立，确保规范民间公益活动。

（2）独立性。当代世界的大多数志愿组织都是非政府性的，尽管它们或多或少得到了政府的支持或赞助，但是并不直接隶属于某个政府部门。志愿组织不仅事实上是"非政府"性的，这一性质的存在也有其合理性。它能使志愿组织具有相对独立性，能更好地开展志愿服务。

（3）公益性。这是从志愿组织与经济利益之间的关系维度来分析的，志愿组织是非营利性的。非营利性与志愿服务无酬性的特点是相符的，它的存在是为了社会成员的公共利益。

（4）广泛性。志愿组织中的志愿者来自各行各业，参与者众多，他们既可以是志愿服务者，也可以是志愿服务的对象，因此志愿组织具有广泛的群众基础；从另外一个层面说，志愿服务的范围涉及环境保护、公共福利、教育、医疗、弱势人群关注等领域，也是非常广泛的。

（5）多样性。从志愿组织的活动形式而言，非常多样，有小型的活动，如大学生志愿者的临时活动；也有非常大型的志愿服务活动，如 2008 年奥运志愿组织，就是一个非常庞大的组织机构。从志愿组织的活动内容来讲，也是灵活多样的，可以是环境保护，也可以是动物保护、关爱弱势群体等。

（6）民间性。首先，志愿组织的组织方式具有民间性，尽管有些时候政府也会对志愿组织进行干涉和帮助，但随着人们对志愿组织越来越深入的认识，政府对志愿组织的管理也越来越民间化，因此志愿组织从组织方式而言是民间性的；其次，志愿组织的成员都是从民间招募的，来自各行各业，志愿组织的主体也具有民间性。

3. 特点

志愿组织的性质决定了志愿组织既不同于政府组织，也不同于营利性组织。要分析志愿组织的特点，首先要认识非政府组织与非营利组织的特点。

非政府组织，是指由非政府力量领导的，不以营利为目的志愿性的社会组织。主要从事社会公益事业，如贫民救助、贸易公平、环保、反战、反核等，这些问题所涉及的一般不是个人利益、组织利益或者国家利益，而是社会的公共利益或者人类的共同利益。目前当人们提起非政府组织的时候多指从事社会公益事业的组织，如红十字会、希望工程、残疾人联合会、志愿者组织，以及各类基金会等。

非营利性组织，指不是以营利为目的的组织，它的目标通常是支持或处理个人关心或者公众关注的议题或事件。非营利组织的运作并不是为了产生利益，这一点通常被视为这类组织的主要特性。例如，联合国世界卫生组织、世界银行就是世界级的非营利组织，是区别于政府组织和企业界的第三部门。美国教授萨拉蒙曾经列出了非营利性组织的几个最为重要的特征：组织性、民间性、非营利性、自治性、公益性，即服务于某些公共目的和为公众奉献。

从以上分析，我们可以发现，非营利组织和非政府组织具有一定的重合性，而本文中所提的志愿组织正是集合了两者的共同特点，如果把非营利组织和非政府组织看作两个集合，那么志愿组织的特点就是他们的并集，通常可以定义为"非政府的、非营利的合法组织"。

4. 分类

任何事物分类，如果从不同的维度出发，就会得到不同的分类结果。志愿组织按照不同的分类标准可以有如下分类：

分类标准	类别
规模	大、中、小
范围	世界性、全国性、地方性、区域性
稳定性	正式的和非正式的

在此，我们主要讨论的是正式的与非正式的志愿组织。正式的志愿组织指那些由志愿者参与组成的，基本上以提供或组织志愿行为为主要业务范围的非营利组织和公共组织。这些组织具有专门、正式的机构，有专职的志愿者或者由机构发动、招募、组织和管理。而非正式的志愿组织是指

那些围绕特定的公益性项目临时组建或者只有最起码的组织框架约束的群体、团队或小组。

国外对志愿组织的分类或许能够给我们一些启示。英国全国志愿组织理事会的报告将英国志愿组织分为如下几类：医学研究、儿童或青年人、动物、医疗保健、宗教组织、海外救助、残疾人、老人、教育、救援服务、无家可归者、环境保护、救灾、遗产保护、博物馆、音乐、艺术、其他等。加拿大非营利与志愿组织收入来源，按照主要活动领域将志愿组织分为艺术、文化、体育、娱乐、教育、研究、高等院校，卫生，医院，社会服务，环境，开发与住房、法律、倡导和政治、拨款、筹款和志愿推促，国际，宗教，行业与专业协会，工会，所有组织，其他。美国人对不同慈善事业的分类（2004）如下：宗教，教育，基金会，医疗卫生，其他，人类服务，艺术、文化和人文学科，公益和社会效益，环境、动物，国际事务。

5. 功能

（1）"价值观卫士"的功能。志愿组织作为第三部门具有先天的一些优势，相对更加灵活，能够较好地调节特定阶层或社会团体的需求，是调和政治生活中许多压力的主要社会手段之一。志愿组织实际上是一种普世价值观的体现者和捍卫者，比如，中国人的报应观、慈悲观等，同时传达了人们对世间充满爱的正义价值观的一种追求。

（2）"第三次分配"的功能。慈善和志愿服务实际上还起到第三次分配的功能，在世界各国，慈善和志愿事业不断加强，越来越在社会分配和社会资源的重组间发挥重要作用。在中国，这种功能尤其需要得到加强，资源分配的不均会激化内部矛盾，因此中国的慈善和志愿服务具有更加突出的意义，这直接源于中国目前分配体制的不足。

（3）"帕累托改进"的功能。"帕累托改进"是以意大利经济学家帕累托命名的，就是一项政策能够至少有利于一个人而不会对任何其他人造成损害。举个例子来说，富翁贡献出 100 元，对于他的财富几乎没有影响，但是这一百元对于一个乞丐来说，就意味着好多天的饱饭，相同数量的钱对于不同需求的人来说意义是不同的。因此，志愿和慈善的作用在于在总财富一定的情况下，能够增进社会整体福利。福利经济学指出，同一般商品一样，人们从一单位财富中所获得的满足感随着财富的增加而不断减少，在这里，边际效用递减规律同样适用于财富。所以，慈善家把一部分财富转移给低收入阶层，对整个社会来说，所增加的效用要大于减少的效用，从而会增进全体人民的福利。

（4）"社会稳定器"的功能。慈善事业有利于促进社会和谐发展，成为社会稳定器。这点源于慈善事业的再分配作用，发展慈善事业是处理阶层关系的重要手段，是强化阶层理解、合作和交流的黏合剂，是社会健康和持续的良药。志愿组织也可担当公共服务的改良者或补充者的作用。他们能够充当警觉的批评家，以确保公共服务的质量。

最后，志愿机构还能够支持以满足那些公共机构不能或不愿承担的需求的计划。美国家庭服务协会（FSAA）的情况为志愿机构所发挥的补充作用提供了一个很好的例证。

（二）志愿者个人

1.志愿者是自然人

自然人是区别于法人、社团组织的概念，即有生命的个体，强调的是个人的价值，不受民族、种族、国籍和身份等限制。

对于志愿者主体资格目前尚未明确：如志愿者的年龄，有的规定是16~35周岁，有的规定是16~40周岁，有的规定最低年龄是16周岁，有的没有明确规定。国外一般要求志愿者的年龄不低于18岁，我国的一些青年志愿服务条例因局限于青年，也大都规定志愿者的年龄应在18岁以上。

本书认为，志愿者从事志愿服务活动，应具有完全民事行为能力，即年满18周岁，以自己的劳动收入为主要生活来源，才能注册登记成为志愿者。

2.主观上志愿者须自愿

尽管志愿者参加志愿服务活动有很多的原因，但是作为有独立行为能力的个体，在选择志愿服务行为的时候应该是志愿的，即非强制性，这也是志愿服务的最基本特征。

当然我国法律界对此也有些争论，有人认为，制定一部全国统一的志愿服务法，有悖于志愿者主观自愿的本义；也有人认为，应立法规定年满18周岁的公民都必须参加志愿服务，对于违反者依法处罚，因为服务是公民的神圣职责，也是对公民进行国民教育、培养公民精神的重要手段。

3.客观上志愿者须登记或注册

只有经过正式登记或注册的志愿者才是正式的志愿者，才会成为稳定的志愿服务队伍中的一员。没有登记或注册的个体，因为没有法律上的承认不能成为真正的志愿服务者。比如，我国在 20 世纪 80 年代开展的学雷锋活动，由于参与该活动的人没有在志愿服务组织进行登记或注册，故不能成为法律意义上的志愿者。志愿者登记或注册，主要目的是要避免志愿服务活动的短期性、不规范性现象，同时也便于志愿服务组织统一安排，避免浪费资源，更是对志愿者合法权益进行合理保护的需要。

三、志愿服务的对象

志愿服务的对象是志愿服务直接作用的对象，是志愿服务的直接受惠者及价值体现者。它可以是个人，也可以是集体或社会公共利益。在不同的社会、不同的发展阶段，志愿服务对象会有所不同。以新加坡为例，在 20 世纪 50 年代，志愿服务的主题是铺路修桥，完成经济建设中的急难险重任务；60 年代末，以提高青年素质、帮助青年就业为主；70 年代，强调帮助青年开展娱乐活动，倡导健康文明的生活方式；80 年代末，志愿服务开始注重帮助青年解决婚姻问题（促进人口出生率提高）和关注退休老人（新加坡称为"乐龄人士"）的生活及休闲等。目前，新加坡志愿服务主要包括向青年传授技术、帮助青年提高自身素质、帮助失业或失学青年就业、解决大龄男女婚姻问题；提供社区服务，关怀、照顾老人、残疾人等。正因为志愿服务对象因时因地而异，本书在阐述志愿服务对象的时候，尝试着采用共性和个性相结合的方式，先探讨法律范畴中的志愿服务对象，这是世界各国志愿服务对象都具有的共性，再以中国现阶段的志愿服务对象为例，以期对志愿服务对象有一个较充分的介绍。

（一）志愿服务对象的基本要求

志愿服务对象虽然在志愿服务过程中处于被服务、受帮助的地位，但它并不是消极被动的客体，志愿服务对象有以下基本要求：

1.志愿服务对象有着接受志愿服务的需要

总体而言，志愿服务对象是指凭借自身能力不能解决自己在工作、生活、学习中的困难的群体。如有心理问题的人士、失足青少年、农村文盲、外来民工等。志愿行为必须基于志愿服务对象的需要而进行。

2. 志愿服务对象享有的志愿服务必须在法定范围之内

首先，志愿服务对象不能提出超出志愿者能力范围的无理要求。志愿服务是志愿者为改进社会而无偿贡献时间和精力的社会援助行为。但在志愿服务过程中，有些志愿服务对象往往借无偿服务这一资源，对志愿者任意使用，违背了志愿服务的初衷。为此，如果志愿服务对象提出的要求超出法定志愿服务的范围，志愿服务对象也就丧失了享受志愿服务的资格。

其次，志愿服务对象有尊重志愿者的义务。尊重服务者的基本权利和尊重其劳动，是志愿服务对象的义务。如果被帮助之人都不能给予提供帮助的人以基本的尊重，那么这种帮助也就失去了意义。

3. 志愿服务各对象要承担相应的法律责任

在提供志愿服务时，志愿组织应与志愿服务对象约定由哪方提供给志愿者物质、安全、医疗卫生和保险等保障，以及由哪方承担志愿者在提供志愿服务行为期间所遭受的损害。在无约定的情况下，遵照"谁侵害，谁赔偿""谁受益，谁补偿"的原则，即志愿者若遭受志愿服务对象的损害，则由志愿服务对象承担赔偿责任；志愿者遭受第三人造成的损害，应由第三人承担责任，若第三人没有能力赔偿或者无法确定是否赔偿，则志愿服务对象作为受益人要给予一定的补偿，如果志愿服务对象也没有能力赔偿，那志愿组织也要给予一定的赔偿。

（二）志愿服务对象的权利

1. 获得志愿服务的权利

抽象地讲，任何潜在的志愿服务对象都有向社会主张志愿帮助的合法权益，任何组织和个人都不得限制和干涉其主张，这一权利来源于宪法对自由权、生存权和发展权等基本人权的规定。具体来说，志愿服务对象享有获得志愿服务实在利益的权利。志愿者是否履行义务，直接决定着志愿服务对象是否真正实现享受志愿服务的权利。

2. 权益不受侵害的权利

志愿者或志愿组织在从事志愿服务的过程中，要保障志愿服务对象的合法权益不受侵害。志愿者或志愿组织自身必须遵守社会伦理规范，不得损害志愿服务对象合法的财产性利益与非财产性利益。同时，对于他人非法侵害志愿服务对象的行为，志愿组织和志愿者也要采取积极有效的措施予以维护。

3. 自身尊严不受侵犯的权利

在志愿服务法律关系中，志愿者、志愿组织、志愿服务对象三者之间是一种完全平等意义上的民事法律关系，志愿服务对象的自身尊严神圣不可侵犯。志愿者或志愿组织不能因为提供志愿服务而高高在上、趾高气扬；志愿服务对象也没必要因为接受帮助而低声下气。有任何的诉求和想法，志愿服务对象都可以提出来。对于在志愿服务过程中所出现的不尊重志愿服务对象的行为，要采取积极措施予以维护。

4. 不承担额外义务的权利

志愿服务法律关系不同于其他法律关系最重要的一个特性就是志愿组织和志愿者提供志愿服务是不附加任何条件、不收取任何费用的。志愿服务是一项单方的、无偿的行为，强调志愿服务主体的义务性和无偿性。正因为这个特性，我们不能为志愿服务对象接受志愿服务设置强制性的义务履行规范，承担额外义务与否由志愿服务对象自由选择。

（三）志愿服务对象的义务

1. 协助志愿是各主体开展工作的义务

志愿者或志愿组织在提供志愿服务时始终以志愿服务对象的利益为出发点，对于志愿服务对象而言，有义务协助志愿服务主体开展工作，为其工作的顺利开展提供便利。如在志愿服务过程中存在着危及志愿者安全的风险事项和必要防范措施，志愿服务对象应当予以积极告知并协助防范。

2. 诚实守信义务

志愿服务对象在接受志愿服务的时候，不应存在恶意的动机和行为。志愿服务对象应尊重志愿者的人格尊严，不得通过欺诈等手段骗取志愿服务利益，不得恶意阻碍志愿者开展志愿服务活动，更不得浪费志愿服务资源。

四、志愿行为

志愿行为是指志愿者所从事的志愿活动，是志愿者把志愿精神具体化的过程，也是志愿服务过程中志愿者与服务对象之间的一种双向互动关系。

志愿行为是志愿服务过程中的一种基本的实践活动，没有志愿行为，就无法确定志愿服务的性质和特征，从这个意义上来说，志愿行为是衡量志愿服务的重要标记。

（一）志愿行为的利他精神与动机、评价

1.志愿行为中的利他精神

在当代中国，随着市场经济发展的不断深入，人们的价值观发生了翻天覆地的变化，人们开始用物化的标准衡量每一个行为，志愿行为在经济价值的衡量标准下显得那么苍白。在价值观念和利益取向多元化的今天，还要求志愿者全心全意地服务他人显然不符合我国目前的社会背景。只有与时俱进的志愿行为才能有生命力。在这样的时代背景下，什么样的志愿精神才符合时代发展的趋势呢？我们认为：新时期的志愿精神首先不能忽略利他精神的基本内核，如果抛弃利他，那么就根本谈不上是志愿精神，所以我们强调的仍旧还是利他精神；但是同时，我们不应该像过去一样，完全忽视个体的自身利益，强调无私利他，应该做到适度合理，提高每个志愿者的思想境界，让每个志愿者认识到在我们利他的同时其实也是在帮助我们自己。如果每个公民都发扬志愿精神，努力承担公民、社会和国家责任，具有社会责任感和历史使命感，我们的祖国就会更快地富强起来，社会就会更加和谐地发展。

2.志愿行为的动机

许多文献都探讨过志愿服务的动机问题。如 SRI 国际组织的一项研究结果表明，志愿者可能处于以下 3 种生活境况：

第一种生活境况是被需求所驱使的状况，也就是这类志愿者本身在生活上只能勉强维持生计，自身的基本生活需要都不能得到很好地满足，显然这类生活境况中的个体不可能成为很好的志愿者。

第二种生活境况是为了追求外在的认同的个体，他们在生活上已经可以满足自己，做到丰衣足食，但是他们的生活目标并不明确，总是追随大众、人云亦云，没有坚定的信念，显然这类生活境况中的个体是可以引导的志愿者。

第三种生活境况的个体是有内在需求的个体，他们为了追求人生价值与目标而从事志愿行为；这类志愿者是志愿队伍中认同感最高的一类，他

们会对志愿事业忠贞不渝，因此他们是最优秀可靠的志愿者资源。

不管志愿者参加志愿行为的动机是为己还是利他，合理地利用和引导志愿者的志愿行为动机可以有助于志愿者队伍的发展和壮大。

3.志愿行为的评价

志愿行为的评价指的是如何评判一种行为是不是志愿行为，以及志愿行为的优劣。

按照志愿行为的定义，志愿行为必须满足自愿、无偿、公益和慈善。从这些方面可以衡量一个行为是否属于志愿行为，但是什么样的行为是自愿、什么样的行为是无偿、什么样的行为是公益、什么样的行为是慈善是一个更复杂的问题。我们可以借用道德领域评价模型来评价志愿行为。道德行为的评价存在着两种观点：动机论和效果论。

动机论主张从志愿者的行为动机入手来判断其行为是否属于志愿行为，考察行为人的动机是否具有志愿性。效果论主张从志愿行为的外在表现来判断志愿行为的优劣，看该志愿者是否实际上做出了自愿、无偿、公益、慈善的服务来评判。

我们认为科学的评价标准应该兼顾动机和效果两个方面。一方面，我们要考察志愿者的内在动机，他是否真正本着志愿精神来从事志愿行为；另一方面，我们还要观其行为所实际产生的效果。

总而言之，一个行为之所以能够被称为志愿行为，必须符合两个条件：一是其行为主体具有志愿精神，愿意提供无偿、公益和慈善的服务；二是它必须在事实上产生了一定的行为效果，为社会带来了实际的贡献。

（二）志愿行为与助人行为

1.助人行为

（1）助人行为与亲社会行为、利他行为的联系与区别：

①助人行为与亲社会行为。亲社会行为是指"任何能帮助或打算帮助他人"的利他行为，一切对社会有积极作用的行为，包括助人行为、遵守社会规范行为、友善行为、公共参与行为等。强调一个人在做出有益于他人的行为时完全的无私性和自我牺牲精神。除了可能获得精神上的自我满足（即孔德所说的积极情感）之外，他没有任何自利的动机。

助人行为是一种行为者在动机上希望有益于他人（不管他有没有同时

想到有益于自己），同时在结果上也确实有益于他人的行为，但是也有学者将助人行为与亲社会行为等同起来，如杨宜音、张曙光的助人行为被社会心理学家界定为对他人有益的行为，因此它也是一种亲社会的行为或亲他人的行为。

②助人行为与利他行为。利他行为具有以下 5 个特征：自愿；以利他为目的（其结果可能是利他有损己、利他不损己、利他亦利己）；不期望他人和社会的回报（只有自我报偿,如愉快、欣慰);某方面的付出（如时间、财富、名誉）；对方得到好处和益处。而助人行为的特征除了与利他行为的第四、第五特征相同，其他几个方面则不同。助人行为可能是非自愿的(例如，有社会压力、责任性的)，可能是出于利己的目的或者交换的目的，也可能是期望回报（包括精神的或物质的）的。

（2）中国人的助人动机：特殊主义倾向与恩报观。中国人倾向于在人际关系中来定义人,将人分为三六九等。用"好人""坏人""自己人""外人"等轻易地将人划分不同的类别，这影响到中国人的助人心理。认为并不是所有遇到的困难或陷于危险的人都值得同情、帮助。中国人往往更倾向于认为：只有"好人"才值得同情和帮助;而对于"坏人"，则不必讲什么人道。

同时，中国人的助人动机和中国社会源远流长的"恩报"观有着密切的关系。中国人重"恩报"已不是一朝一夕的事情了。

（3）影响助人行为的因素：

①社会因素：

· 旁观者：他人在场对旁观者助人的行为会产生影响。如果在场的他人表现消极，人们的助人行为会减少；如果他人的表现积极，人们的助人行为会有所增加。

· 人际关系的性质：M.Clark 等人把人际关系分为"交换关系"和"共有关系"。他们认为，市场交易中的人们是典型的交换关系，而家人之间是典型的共有关系。在共有关系中，人们会关注对方是否需要帮助；而在交换关系中，人们关注的不是对方要不要帮助，而是对方给自己带来多少好处、自己以后还他多少人情。

②个人因素：

· 助人信念：乐于助人的确可能来自一种价值观和信念。

· 移情：有研究发现，人很早就形成了移情能力。善于移情的人也更容易帮助别人。

• 内疚：社会心理学家还假设，人们感到内疚的时候能够增加助人行为。

• 闲暇或匆忙：人们是否有空闲也影响着人们是否能对他人提供帮助。

• 决策：是否需要采取行动的决策。

• 受助者的特征归因：Darren George（1992）发现，一个人由于外界不可控的原因造成学业上的困难，比起由于个人原因导致的困难，会得到更多同情和帮助。一般认为，如果一个人因为制度性原因、他人或环境而导致的困境，是值得帮助的；如果由于个人原因，特别是个人好吃懒做，甚至带有欺骗目的，人们就不会同情他。

③受助者特点：

• 性别：女性比男性更容易得到帮助。如果潜在助人者为男性，则女性不幸者比男性更容易得到帮助，80%的研究都证明了这种倾向。不过，如果助人者为女性，则男女不幸者得到帮助的可能性是同等的。

• 相似性：有关相似性在外国的研究中有很多。比如，他们研究黑人与白人、不同肤色人种之间的相互助人特点，发现当现场同时有白人和黑人，见证黑人需要帮助时，白人表现得不那么积极；但是当现场只有白人时，对不同种族的人的帮助程度没有差别。

• 外部特征：受助者的外部形象会影响人们的助人意愿。一个有魅力的求助者更容易得到帮助，这种魅力不仅包括人的长相，也包括人的穿着打扮。

• 人格特征：人们更愿意帮助那些看起来善良、友好的人，更愿意帮助那些没有伤害过我们的人，更愿意帮助那些是由于外在不可控的原因而陷入无助状态的人，而不太愿意帮助那些因内在理由而面临困境的人。

2. 志愿行为与助人行为的关系

志愿行为强调的是志愿者的志愿性，看重行为的动机性；而助人行为，主要展现在行为结果对他人的影响上，即是否对他人有所帮助，所以志愿行为和助人行为之间有所交叉，但是也有所区分。两者之间的共同点在于，都是做有利于公益、有利于社会或者他人的事，志愿行为的动机是为了助人，助人行为的结果与志愿行为的期望一致。两者之间的区别点在于，志愿行为强调志愿和无报酬，助人行为则未必是这样的。两者既有联系又有区别。

五、志愿服务的载体

载体从字面意思来看，是指能传递能量或运载其他物质的物体。载即装，用交通工具装，如载客、载货、载重、装载、满载而归。体即事物的本身或全部：物体、主体、群体；物质存在的状态或形状：固体、液体、体积。志愿服务的载体是指帮助志愿服务成功开展的条件和志愿服务中表达出来的形式和内容。

对于志愿服务的载体，人们有不同的理解。如"建立领导干部'基层日'制度，深化党员责任岗建设，健全党员志愿服务载体，探索流动党员'双向共管'新模式，党员先进性建设长效机制逐步完善，基层党组织的执政能力和创新能力不断增强，全区党建工作进入新阶段"。在这里，作者认为，志愿服务的载体是制度方面的建设；又如，"志愿服务是宁波城市文明的一个亮点。宁波的志愿服务已经朝着制度化、社会化、常态化方向发展，涌现了万人助学、爱心超市、居家养老、义工俱乐部等新的志愿服务载体，成为宁波市民的一种生活方式"。在这里，志愿服务的载体是志愿组织的形式；而有些时候，人们把志愿服务的载体看作志愿服务的岗位。

（一）志愿服务制度、组织、保障

1.志愿服务制度

《中华人民共和国国民经济和社会发展第十一个五年规划纲要》的"社会保障"条款中，明确提出"支持志愿服务，并使之制度化"。所谓志愿服务的制度化，就是使其具有规范性特征，使志愿服务在行动安排、服务提供、效果评估方面有某种程度的规则可循。制度化是志愿服务长期健康发展的有力保障。

2.志愿组织

志愿组织是志愿服务最为重要的载体之一，志愿者只有通过志愿组织的领导才能形成合力。志愿组织与其他的社会组织不一样，不以营利为目的，其运作经费由政府和社会单位的资助支持。志愿组织在其他方面和其他组织一样有组织的纪律和组织的工作方式，同样遵守我国的各项法律法规，在以服务大众为宗旨的指挥棒下发挥作用。志愿组织给志愿者提供沟通交流的平台，使志愿服务走上正规化和规模化。但是值得注意的是，志愿组织具有一些特点，这些特点是有别于其他组织的，正规性、非政府性、非利润分配性、自我治理性、志愿服务性、公益性，只有遵循这样一些特点，志愿组织才能较好地开展活动，违背了志愿组织的这些特点将会使志愿组织产生质上的变化。因此，保持志愿组织的独立性是非常重要的。

3. 志愿服务保障

足够的保障可以促进志愿服务的发展。志愿者通过志愿组织进行志愿服务的过程中，实际上就是一个三方关系，在这个关系中也可能会产生各种各样的问题，那么当出现问题时，我们应该保障多方的利益，但是处理问题最好的方式，莫过于预防。所以建立志愿服务的保障机制是很重要的。针对志愿者，我们可以尽可能地支持、提供便利，包括交通、就餐、意外伤害保险等。提供有针对性的培训，对志愿者的表现及时给予反馈。要建立志愿者荣誉制度。对贡献突出的志愿者，给予表彰和进行宣传。志愿组织、志愿服务项目可以接受他们提供的经费资助、产品赞助和培训支持，也可以接受他们为志愿者提供的一定优惠服务，为志愿服务的开展增添力量。要制定和完善志愿服务的法律法规。

（二）志愿服务的表现形式

志愿服务表现形式是指在志愿服务过程中为了帮助人们认识和识别志愿服务活动而选取的特殊表现方式和标记。2008 年北京奥运会志愿服务工作的开展取得了很多创举，其特有的志愿服务表现形式给人们留下了深刻的印象。

1. 志愿者组织标志

一个志愿组织有一个显眼的标志可以更加凝聚志愿队员的团结精神，给志愿精神一个形象的注解。2008 年奥运会志愿者标志的设计，运用了中国独特的传统文化形式——中国书画艺术风格，与北京奥运会会徽"中国印·舞动的北京"相互映衬。具体组成为：三个欢快舞动的人形，上方有两个较大相扣的心形图案，组成了标志的主体部分，标志下方有 Voiunteer 和 Beijing2008 字样。标志呈现出心心相扣的心形，象征着志愿者与运动员、奥林匹克大家庭和所有宾客心连着心、用心服务、奉献爱心，为奥林匹克运动增添光彩。欢快舞动的人形，展现了志愿者奉献为乐的志愿精神。志愿者真挚的笑容、出色的服务、友善的行为唤起每一位奥运会参与者的心灵共鸣。

2. 志愿者的服装

志愿者的服装会增加志愿者的归属感，同时也可以增强社会大众对志愿组织的认识和记忆。一套统一有内涵的服装，更能增强志愿队伍的气势。2008 年北京奥运会志愿者服装的设计成品以及体现的理念—志愿者的服装以蓝色为主色调，正面和肩膀部位的图形设计采用了代表中国元素的祥云，给人以动感流畅的感觉。背面则是北京奥运会的会徽。除服装本身外，设计师还专门为制服配备了两款帽子，一款挎包和一款腰包。据了解，北京奥运会、残奥会，共需制作志愿者服装 10 万套，均为北京服装学院设计完成。在服装设计中，主要运用"吉祥"的概念图案，既有来自如意的变形、来自祥云的效果，还带有一种水墨的流动感和丝绸的质感，整体形成一种圆形图形。

3. 志愿者的配饰

一般的志愿组织可能还没有能力考虑到配饰，而实际上配饰正如一个防伪标志一样，它是对志愿组织的细节修饰。一个有意义的配饰可以强化志愿者的服务意识。2008 年北京奥运会志愿者配饰—"微笑圈"。

"微笑圈"是奥运志愿者佩戴、承诺为奥运服务的塑胶手环。经问卷调查向市民征集意见，红、蓝、黄、黑、绿五色微笑圈手环分别被赋予乐于助人、学习进取、文明礼仪、诚实守信、保护环境五种象征。"微笑圈"的含义：红色代表微笑·承诺·乐于助人；黄色代表微笑·承诺·文明礼仪；黑色代表微笑·承诺·诚实守信；蓝色代表微笑·承诺·学习进取；绿色代表微笑·承诺·保护环境。

4. 影视歌曲

展现志愿者形象的影视作品主要包括电影、公益短片、广告等视频传播形式。此次奥运会组委会采用了多种视频形式来展现志愿者的光辉形象。

5. 音乐作品

朗朗上口的旋律、优美的歌词，在传播年轻人形象风貌上起到推波助澜的作用。在奥运会倒计时 300 天之际，为了传播奥林匹克精神，弘扬志愿服务理念，凝聚广大志愿者积极投身奥运会筹办工作，为北京志愿者工作留下丰富多样的文化遗产，北京奥运会志愿者工作协调小组、北京奥组委志愿者部向社会正式推出《微笑北京》《我是明星》《你我他，快参加》

《你我同行》《青春奥运》5 首奥运志愿者歌曲。这 5 首歌曲是北京奥运会奥运志愿者歌曲征集活动所征集到的优秀作品的代表，其曲风各具特色，歌词蕴含深刻，歌曲作者及歌手来自祖国各地。这些作品所共同体现出的是对志愿服务精神的颂扬，"为祖国争光，为奥运添彩"的强烈热情，"我参与，我奉献，我快乐"的服务理念。最后，通过多方面考虑、选取，《我是明星》成为北京奥运会志愿者歌曲，充分展现了志愿者青春、活力的形象，对凝聚志愿者团体，展现志愿者形象意义很大。

第三章 我国志愿服务历史回顾及大学生志愿服务价值观内容

我国志愿服务思想深受中国古代公益慈善思想的影响，有其深厚的历史基础和文化积淀。本章通过对我国古代、近代、现代志愿服务的历史回顾，厘清我国志愿服务的发展脉络，为大学生志愿服务活动提供有益的借鉴与参考，并通过对我国大学生志愿服务活动的梳理，明确大学生志愿服务中价值观的具体内容。

第一节 我国志愿服务的历史回顾

（一）我国古代志愿服务的历史回顾

1.探索时期

先秦时期是我国古代志愿服务的前期探索期。统治阶级为了维护自身的统治，采取官办的形式创办了一些慈善事业，主要集中在"救灾减灾"和"恤老慈幼"两个方面。

在我国古代，由于技术水平的落后、防灾救灾意识的不足，自然灾害直接威胁到一个国家的兴衰与存亡。因此，先秦时期的君主便会设立一些专门的政府部门，以便于妥善处理灾后的救济工作，这便是"荒政"。另外，先秦时期也出现了"劝分"，意思是当某地受到自然灾害时，政府会规劝、激励富人、地主进行赈灾。

"荒政"的慈善救助具有临时性，主要是在自然灾害发生后，如果没有自然灾害的发生，那么慈善救助便不会发挥作用。与"荒政"相比，"恤老慈幼"政策则更具有稳定性。《周礼》中的"司徒篇"和"礼运·大同篇"对"恤老慈幼"的记载较为翔实。"司徒篇"中说："以保息六养万民，一曰慈幼、二曰养老、三曰振穷、四曰恤贫、五曰宽疾、六曰安。"无论是"荒政"还是"恤老慈幼"，都是国家君主推行的，用来保障子民生活的社会救助行为，其目的就是为了维护国家的稳定。

2. 初步发展

两汉时期，由于战乱的结束，国家社会进入到休养生息阶段，生产力水平得到极大发展，人民生活逐渐富足，我国的慈善事业也得到了进一步发展。

一方面，针对"救灾减灾"，汉朝制定的政策比先秦时期更加全面。汉政府明确了严格的查灾、报灾制度。灾害一经发生，各地政府官员要立马核实情况，对于受灾范围、程度做出准确的判断后，将受灾人员和地点划分级别，实行不同的救济方案。汉朝有了秦朝的前车之鉴，特别注重对赋税、徭役等方面的管理，对弱势群体也有特殊的照顾。总而言之，汉朝在官办的社会慈善中，更加注重对老弱病残、鳏寡孤独等人群的照顾与保护。

另一方面，除了官办慈善之外，民间慈善也逐渐发展起来。首先是佛教的慈善救济事业。佛教寺院的济贫事业是中国最早的民间慈善救济事业。佛教一直奉行"普度众生""行善济人"的宗旨，东汉时期佛教传入中国后，佛教寺院通过社会的捐助筹集资金，以宗教的名义开始从事救济活动。其次是宗族的慈善救济事业。宗族内部的慈善事业主要是指宗族内部之间的救济救助、抚恤幼孤等，其内部以血缘关系为纽带进行救助救济，对民间慈善事业的发展具有重要的意义。

3. 日渐成熟

自东汉以来，中原大地纷争不断，虽有佛教思想的影响，但是长期的动荡使慈善事业发展缓慢。一直到唐宋时期，我国古代慈善事业发展才日渐成熟。第一，常平仓制度的成熟。常平仓制度的设立主要是为了调节粮食的价格，将粮食提前储备起来，以供官民急需。因此，常平仓是统治阶级为了维护自身的统治而设立的，属于官办的社会慈善救助机构。第二，慈善机构的常设化，慈善政策的逐渐成熟。唐代的悲田养病坊是中国古代第一个较为成熟的专门对鳏寡孤独、老弱病残以及其他贫困人口开展慈善救助的机构；宋代初期开设官办的福田院，主要集中在京城的周边；嘉祐年间设立居养院；宋代还设立了"举子仓""慈幼局"等慈善机构。这些机构的救助对象主要是一些鳏寡孤独者、贫困者、身体有缺陷的人和一些弃婴，基本上覆盖了需要救助的弱势群体。第三，民间慈善事业日渐成熟。首先，在佛教寺院作为社会救助机构开展慈善事业之后，个人的慈善活动也开始零星出现。其次，以宗族为单位的慈善事业发展更加成熟。宗族的血缘性和地缘性决定了其慈善救助事业的发展更容易成熟。宗族之间的慈善事业有利于维护整个宗族之间的团结，规范了长幼尊卑，有利于形成宗族之间互助的慈善观念，具有重要的道德教化作用。

4. 鼎盛时期

通过前期的发展与经验的积累，慈善事业已经日渐成熟，到了明清时期，在继承与发展的基础上，我国古代慈善事业达到了鼎盛时期。

一方面，明清时期形成了完备的防灾、救灾以及灾后安置等一系列制度，不断完善"恤老慈幼"机构的建设。清朝时期，由于灾害频发，形成了"省会以至州郡俱建常平仓，乡村则建社仓，市镇则设义仓，而近边有营仓之制，所以预为之备者，无出不周"的防灾救灾格局。为了抚养鳏寡孤独者，明代由官方设立了"养济院"，主要是来赡养和接济一些老人和没有劳动能力的人；对于一些弃婴，明代官方设置了"弃婴堂"，以便照顾那些被舍弃的儿童，使儿童尽可能地健康成长。这一措施得到各地的支持，逐渐被推广普及。

另一方面，民间慈善事业的兴起与繁荣也是明清慈善事业达到顶峰的重要标志之一。明末清初，我国江南地区民间慈善事业蓬勃发展，如"同善堂""仁济堂""同仁堂"等民间慈善组织的建立，对一些有病的患者施以药剂救助，给一些死者施以棺木，给贫困儿童创办学堂，等等，发展规模逐渐壮大，是我国慈善事业发展的重要力量，展现出其独特的特色。

我国古代慈善事业发展历史悠久，深受中国传统文化的影响，在漫长的历史沉淀中展现出其独特的发展特点。

首先，发展主线明确。我国古代慈善事业逐渐丰富和不断发展，总体看来，发展主线还是较为明确的，主要集中在"救灾防灾、灾后安置"和"恤养老弱病残"两个方面。这是由中国古代农耕文明的特点决定的。

其次，指导体系多元化。中国传统文化博大精深，深刻影响着我国古代慈善事业的发展，是其发生、发展的指导思想。春秋战国时期百家争鸣，儒家、道家、墨家等思想中均蕴含着丰富的慈善观念。儒家思想中的"仁政"思想、"民本"思想、"大同"思想，都呼吁统治者积极发展慈善事业；道家思想中无为而治的辩证思想、善恶标准的提出等为慈善事业的发展提供了重要的价值准则；墨家思想中的"兼爱"，爱大众，是慈善事业的思想基础。继先秦以后，西汉"罢黜百家，独尊儒术"，使儒家思想成为中国古代思想的主流思想，也成为中国古代慈善事业发展的精神支撑。后期，佛教传入中国，其中的"乐善好施""慈悲为怀""救世济人"等思想得到弘扬，与中国传统思想进行了深入的融合发展，为中国古代慈善思想提供了有益的补充。

最后，政府主导，民间辅助。通过上述对中国古代慈善事业发展历程的梳理，我们不难发现，中国古代慈善事业的发展是以政府为主导的，与统治者的切身利益相关。中国古代慈善事业是古代帝王为了稳定民心，维护自身的统治而逐渐产生并发展起来的。随着历史的不断发展，政府推行"荒政"，逐渐形成了一套比较完备的防灾、减灾和灾后重建机制，对于稳定社会秩序、保障农民利益，特别是对维护君主统治具有重要的意义。在以政府为主导的古代慈善事业中，起辅助作用的民间慈善事业也不断发展起来，涌现了一批留名青史的大慈善家。比如，春秋战国时期的范蠡、东汉时期的樊重、隋朝的孙景茂等，他们以个人的名义进行慈善活动。除了个人之外，后来也不断发展出了许多民间慈善组织，他们都是中国古代慈善事业发展的有力支撑。

（二）我国近代志愿服务的历史回顾

1. 外主内辅阶段

1840—1933 年是我国近代慈善事业发展的外主内辅阶段。1840 年鸦片战争，标志着我国近代史的开端。西方列强在对近代中国强取豪夺的同时，也把近代西方的一些慈善公益思想和运作模式带到了中国。随着中国的大门被强行打开，基督教传教士们在传播国外宗教思想的同时，也开展了一些社会服务工作。

1912 年，中华民国建立。在这一时期，"民治"思想逐渐发展起来。那时，政府正处于内忧外患当中，无暇顾及社会福利事业。因此，对社会福利事业的迫切需要使民众开始"发动组织开展社会服务工作"。以当时青年学生的社会服务活动为例，1912 年，美国人步济倡导在中国开展社会服务，主持成立"北京学生团社会实进会"，联合青年学生，从事社会服务，实行社会改良。1914 年，基督教青年会翻译并出版了 R.M.Hersey 的《学生社会服务之研究》，对于中国社会服务的发展具有里程碑式的意义。1917 年清华大学成立了清华社会服务团。1925 年，燕京大学社会学系改为社会学与社会服务学系，标志着我国专业社会工作教育正式开始，以培养社会服务工作的专门人才。

2. 自主发展阶段

1934—1949 年是我国近代慈善事业自主发展阶段。1934 年 2 月，蒋介石发起"新生活运动"，提出要以孔孟的"四维"和"八德"为道德标准。"四维"即礼、义、廉、耻，"八德"即忠、孝、仁、爱、信、义、和、平。"新生活运动"在发动学生方面，从学生日常的衣食住行开始，鼓励他们开展社会服务工作。1941 年，中国社会服务事业协进会成立，使得社会服务工作的发展更加系统化。1943 年，中国社会服务事业协进会颁布了《战时及战后社会服务计划纲要》，其目的是为了动员全社会的社团、民众发扬社会服务精神，为军人和他们的家属、受灾同胞、其他弱势群体等提供救助服务。抗战胜利后，社会服务工作的重点随之转向战后恢复。随着新中国的成立，救亡图存的近现代社会服务也被载入史册。

中国近代慈善事业的发展也受到了西方思想的影响。当时的国外华侨团体给中国带来了近代意义上的公益运作模式，其中包括：如何建立公益组织、如何组织公益活动、如何筹措资金等。在香港被英国殖民的早期，一些来自西方的传教人员把西方宗教的慈善公益观念带到了香港，随着传教规模的扩大，这些以教会为主体的公益机构主动地开展了一些社会帮扶工作。在他们的影响下，香港当时的一些宗族乡绅把西方的公益观念和中国传统文化中乐善好施的观念相融合，产生了具有中国特色的近代公益服务思想。

我国近代志愿服务深刻烙上了时代的印记，彰显出一些时代特征。

一是公益机构的多样性。中国近代史就是一部百年积弱的血泪史，自然灾害和战争的频仍，使中国社会的政治、经济到了崩溃的边缘，社会矛盾激化到了无可调和的程度。在这种社会背景下，具有社会矛盾协调功能的公益服务事业的重要作用越加凸显。在社会对公益事业迫切的需求下，我国当时的公益机构无论在数量上，还是在形式上都得到了长足的发展。

这样大规模的公益机构的建立表明了我国近代公益机构，无论在组织形式上，还是在作用的发挥上都呈现出了多样性的特点。

二是公益帮扶运作的先进性。这个特征是相对于当时的信息科技发展水平而言的。中国的封建王朝到了后期，已经形成了一个较完整的社会救济体系。特别是到1880年以后，中国开始采用电报等近代信息联络方式，加快了各种信息的传播，而这些信息技术也迅速地被应用到近代公益事业中。

三是公益价值的多元化。我国传统的社会救济价值观主要来自于三个理论体系，一是儒家的"仁爱"思想；二是佛教的因果循环思想；三是道家学派的善恶观。这三大理论系统，你中有我，我中有你，然而，具体到古代慈善道德观念的来源上，还是显得比较单一。中国近代公益事业的发展是众多中外公益人士共同努力的结果。但是，这些在中国传播公益文化、践行公益事业的人士也是鱼龙混杂、良莠不齐。从进行公益活动的动机和目的上来说，一部分传教人员通过公益慈善活动的举办，进而取得中国民众的信任和好感，以便招揽更多的信徒；一部分外国人的公益善举则是彻头彻尾地为帝国主义的文化驯服所服务的。其中，那些公益无国界的思想境界和行为是近代国际间施行人道主义援助的表率，是我国近代公益事业历程中永不褪色的辉煌记忆。参与公益活动的目的不同、公益机构人员的阶级与等级不同、人生经验的不同等，都使得我国近代公益价值取向呈现多元化的特点。

（三）我国现代志愿服务的历史回顾

由于历史原因，我国现代志愿服务起步晚，基础薄，发展时间短。新中国成立后，我国现代志愿服务事业才得到初步发展。改革开放以来，我国现代志愿服务事业取得了突飞猛进的进步，在规模化、形式化、制度化方面成绩斐然。综合我国现代志愿服务发展的过程，可将其分为3个阶段：

1. 第一阶段

我国现代志愿服务活动的第一阶段是指新中国成立后到改革开放以前，这一时期的志愿服务活动主要集中在国家层面。从20世纪60年代中期开始，中国曾对亚非的许多发展中国家进行大量国际援助。在这个过程中，中国志愿人员奔赴国外，开展活动。

2. 第二阶段

我国现代志愿服务活动的第二阶段是指改革开放后到 21 世纪初，这一时期志愿服务活动蓬勃开展，志愿服务体系相继建立。20 世纪 80 年代后期，我国开始出现自己的志愿活动和志愿者，基层社区服务活动志愿者是这个时期的典型代表。90 年代初期，共青团组织的志愿者应运而生，并迅速辐射全国。这一时期，志愿者响应国家号召，积极开展不同的志愿活动，使志愿服务活动成为覆盖所有阶层和地区的全国性活动。各种志愿者组织迅速成长，搭起了中国现代志愿服务的框架。此时，中国的民间组织也积极动员志愿者参与社会公益，在爱心奉献、扶老助残等社会公益方面也发挥了重要作用，成为现代志愿服务事业重要的组成部分。

3. 第三阶段

这一阶段是指进入 21 世纪后，中国志愿服务进一步发展，志愿服务新格局初具规模。2001 年是联合国组织命名的"国际志愿者年"，志愿服务成为国际共识。从这一意义上讲，中国的志愿者行动已经成为国际性志愿服务的一个组成部分。"这一时期，国家组织的大型活动、'西部计划'等项目，标志着中国志愿服务发展进入了一个新阶段。"此外，这一时期，中国志愿服务国际间合作和交流不断加强，合作和交流的内容和形式前所未有，中国现代志愿服务兼具民族性和国际性的时代特色。

我国现代志愿服务事业随着社会的进步不断发展，在这个过程中，其特色越加明显。

一是志愿服务行政化色彩鲜明。我国现代志愿服务的发展，大多是伴随着国家大型的社会活动或者现代化建设而产生，这也就不可避免地使我国现代志愿服务事业彰显鲜明的行政化色彩。党和政府借助共青团组织和社区管理结构，积极推进志愿服务，使其成为全国性的事业。

二是志愿服务体系建设日渐成熟。中国现代的志愿服务，是伴随改革开放产生并发展起来的，从区域性的探索到逐渐形成普遍的社会风尚，其体系建设日渐成熟。时至今日，中国志愿服务体系建设共分为 3 种类型，分别是：志愿者工作委员会领导与推动、精神文明建设委员会领导与推动、青年志愿者协会统筹与推动。这 3 种类型，立体化、全方位地构建起我国志愿服务体系，为我国现代志愿服务事业的发展提供保障。

三是国际化趋势越加明显。随着改革开放的逐步深入，经济全球化的进一步发展，我国现代志愿服务事业国际化趋势越加明显。不同国家、地区的志愿服务在内容上相互学习、行动上相互协作、经验上相互借鉴，从而达到新的高度，也使中国现代志愿服务事业融入国际公益志愿服务事业的潮流，成为其中重要的组成部分。

综上，通过对我国古代、近代、现代志愿服务的历史回顾，总结出不同阶段我国志愿服务的不同特点，从中厘清我国志愿服务事业的发展脉络，进而为我国大学生志愿服务的历史梳理和总结提供有益的借鉴和参考。

第二节 我国大学生志愿服务的发展回顾

我国大学生志愿服务伴随着我国现代志愿服务事业的发展应运而生。新中国成立以后，特别是改革开放以来，我国大学生志愿服务活动在活动规模、内容形式和覆盖范围上都取得了突破式进展。通过对我国大学生志愿服务历史进程的回顾，可为大学生志愿服务中价值观的具体内容提供实践基础和活动依据。

（一）大学生志愿服务的发展过程

20世纪60年代兴起的学雷锋活动可以看作是我国志愿活动的起源。团中央于1993年决定实施中国青年志愿者行动。1994年12月5日中国青年志愿者协会成立，标志着中国青年志愿者活动走上了正规化、组织化、规范化的轨道。纵观我国大学生志愿服务活动的发展历程，大致可将其划分为启动、发展、成熟三个阶段。

1.启动阶段

从1993年底到1994年底，是启动阶段。"我国进入改革开放阶段以后，在学习雷锋的基础之上，在共青团组织的推动下，又增加了'讲文明、讲礼貌、讲卫生、讲秩序、讲道德'；'心灵美、语言美、行为美、环境美'；'热爱祖国、热爱社会主义、热爱中国共产党'等为主题的群众性运动。"学雷锋活动也在新的时代条件下被赋予了新的内涵，这一时期，大学生志愿服务活动主要集中在学习雷锋同志无私奉献、敢于牺牲的高尚情操。这一阶段的大学生志愿服务活动项目较为单一，主要是行政化组织的大型活动或者大型赛事。

1993年，福建第一支青年志愿者服务队——厦门市青年志愿者赏雪治安分队成立，厦门市红十字会、厦门市民政局以及其他社会组织随后也建立起各种类型的志愿者队伍。1993年12月19日，"共青团中央、铁道部共同组织首批中国青年志愿者走上千里铁路大动脉，标志着'中国青年志愿者活动'正式启动，拉开了'跨世纪青年文明工程'帷幕，也是中国青年志愿活动兴起的标志性事件"。此后，共青团逐渐在各大高校开展志愿服务活动，越来越多的大学生志愿服务活动开展起来，从最初学校的卫生清扫逐渐蔓延到学校日常生活的其他方面。学校与共青团的联系也不断加强，在共青团的积极倡导与配合下，大学生志愿服务活动逐渐向规范化、专业化方向发展。

2. 发展阶段

从1995年到1998年，是发展阶段。1994年，团中央组建中国青年志愿者协会，后来又成立了各类志愿服务团体，形成了多元主体携手共进、协调发展的良好局面。随后，各地方高等院校开始组建自己的志愿服务组织机构，随着志愿服务和志愿组织的发展，志愿组织及志愿者的专业性、针对性都在不断加强，逐渐形成了具有各高校特色的长效化的志愿服务活动特征。中国青年志愿者协会是我国建立起的第一个具有现代志愿服务理念的全国性的志愿服务组织，是我国志愿服务活动开展最多、影响最为深远的志愿服务机构。无论从分支机构的建立，还是志愿服务理念的传播，中国青年志愿者协会都走在了其他志愿服务机构的前列，在它的带领和影响下，我国的志愿服务事业取得了长足的发展。在这个阶段，大学生志愿服务初步实现了科学化、规范化。

大学生志愿服务的发展为大学生了解社会搭建了广阔的平台，并让大学生在参与志愿服务活动中逐渐形成了积极、健康、乐观、向上的个人品质，激发了大学生自身的主体创造意识，优化了大学生的思想政治教育环境。通过参与一些大型的赛事会议、学校与其他组织之间的合作等志愿服务活动，越来越多的大学生参与到志愿服务活动中，并且将志愿服务精神辐射到社会的各个领域。

3. 成熟阶段

1998 年 8 月，共青团中央青年志愿者行动指导中心成立，负责策划、指导、协调全国的青年志愿服务工作。这标志着我国大学生志愿服务进入了成熟阶段。在这一阶段，为了更好地和国际发展理念接轨，我国积极主动争取各种国际会议的主办权，这些国际会议给我们带来了很多新的理念，让我们听到了以往所没有听到过的专业词汇，如非政府组织、第三方职能部门等。这些现在与志愿服务密不可分的专业名词，都是通过当时各种国际会议所引进的，它们在传播的过程中也和我国大学生志愿服务事业逐渐融合到一起，使我国大学生志愿服务事业逐步纳入国际化的轨道，使真正现代意义上的大学生志愿服务理念在我国得以确立。

进入 21 世纪，我国公益事业的参与率有了大幅度的提高，有越来越多的大学生参与到志愿服务活动中。在这些人中，既有正式注册的志愿者，也包括重大事件临时招募的志愿者。大学生志愿者的增多表明我国公益体系的建立和快速发展，可以吸引更多的人随时随地投身到志愿服务事业中来。比如，汶川地震的救助工作。汶川地震发生后，在震后救灾的过程中，有来自全国各地的几百万志愿者投入到救助中，这其中很大一部分志愿者是自发参与救助的。这说明自觉自愿的社会奉献理念已经深入人心，并且化为行动。除了抢险救灾之外，在各种大型活动中，更是随处可见志愿者无私奉献的身影。例如，在北京奥运会期间，100 多万大学生投入到赛事的筹备和体育竞赛当中，使得志愿服务理念在社会上得到了空前的关注和广泛的认同，向全世界展现了中国国民素质的提升，让全世界以崭新的视角开始重新认识中国，有的外国媒体甚至把 2008 年称为中国志愿服务的元年。2008 年奥运会上志愿服务所取得的成就也带动了更多的志愿者以极大的热情参与到紧随其后举办的世博会上，在 2010 年举办的上海世博会上，大学生志愿者数量达到了 200 多万人。这些大型活动的举办使得我国大学生志愿服务的发展达到了巅峰。以北京市为例，根据北京市志愿者联合会的统计，截至 2016 年 5 月 8 日，在"志愿北京"平台内实名注册的志愿者总数超过 340 万，志愿服务团体的总数达到 54037 个，累计服务项目达到 80770 项，占比达到 49.9%。可以说，从"学雷锋"活动到汶川抗震救灾，从北京奥运会到广州亚运会，志愿服务精神始终在高扬，这标志着我国大学生志愿服务活动进入成熟阶段。

综上，我国大学生志愿服务发展由小变大、由弱变强，大学生志愿服务内容越加多样，形式多元化日渐丰富，紧跟时代潮流，彰显时代脉搏。大学生志愿服务发展过程中，其制度化、系统化、社会化、企业化等趋势逐步显现并取得喜人成就，长效机制的大学生志愿服务规模初具。

（二）我国大学生志愿服务的主要内容

随着时间的推移和我国大学生志愿服务活动的逐步开展，我们可以发现，大学生志愿服务的形式和内容也逐渐丰富起来，志愿服务的种类也越发多样。特别是十八大以来，大学生志愿服务工作得到各大高校的高度重视。高校积极借助大学生志愿服务的诸多平台，有序地开展了大学生志愿服务工作。

1. 扶贫济困型

大学生志愿服务有多种形式，而扶贫济困则是当前志愿服务的重要形式之一。就目前而言，我国发展仍存在着许多不平衡的现象，比如，区域经济发展不平衡、城乡居民收入不平衡、医疗教育发展不平衡，等等，这些不平衡现象的存在一定程度上推动了扶贫济困型志愿服务形式的出现。特别是新时代"精准扶贫"的理念之下，"扶贫济困型"志愿服务受到了广泛的重视，而"三下乡"则是扶贫济困志愿服务中一个重要的方面。1996年，《关于开展文化科技卫生"三下乡"活动的通知》颁布实施，掀起了下乡热潮，得到了大中专学生的广泛响应，社会效果十分显著。1999年，教育部、团中央专门针对扶贫济困型志愿服务，开展了扶贫接力研究生支教团项目，这个项目主要以支教为抓手，帮扶西部贫困地区。2003年，大学生西部志愿服务计划实施，大学生纷纷响应国家的号召，走进西部进行支教、支农、支医，使得西部地区的科技、农业、教育、医疗卫生等方面有了突飞猛进的发展。2006年，教育部、团中央、人事部、中宣部等七部门联合颁布了《关于组织开展高校毕业生到农村基层从事支教、支农、支医和扶贫工作的通知》，意在于每年众多的高校毕业生中挑选出2万名优秀人才，输送至农村，深入基层，大力开展"三支一扶"实践活动。这一系列的实践活动，不仅提高了大学生志愿服务的能力和水平，也为西部发展注入了新的活力，从一定程度上缩小了城乡收入差距。

2. 社区服务型

社区是社会的基本单元，它对社会发展和进步有着不可或缺的作用。改革开放日益深入，人民生活水平逐渐提高，人们的思想观念也发生了一定的变化，一些人仅仅看重经济利益，却忽视了正确价值观的培养以及精神世界的提升，影响了社会公众之间的良好风尚。就社区角度而言，民众之间的沟通减少、隔阂增多，导致本不应出现的矛盾层出不穷，这十分不利于社会主义和谐社会的构建。在这样的背景之下，社区服务型志愿服务活动越来越受到大学生志愿者们的关注。为促进社区的和谐发展，志愿服务承担了众多的职能。其一，帮助弱势群体。现今，城镇化发展迅速，城乡人口比例失调，孤寡老人、留守儿童等问题日益严峻，这需要大众的关注与帮扶。以志愿服务的方式，加大对这类弱势人群的帮助十分有必要。当然，志愿服务不仅要给予物质层面的帮助，而且要给予精神层面的宽慰和安抚。以空巢老人和留守儿童为例，家中的主要劳动力外出务工，把老人和小孩留在老家，缺乏爱与关注的他们往往会产生各种各样心理疾病与困扰，这就需要志愿者帮助他们疏导负面情绪，使其保持一个良好的心情和积极向上的心态。其二，要以自身专业为抓手，强化志愿服务能力。纸上得来终觉浅，绝知此事要躬行。实践是检验真理的唯一标准，大学生所学习的专业知识，应当同社会实践紧密结合起来，只有这样，才能够学以致用，提升自身的理论水平和实践能力。在社区志愿服务中，大学生志愿者可以利用自身所学进行志愿服务，比如，师范生可以辅导留守儿童的学业、医学生可以进入社区为居民义诊、农学生可以引导农民进行农作物管理促使丰收、心理学学生可为社区居民开展心理健康讲座、发布问卷调查，及时发现居民的心理问题并加以解决。其三，以文艺会演的方式开展志愿服务。现在的大学生大都是 95 后、00 后，他们朝气蓬勃、多才多艺，用文艺会演的方式与社区民众进行心灵沟通和交流，不仅能够活跃社区气氛，为社区提供良好的生活环境，而且能够引导民众沟通，减轻距离感，增进邻里情感，对和谐社区、和谐社会的构建大有助益。

3. 生态环保型

中国特色社会主义进入新时代，我国社会主要矛盾已经转变为人民日益增长的美好生活需要和不平衡不充分的发展之间的矛盾，而所谓的美好生活需要不仅仅是物质性需要，还应该是环境、教育等方面的全方位需求。尤其是环境，绿水青山就是金山银山，大众越来越重视环境保护和经济的可持续发展。因此，生态环保型志愿服务应运而生。在我国，五位一体的一个重要方面便是建设社会主义生态文明，而生态环保也逐渐成为志愿服务的重要方面。通过生态环保型志愿服务活动，不仅可以保护祖国的川谷河流、提升空气质量，而且有助于大家形成良好的卫生习惯和环境保护意识。例如，1999 年，"保护母亲河"志愿活动实施，通过清除河面白色垃圾、沿河植树造林、减少生产生活的污染物排放等一系列志愿实践活动，取得了积极的成效。在此之后，各大高校也纷纷加入到母亲河的保护工作中来，并积极组织学生开展生态环保型志愿服务活动，意图打好蓝天保卫战，共同维护良好的生活、工作环境。与此同时，五位一体总体布局的提出，使得越来越多的人意识到环境保护的重要性和必要性，各种民间环保组织如雨后春笋，纷纷出现，力图提升我国的环境质量。

4. 大学生志愿服务西部计划

2003 年，根据国务院常务会议和 2003 年毕业生就业工作电视电话会议精神的要求，教育部、团中央制定并实施了"大学生志愿服务西部计划"，财政部、人社部给予相关政策、资金支持。在具体的实施过程中，按照公开招募、自愿报名、组织选拔、集中派遣的方式，每年招募一定数量的大学生，到西部基层开展为期 1~3 年的教育、卫生、扶贫、农技等志愿服务。西部计划的志愿服务年限通常比较灵活，可以根据自己情况提出延期服务申请。截至 2013 年，加上地方项目，西部计划累计选派超过 16 万人次大学生，到西部 22 个省（区、市）及新疆生产建设兵团 2100 多个县开展志愿服务工作，先后有 1.6 万人扎根西部，扎根在了祖国最需要的地方。2005 年 7 月，就实施大学生志愿服务西部计划，胡锦涛同志做出重要指示："高校毕业生是国家宝贵的人才。实施大学生志愿服务西部计划，有利于开辟高校毕业生健康成长的新途径，有利于推进西部地区的经济社会发展。"

5. 中国青年志愿者海外服务计划

为了推动青年志愿服务体系的完善，培养青年的奉献精神的志愿服务能力，更好地开展与海内外志愿者组织的交流并融入到国际志愿服务的队伍之中，1994 年，共青团中央牵头成立了中国青年志愿者协会。2002 年，团中央和商务部发起实施青年志愿者海外服务计划。青年志愿者海外服务计划主要是根据受援国的实际需要，由主办单位和受援国签订合作协议，采取自愿报名、集中选拔、公开招募的方式，在约定的时间之内选派优秀的中国志愿者到受援国进行中长期的志愿服务活动。中国青年志愿者海外服务计划的开展，不仅促进了受援国经济社会发展、有效地服务了国家外交战略，还提高了我国志愿者的整体服务水平和能力，为国家培养了一批兼具国际视野和社会责任感的优秀青年人才。截至目前，我国已经向亚洲、非洲、拉丁美洲的 22 个国家派出青年志愿者。青年志愿者海外服务计划的服务领域亦多种多样，主要集中在汉语教学、医疗卫生、农业技术、经济管理、社会发展等方面。

（三）我国大学生志愿服务发展的特点

1. 较强的组织性

大学生参与志愿服务活动一般有两种方式，第一种是大学生以个人身份参与志愿服务活动；第二种是参与到高校内部相关部门组织的集体志愿服务活动。当前，大学生参加志愿服务的主要方式是集体参加，统一组织。例如，许多大学成立了校级的志愿者协会、志愿者联合会等社团组织，每个学院也有志愿服务队，大学生参与的主要是高校中具有公益性质的社团组织的志愿服务活动，也包括高校各级共青团组织的志愿服务活动，大学生多以共青团组织的志愿服务活动为主。

2014 年，中央文明委对推进全国志愿服务制度化建设提出了新要求。大学生志愿服务活动的制度化建设在原有的基础上逐渐完善起来，学校对于大学生的志愿服务活动的组织管理更加制度化、系统化，志愿者从最初的招募、培训、使用到激励开始向组织化、系统化方向发展。从学校的实际情况来看，各高校会设立大学生志愿者协会、志愿者联合会或者是青年志愿者协会，各学院会设立管理大学生的社会实践与志愿服务活动的部门，这些部门从属于校级团委，学生以个人的名义报名参加志愿服务活动。在大学生志愿服务活动中，各级社团或者部门之间会制定内部规章制度，具有较强的组织性，上下联系也逐渐密切、规范起来，使得大学生在参与学校组织的志愿服务活动时，更容易有较强的组织性，更容易在集体中获得归属感。

2. 明确的自愿性

大学生志愿服务首要的特征是自愿性。自愿性主要是指大学生并非强制参与志愿服务活动，志愿者参加活动是自由选择和自由决定的，其意志不受外界所制约。一般而言，大学生志愿服务活动，学生自愿报名是前提，然后再进行择优选拔或公开招聘，从而了解并录取大学生志愿者，继而加以组织引导，帮助开展相应的服务活动。在大学生的综合素养越来越高的背景之下，学生们在参与志愿服务的时候大多数都是从自我的良知与同理心出发，秉持高度的社会责任感，以服务人民群众为己任，积极投身到社会志愿服务中去。当代大学生是民族和未来的希望，是社会主义的建设者和接班人，必须用马克思列宁主义、毛泽东思想、邓小平理论、习近平新时代中国特色社会主义理论作为大学生志愿服务的行动指南。弘扬社会正气、服务公益事业是当代大学生体现自身社会责任感的应有之义，当代大学生应当积极参与社会志愿服务活动，自觉肩负弘扬中华民族优秀传统美德的历史重任，将实现自我价值同构建社会主义和谐社会紧密结合起来，努力奋斗，贡献出自己的一份力量。

3. 广泛的参与性

大学生志愿服务活动搭建了学生与社会之间的桥梁，对学生德育实践具有重要意义，符合大学生成长成才的路径。大学生志愿服务具有广泛的参与性。

一方面，大学生参与的广泛性。大学生志愿服务活动既能满足社会发展的需要，弥补社会功能的不足，有利于和谐社会的建设；同时也有助于提高大学生适应社会的能力，培养大学生正确的世界观、人生观和价值观。大学生志愿服务活动因其本身的公益性，彰显了参与主体的广泛性。在试点开展的通过志愿服务走进社区推动"五大青年行动"中，截至 2017 年年底，北京市实名注册志愿者超过 413.7 万人，全市累计开展"五大青年行动"志愿服务活动超过 1100 次，参与人数将近 1.7 万人次，服务时长近 7 万小时。2003 年，以大学生志愿者为主体的西部计划开展实施，号召广大大学生积极投身西部建设，开展就业创业工作。西部计划 2018 年实施规模为 18300人，其中包括 2100 多名中国青年志愿者扶贫接力计划研究生支教团成员。西部计划实施 15 年来，已累计选派 27 万余名大学生志愿者到中西部 22 个省市区及新疆生产建设兵团的 2100 多个县市区服务。

另一方面，志愿服务活动的广泛性。大学生志愿服务活动形式多样，具有广泛性。大学生志愿服务活动由以往的"学雷锋"活动，到大型活动的志愿服务活动，又拓展到农村扶贫开发、社区建设、国际合作等社会生活的方方面面，体现了大学生志愿服务活动在形式上、内容上的延展性日益增强。大学生参加志愿服务活动的类型主要有赛会服务、灾难救援、文明建设、文化教育、关爱服务、国际服务等。大学生参加志愿服务活动服务的对象主要有儿童、青少年、孤寡老人、残障人士、优抚对象、特困群体等。我国的大学生志愿服务活动总体来说可以分为 3 个层次，第一个层次是国家层面的重大活动的志愿服务活动，如"一带一路"志愿服务联盟、平昌冬奥会志愿服务活动、大学生西部计划。第二个层次是地区层面的志愿服务活动，如 V 蓝·北京、微志愿·共青春、爱满京城等、毛主席纪念堂志愿服务项目、故宫博物馆讲解志愿服务项目。第三个层次是高校结合自身特点及所在地区开展的志愿服务活动，如助老励生、打工子弟学校支教、孤儿院慰问等志愿服务活动。高校大学生积极寻求多样的志愿服务活动形式，极大地满足了大学生个性发展的需求，最大限度地吸引众多大学生参与到志愿服务活动中。

4. 鲜明的教育性

志愿服务是大学生思想政治教育实践、培育和践行社会主义核心价值观的有效载体。元竹指出："从文化功效的角度看，志愿服务是精神文明的载体和有效形式，是公民道德教育的渠道。"如 2018 年北京市志愿服务联合会开展外派联合国青年志愿者暨国际志愿服务储备人才培训，"一带一路"志愿服务论坛暨国际志愿者交流营，高校志愿服务"微志愿·共青春"——北京高校青年志愿者协会交流论坛，中央宣传部推进一系列志愿服务活动，对大学生思想政治教育有着鲜明的导向作用。高校思想政治理论课也只有与实践相结合才能真正发挥出思想育人、道德培育的功能，而志愿服务活动是最直接、最可靠的实践形式。因此，共青团中央与高校联合建立"第二课堂成绩单"制度。"第二课堂成绩单制度"是在思想政治理论课堂的基础上，以志愿服务和社会实践为主要形式开展的课程，其教育意义鲜明，旨在将理论学习的成果运用到实践过程中，也是为了实现在具体的志愿服务活动中促进大学生深入了解和贯彻社会主义核心价值观的教育目的。

总之，大学生参加志愿服务，不仅可以服务社会，还可以在志愿服务中树立良好的世界观、人生观和价值观，培养良好的道德品质，形成"互助、友爱、奉献、进步"的志愿精神，推动高校精神文明建设。志愿服务让大学生更好地认识了中国的发展和社会的进步，也有很多大学生在志愿服务中更加深刻地认识了自己、了解了自己，学会正确处理个人价值和社会价值两者之间的关系，实现大学生自我教育的目的。

5. 突出的实践性

大学生志愿服务最突出的特点就是其实践性，志愿服务本身就是一种社会实践活动，其主要体现在：

第一，专业化的社会实践活动。大学生志愿服务是以大学生的专业背景为前提的社会实践活动，高校开展的大学生志愿服务活动有其独特的优势，体现在大学生具有相应的专业背景和培训优势上。对于文化教育类的志愿服务活动，师范类的大学生具有明显的优势，他们可以把平时在课堂上学习到的内容、方法、技巧运用到志愿服务活动中，把理论知识和实践活动紧密结合起来；对于一些大型赛事或者是综合性的志愿服务活动，综合类高校的大学生又有明显的优势，综合类高校所设置的学科种类较全，志愿服务活动的具体事务可以安排专业相近的大学生进行岗位与职责的分配，针对不同专业背景的大学生实际开展志愿服务培训工作，使综合型志愿服务活动得以高效完成。

第二，满足社会需求的社会实践活动。社会需求包括物质需求和精神需求，大学生志愿服务主要是一种满足社会精神需求的社会实践活动。大学生志愿服务活动可以传播青春正能量，培育符合社会主义核心价值观要求的现代化人才。大学生志愿服务中的先进典型可以起到榜样引领的教化作用，引导更多的大学生参加志愿服务，在志愿服务中找到快乐、找到个人存在感，以满足个人的精神需求，从而满足整个社会的精神需求。志愿服务是一种带着"爱"前行的社会实践活动，用爱来感染他人、用爱来填满社会的灵魂，使社会的精神需求得以满足，让大学生找到自身的价值，在具体实践中奉献社会，以满足社会的精神需求。

第三，体现公益性的社会实践活动。大学生志愿服务并非为了牟利，而是出于责任和奉献，无偿地向社会提供公益活动。特别是大学生进行社会化的实践活动，它搭建起了学校和社会之间的桥梁。在志愿服务中，大学生可以提早接触社会、了解社会，缓和大学生毕业之后从学校向社会转变时产生不适应的情况，是大学生主动融入社会的重要方式。在志愿服务活动中，大学生主动参与，奉献自己的时间、精力、金钱，不求回报，始终秉持奉献他人、服务社会的理念进行工作，将公益理念贯穿志愿服务全过程。

6.明晰的公益性

公共利益视野，从字面上解释，可称之为公共的利益，简称为"公益"。"公益"一词乃后起词，出现在五四运动之后。它关乎社会公众的利益和福祉，体现出为人民服务的精神。借助自身所学，帮助需要帮助的人是大学生志愿服务的主要目的所在。以寒暑假短期支教、关爱孤寡老人和留守儿童、科教文卫三下乡活动、大学生志愿服务西部计划、海外志愿服务计划等方式帮助需要帮助的人，这体现了一种公益性。志愿服务与经济行为存在着本质的区别，志愿服务体现的是为社会弱势群体提供无私的帮助，而经济行为则以追求利益为目标。大学生志愿服务不仅对打造和谐的人际关系和社会氛围有着至关重要的作用，而且对构建社会主义和谐社会有非常强的现实意义。大学生志愿服务开展的宗旨便是为了更好地服务人民、奉献社会，其社会公益性较强。大学生志愿服务不拘大小，内容十分广泛，小到帮助孤寡老人、义务支教，大到奥运会、重大国际会议，都可以进行志愿服务活动。大学生志愿服务的终极目标就是通过共享自己的力量，去无偿地帮助他人、社会，促使社会越发和谐、人民越加幸福。将社会公益作为大学生群体志愿服务的价值取向，更容易为人们所接纳。大学生志愿服务这一实际行动，充分体现了良好的道德风尚和当代大学生群体的高度责任感与使命感。

7.强烈的互动性

给予和获取的关系深刻地体现在志愿服务当中，这也决定了志愿服务具有强烈的互动性。而所谓的互动性，便是指受助人与志愿者之间的相互关系，志愿者给予受助人帮助，反过来受助人给予志愿者内心的回馈与感激。此外，这种强烈的互动性更为明显地体现在高校思想政治教育的过程之中。具体而言，思想政治教育的主体，既可以是志愿服务者，也可以是受助者，双方都能够凸显思想政治教育的作用。一方面，志愿者扮演教育主体，对受助者的思想和行为有潜移默化的作用，一定程度上转变了社会的整体风气；另一方面，受助人在接受志愿服务的过程中，反思了自身行为和生活方式，提升了自身素养，优化了价值观念和世界观，从而实现了受助人与志愿者之间的良性互动。

综上，大学生志愿服务工作无论是对大学生还是对社会，都有其独特的存在价值和意义。目前，大学生志愿服务活动还在不断深化，系统性、特色性、制度性和理论性的内容在不断增多，大学生志愿服务发展的有益成果在不断丰富。但是，新时代以来，大学生志愿服务活动作为培育和践行社会主义核心价值观的示范平台，其育人作用发挥的不尽如人意。我们通过对我国大学生志愿服务历程的回顾，并将其与社会主义核心价值观有机结合，有助于厘清大学生志愿服务中价值观的具体内容。

（四）我国大学生志愿服务发展取得的成绩

近年来，一些高校高度重视并积极开展了大学生志愿服务活动。学校领导挂帅关心，校院两级团委协助配合，学生会、社团组织积极宣传，学生志愿者们踊跃加入，使得大学生志愿服务活动硕果累累，社会价值凸显。对于另一部分高校来说，随着对于志愿服务的认知度与日俱增，也越来越重视志愿服务，采取积极向上的态度和切实有效的措施开展工作，成效显著。

第一，志愿服务活动成绩斐然。近几年来，党中央十分重视并积极推进当代大学生的志愿服务活动多样化，志愿服务活动取得了突飞猛进的发展。以大学生自愿服务西部计划为例，一是西部计划的志愿服务领域越发多元，先后共有11个志愿服务项目开展实施；二是大学毕业生深入基层、扎根西部的人数与日俱增，他们积极投身到志愿服务中去，为实现个人价值和社会价值的统一而不懈奋斗；三是随着志愿服务的进行和深入，志愿者们的社会责任感和使命感不断提升，促进了志愿者与群众之间的良性互动；四是在志愿服务的过程中，大学生志愿者们经历了风雨的洗礼，取得了身心的蜕变，综合素养得到了显著的提升。五是各级党委和政府高度重视大学生志愿服务西部计划，不断地完善、规范与之相关的体制机制。

第二，志愿服务形式数目繁多。学校对志愿服务活动的高度重视也体现在志愿服务形式的多样上，积极开展了各式各样的志愿服务活动，例如，支农、义务家教、关爱老人、爱心回收、环保义务宣传等。以大学生自愿服务西部计划为例，自2016年4月中旬西部计划工作启动以来，为鼓励更多的优秀应届毕业生投身西部，扎根西部这片祖国最需要的地方，校团委通过海报、传单、新媒体宣传、广播播报、悬挂横幅、召开支西动员大会以及政策宣讲会等多种形式，进行西部计划的宣传和招募工作。志愿者选拔秉持严格的选拔标准，本着公平、公正、公开的原则，通过笔试、面试、统一体检、公示等环节择优录取报名的志愿者。最后，A 校选出了 18 名优秀的应届毕业生，这 18 名同学光荣地成为 2016 年西部计划的志愿者并已分赴新疆、西藏、内蒙古、贵州等地，开展为期 1~3 年不等的基础教育、农业科技、医疗卫生等方面的志愿服务，于祖国广大的西部地区建功立业。

第三，推动了高校思想政治教育工作的有效开展。大学生志愿服务活动，是大学生参与社会实践、融入社会发展、提升自我精神境界的一种有效实践形式，是实现大学生自我学习、自我教育、自我完善、自我提升的重要途径。通过志愿服务活动，大学生在实践过程中实现了主体与客体的双向互动发展，而大学生志愿服务活动成为高校思想政治教育工作的有效途径。其一，传统的思想政治教育更多地体现在课堂传授、理论灌输和卷面考试上，对大学生的实践能力锻炼和思维能力挖掘时效性不足。随着新媒体时代和多元化时代的到来，思想政治教育方式方法也应该趋于时代性、技术性和多元性，思想政治教育应该实现从显性教育到隐性教育的根本转变，相对于思想政治的外显、直接灌输的特点，隐形教育体现了一种润物细无声的渗透作用，大学生志愿服务一方面满足了大学生自我的实现，另一方面使越来越多的大学生自愿加入到志愿者行列中，进行大学生志愿服务的积极性和主动性不断提升。其二，大学生思想政治理论教育作为高校育人的主阵地，肩负立德树人的艰巨任务。实现大学生从校园到社会的身份转变，根本的就是实现大学生将理论知识与社会实践的完美统一。大学生志愿服务作为大学生融入社会实践的有效方式之一，是完善大学生思想政治教育、提升大学生思想政治教育实效性的重要补充手段，通过大学生志愿服务活动，提升大学生应对社会纷繁复杂环境的能力，实现大学生身份的完美转变，是推动高校思想政治教育工作的题中之义。同时，通过大学生志愿服务，将社会主义核心价值观培育和践行融入其中，不断纠正大学生的志愿服务行为，提升大学生对社会主义核心价值观的认知、认同程度，是实现大学生树大德、守公德、严私德的重要手段，也是提升高校思想政治教育时效性的内在要求。其三，通过大学生志愿服务活动，使得思想政治教育工作实现主体与客体的有机互动。传统的思想政治教育视野下，大学生作为受教育者缺乏主体性、能动性和互动性，机械灌输和固化授课方式使得思想政治教育深度和转化度不足，通过大学生志愿服务活动，大学生成为实践活动的主体，其积极性、主动性与能动性全面调动起来，在志愿服务过程中，将理论知识与社会实践有机结合，将思想政治教育的主要内容转化为科学的意识与行动，将社会主义核心价值观内化于心、外化于行，在促使自身价值实现的同时，有效地实现了思想政治教育过程中的主客体双向互动。

第四，大学生志愿服务积累了丰富的经验。首先，借助大型的志愿服务活动，根据教育部、团中央的要求，将大学生志愿服务常规化、制度化，完善大学生志愿服务公布、招募、培训、选派和考核机制，形成了一以贯之的整体运行机制。公开报名透明化、招募流程实操化、培育过程高效化、选派目标针对化、考核机制科学化，形成了独具特色的大学生志愿服务经验。一是根据相关部门要求，依据志愿类型实际，开拓多元化的大学生志愿服务类型，以保证大学生个人兴趣与志愿目标相结合、专业技能与志愿岗位相匹配、贡献程度与考核机制相适应的多元化良性结合。大型活动志愿者、环境保护志愿者、公益活动志愿者、西部支教志愿者、冷业救援志愿者等志愿岗位的相关设置和发展，为大学生志愿服务全方位发展提供了经验借鉴和参考。二是严格大学生志愿服务管理，构建大学生志愿服务长效机制。在大学生志愿服务过程中，不仅仅重视形式的科学管理，更重视相关理论的培育和引导，实现大学生志愿服务理论与实践的有机结合，注重大学生在志愿服务过程中理论教育与动机矫正，着重大学生社会主义核心价值观培育。"各社团对志愿者的招募、使用和管理都制定了严格的规章制度，对志愿者进行有效的管理。"对大学生志愿服务完整的、科学的实施与管理，使得我国大学生志愿服务相关做法成为科学开展大学生志愿服务的重要参考和实践借鉴。

第三节　大学生志愿服务中价值观的具体内容

大学生志愿服务中价值观，是社会主义核心价值观在大学生志愿服务领域的具体体现，是社会主义核心价值观与大学生志愿服务活动有针对性结合的部分内容。大学生志愿服务作为践行社会主义核心价值观的有效载体，有针对性的承担培育社会主义核心价值观的功能。社会主义核心价值观的"三个倡导"，具体落实到大学生志愿服务领域，既具有方向上、理论上的引领性、指导性，又具有强烈的、鲜明的大学生志愿服务色彩。紧扣大学生志愿服务这个活动载体，归纳提炼出社会主义核心价值观在大学生志愿服务中的特色呈现，可为培育践行社会主义核心价值观提供直接的价值参考。

（一）爱国价值观

爱国主义是中华民族精神的核心，是中华民族生生不息、薪火相传的精神血脉。爱国是社会主义核心价值观从个人层面倡导的一个基本要求，也是我国公民最基本的价值准则。具体来说，爱国就要爱国家的领土、爱自己的同胞、爱我们的文化和制度。当前，坚持道路自信、理论自信、制度自信、文化自信也是爱国的具体体现。

社会主义核心价值观中的爱国具体到大学生志愿服务中就表现得更加生动与具体，它既是对民族精神的继承与发扬、对中华文化的认同与创新，又是对爱国情感的激发与深化，更是对中国梦的身体力行。

首先，大学生志愿服务中的爱国是对国家大事的关心以及对祖国的深厚情感。大学生群体，正是怀揣对祖国的满腔热忱，才会积极投身志愿服务活动，爱国价值观是大学生开展志愿服务活动的出发点和前提。

其次，大学生志愿服务中的爱国具体表现为一种"坚定和持久的爱国认知、态度和行为的统一，是基于个人与国家关系理性考量基础上的一种敢于担当的责任"。大学生志愿者以胸怀"天下为己任"的社会责任感，将自己的行动和祖国的前途命运紧密结合，将自己的人生规划与祖国的需要紧密结合，献身于祖国的现代化建设。努力践行着自己爱国、报国、建国的远大志向和深深的爱国情感。

最后，大学生志愿服务中的爱国具体体现为对国家制度、理论和大政方针的认可、认同和践行。大学生参加志愿服务活动，是践行社会主义核心价值观的有效形式。大学生在志愿服务过程中，不断用社会主义核心价值观调整自己志愿服务活动的方向和行为，保证志愿服务活动的科学性。

大学生志愿服务是社会主义核心价值观之爱国的具体体现，是当代大学生心怀赤子之心奉献国家的身体力行。只有心系中国情，才能践行中国梦，大学生才会通过实际行动去奉献国家、去关爱同胞、去弘扬中国文化和中国精神。大学生通过志愿服务，更能切身体会到国家的力量、人民的爱心、文化的魅力。因此，爱国价值观，是大学生志愿服务中价值观培育的重要内容。

（二）友善价值观

友善可以理解为友好善良，它主要是对人际关系的道德价值要求。社会主义核心价值观的友善内涵丰富，意蕴无穷。首先要有仁爱之心，心存善念；再次要与人为善，在人与人之间的相处过程中要做到平等、诚实、宽厚；其次指主体间的互助，具体到现实的公共生活中表现为扶危济困、无私奉献、助人为乐；最后，指生态友善，即要求我们不仅要热爱自然、节约自然资源，更要积极地保护自然生态。

社会主义核心价值观中的友善在大学生志愿服务中集中体现为关爱，这种关爱主要是指对身边人的爱心与帮助、对其他人的关心与爱，这也是社会主义核心价值观中友善价值观较高层次的价值诉求。与此同时，大学生志愿服务是建立在善良与仁爱的基础上，并体现于志愿服务主体的具体行为中，是社会主义核心价值观倡导的仁爱思想的具体体现。如浙江大学开展大学生关爱空巢老人卫生下乡志愿服务活动，为社区老人测量血压、体检理发等；赣州江西理工大学信息学院开展暑期关爱留守儿童志愿服务活动，为当地百余名留守儿童开展国学课堂，举办花样剪纸班、书法班等活动。其次，大学生志愿服务行为，是协调人际关系、解决人际矛盾的重要手段，其本身的行为性质就是与人为善的具体体现，大学生在参与志愿服务过程中，表现出的平等、仁厚，恰恰与社会主义核心价值观倡导的与人为善原则具有内在同一性。因此，大学生志愿服务中的友善是道德主体基于善良之心的主动与热情，是在自身能力范围内无私的道德义务行为。再次，大学生志愿服务中的友善是"我为人人、人人为我"的互助，这种互助建立在感恩与回报的基础之上。我们每一个人生活在社会上并不是孤立的存在，而是与生活在同一片天空下的其他人之间的共存。每个人的生活都依赖于他人的辛苦工作与创造，而每个人的付出又是对他人的一份回报。如由三亚市天涯区团委和天涯海角旅游景区联合主办的"服务天涯，回馈社会"贫困学子感恩答谢大学生志愿服务活动，参加志愿服务的大学生都是受助学子，他们用自己的实际行动表达了自己的感恩之心，这与社会主义核心价值观倡导的主体间的互助是不谋而合的。最后，大学生志愿服务范围广泛，既包括人与人、人与社会的志愿服务活动，也覆盖人与自然的志愿服务活动，大学生开展的相关志愿服务的具体活动，本身就是践行生态友善的具体表现。

大学生志愿服务活动本身的内在属性、倡导的价值准则与社会主义核心价值观中的友善具有内在一致性。在志愿服务中，大学生心怀善念、克己利人，通过实际行动实现人际关系的友好良善，在这个过程中，友善既是大学生实现协调合作的基础，更是促进社会和谐人际关系的有效方式。友善价值观是对社会主义核心价值观在大学生志愿服务领域最生动的诠释。

（三）和谐价值观

"和谐是指事物发展中的一种相对均衡、统一的状态。社会主义核心价值观中的和谐，具体指的是社会和谐，包括人与社会的和谐、人与自然的和谐、人与人的和谐。"

社会主义核心价值观中的和谐，在大学生志愿服务中具体表现为无论是对自然、对社会还是对自己或对他人都是建立在尊重和责任意识上的共生、共融与共享。首先，大学生志愿服务中的和谐体现着人与自然共生的和谐理念，其是对马克思主义生态文明理论的生动反映，是新时代中国特色社会主义思想的新内涵，党的十九大报告指出："要把坚持人与自然和谐共生作为新时代坚持和发展中国特色社会主义基本方略的重要内容。"例如，黄淮学院开展以"减少废物排放，构建美丽乡村"为主题的大学生志愿服务活动，青岛大学经济学院开展的"践行科学发展观，砥砺青春促和谐，携手打造环保时尚新农村"系列主题活动，还有的高校组织大学生开展"环保志愿者，你我在行动"公益活动、"地球一小时"等志愿公益活动。大学生通过不同形式、不同内容的志愿服务活动，逐渐形成一种人与自然和谐共生的道德情操，树立起尊重自然、保护自然的和谐生态观。其次，大学生志愿服务中的和谐具体表现为人与人之间的共融，这种共融强调的是人与人之间的尊重，尊重不同的社会生活方式、不同的文化背景、不同的种族差异、不同的个性差异等。换句话来说，人与人之间的和谐共融就是指在文化上表现出时代性与民族性的辩证统一，也就是在文化上的共性与个性、普遍性与特殊性的辩证统一。例如，北京师范大学珠海分校志愿助残服务团，连续 6 年接力助残，对珠海 22 名残疾儿童进行精准帮扶；焦作大学红丝带志愿者协会是河南最早以"关注艾滋病"为主题开展志愿服务活动的，自成立以来，已经招募了 600 余名志愿者，成为河南省不可忽视的一支大学生志愿者队伍。大学生通过志愿服务，体味着人与人之间的平等、尊重、信任，使大学生深刻地领会到人与人和谐相处的内涵。最后，大学生志愿服务中的和谐具体体现为共享社会发展文明成果，包括对社会文明发展的共享与共建。共建是共享的前提，共享是共建的目标。共享不仅是全民的共享，也是全面的共享，共享不仅是追求更是美德。大学生通过志愿服务活动把自己的理想、知识与技能积极投身于中国特色社会主义伟大事业中，以实际行动促进和谐人际关系的形成，从而实现构建和谐社会的最终目标。

和谐作为社会发展的价值目标，与大学生志愿服务的价值目标具有趋同性。大学生通过志愿服务，促进了人与自然更亲更近，促进了人与社会和谐统一，促进了人与人之间关系融洽，进而为促进社会和谐提供了重要的理论支撑和实践基础。

（四）文明价值观

文明可以理解为人类社会发展到较高阶段并具有较高文化的状态。社会主义核心价值观中的文明是人类进步发展的标志，一般表现为公民思想道德素质高尚、科学文化素质较高、行为举止文明优雅、符合道德规范等。

社会主义核心价值观中的文明与大学生志愿服务行为特征、内在属性高度契合。"当文明作为一个价值概念的时候，它相当于狭义上的文明，指的是与思想上的保守和文化上的落后相对应的思想上的进步以及文化上的先进。"具体到大学生志愿服务中，文明观就具体表现为大学生志愿者思想上的文明、行为上的文明以及对中华文明的继承与发扬。主要内容包括：

第一，基于文明多样化的包容。江泽民指出："各国文明的多样性，是人类社会的基本特征，也是人类文明进步的动力。我们应该尊重各国的历史文化、社会制度和发展模式，承认世界多样性的现实。世界各种文明和社会制度应该而且可以长期共存，在竞争比较中取长补短，在求同存异中共同发展。"近年来，大学生志愿服务的领域和对象不止针对国内，同时也面向国际。贵州职业技术学院的老师带领 12 名同学在省图书馆为国际学生做传承文化、弘扬文化的志愿服务。同时，近年来也有许多国内大学生选择到海外做志愿者，参与国际性的公益活动。如中国青年政治学院工管系大二学生梁译丹和中国青年政治学院分会主席魏雨帆，二人利用暑假到海外做志愿者。魏雨帆认为，做志愿者是一个创造美的过程。大学生通过参与国际志愿服务活动，在不同文化交流中求发展，在文化差异中求和谐，促进了人类文化的多样性，促进了中华文明的继承和弘扬。

第二，基于对社会先进文明成果的传播与维护。大学生志愿服务通过各种活动的开展，使大学生积极地参与社会活动，身体力行地去传播和维护社会的先进文明成果，使其兼具民族性和时代性，从而实现整体社会的文明进步。例如，非遗青年志愿者联盟是由一群 80 后、90 后的年轻人发起的对非物质文化遗产的传承与保护的志愿者联盟组织；四川大学文化行者团开展"桐乡竹韵"非物质遗产保护和传承活动；江西省围绕"一带一路"的发展大局和"中国文化走出去"战略，成立了两支对外文化交流志愿者队伍；大学生志愿者积极参与"高雅艺术进校园"活动等。这些由不同组织开展的志愿服务活动都在诠释着人们对中华文明的敬畏和传承。

第三，基于文明要求的行为礼仪文明。行为礼仪文明，举止文明是基本的道德行为要求。通过志愿服务，一方面，大学生志愿者倡导人们生活出行等各方面的文明礼仪，如西北工业大学航海学院开展文明餐桌志愿者活动，对西安市 106 家餐饮店进行走访，引导市民在餐饮消费时不浪费；另一方面，大学生志愿者自身也在不断接受着文明礼仪的洗礼，其行为特征更是文明价值观的特色彰显。

大学生志愿服务呈现的社会价值目标，与社会主义核心价值观倡导的文明具有内在继承性。大学生积极投身志愿服务，本身就是一种文明的行为，以点带面，以知促行，最终推动整个社会文明化、现代化。而大学生按照社会主义核心价值观倡导的文明参与志愿服务活动，努力提升思想境界，推动了志愿服务的常态化、深入化，又是践行文明价值观的有效尝试。

（五）公正价值观

公正是人们对处理和协调各种社会关系所形成的规矩和制度的认可。社会主义核心价值观中的公正具体是指"公平正义，是社会权利和社会义务的合理分配，是人们对一定社会现象和社会关系的道德评价，是社会制度和社会秩序的公平公道以及由此形成对社会成员的普遍公正要求和行为规范"。社会主义核心价值观的公正在大学生志愿服务中具体表现为：

第一，源于内心的公正，人人平等。大学生志愿服务中的爱是不分等级、不分远近亲疏的，是无厚薄、无等差的爱所有人。只有一视同仁、平等相爱，才能真正使不同个体所共同构成的人类社会和谐发展。人人平等既是对每一个大学生志愿服务者的基本要求，也是大学生志愿服务精神的重要体现。当前大学生志愿服务活动面向的人群以需要帮扶和关爱的社会弱势群体为主。

第二，源于意识的公正，维护正义。公正的意识不仅是大学生道德观念的出发点，同时也是培养社会美德和建立社会秩序的着力点。只有树立公正的意识，才能维护社会公正，明晰是非观和荣辱观，才能实现社会安定有序的发展。大学生志愿者是推动社会公平正义的重要主体，他们对公正和非公正的行为具有一定的辨别能力，具有强烈的维护社会公正的意识，具体来说，就是遵守社会公德、维护社会公共秩序。如天津铁道职业技术学院的大学生志愿者为天津铁路春运做志愿服务工作；常州大学信息科学与工程学院、数理学院每周五在下班高峰期组织大学生志愿者走上街头，维持辖区拥堵路段的交通秩序，做好交通安全宣传，倡导文明宣传。大学生通过具体的志愿服务活动，身体力行地遵守社会公共秩序，坚定不移地参与维护社会公共秩序和社会公德，在一定程度上促进着社会公平正义的步伐。

第三，源于行为的公正、正义的伸张。大学生志愿者通过志愿服务，扶危济困，伸张正义。社会中，有的人恃强凌弱，就有人打抱不平；有的人被侵权，就有人拿起法律武器。大学生志愿服务的领域，也涵盖了公平正义的价值观。

大学生志愿服务的过程就是践行公平正义的过程，其与社会主义核心价值观倡导的"公平"具有高度一致性。大学生通过开展志愿服务活动，在一定程度上弥补了社会中不公平、不正义的现象和行为，为实现社会公平、促进社会正义起到了"缓冲剂"的作用，这与社会主义核心价值观倡导的价值目标不谋而合。

总之，大学生志愿服务中价值观的具体内容，是社会主义核心价值观在大学生志愿服务领域有特色性体现的部分内容，是社会主义核心价值观24个字中的爱国、和谐、友善、文明、公正在大学生志愿服务中有针对性的具体体现，这也是大学生志愿服务中价值观的最大特点。大学生志愿服务中价值观培育的内容，就是通过大学生志愿服务这个活动载体，培育与其紧密相关的爱国价值观、友善价值观、和谐价值观、文明价值观、公正价值观。

第四章　高校志愿服务价值观培育的必要性和重要意义

大学生志愿服务中价值观，是社会主义核心价值观在大学生志愿服务领域的具体体现，对其进行培育，有利于保证大学生志愿服务活动的方向性和科学性；有利于掌握对大学生进行意识形态教育的主导权；有利于中华民族优秀传统文化的传承和弘扬；更有利于社会主义核心价值观的培育和践行。

第一节　大学生志愿服务中价值观培育的必要性

当代中国正处于大发展、大变革、大调整时期。一方面，各种社会思潮裹挟着不同的价值观念泥沙俱下，意识形态领域呈现多元、多变的新特点；另一方面，世界范围内的各种思想文化不断交流、交锋，使价值观的较量更加复杂，一些西方势力趁机宣传所谓的普世价值，企图搞乱人们的思想，加紧对我国意识形态领域的渗透。面对这样的新情况、新问题，我们必须利用好大学生志愿服务这个有效载体，在开展志愿服务活动过程中进行社会主义核心价值观培育，特别是培育那些与大学生志愿服务活动紧密相关的社会主义核心价值观内容，也就是爱国、友善、和谐、文明、公正的价值观，才可以增强我们的价值观自信，使人们自觉抵制"普世价值"的入侵，提升我国的国家软实力和意识形态领域的话语权。

（一）践行社会主义核心价值观的必然要求

"培育和践行社会主义核心价值观，要以培养担当民族复兴大任的时代新人为着眼点，强化教育引导、实践养成、制度保障，发挥社会主义核心价值观对国民教育、精神文明创建、精神文化产品创作生产传播的引领作用，把社会主义核心价值观融入社会发展各方面，转化为人们的情感认同和行为习惯。"社会主义核心价值观是全社会价值观念系统的核心，具有凝聚、整合和引领其他价值观念的强大功能，能够在中国特色社会主义建设中，有效引领和整合纷繁复杂的思想意识和社会思潮，形成凝聚全社会的强大精神力量。"而大学生志愿服务是践行社会主义核心价值观的有效载体之一，通过大学生志愿服务这个平台，使大学生深刻理解社会主义核心价值观的具体内涵，增强认同意识，是践行社会主义核心价值观的题中之义。

另一方面，当代大学生以 00 后为主体，他们思想活跃，对新生事物接受能力强，对未来充满热情和憧憬，在富于创造力的同时思想上还不够成熟，他们的价值观处于形成、发展和定格阶段，思想上极易受到社会环境变迁的影响。必须把引导大学生培育和践行社会主义核心价值观作为凝魂聚气、强基固本的基础工程，切实抓紧抓好。因此，开展大学生志愿服务中价值观培育，是践行社会主义核心价值观的必然要求。

（二）抵制西方多元化价值观的有效手段

一方面，世界上价值观领域多元化的趋势愈演愈烈，各类社会思潮相互交融、交锋，相互影响。发达国家由于在经济和科技上的优势，掌握了价值传播的主动权，在输出科技的同时，也输出了他们的价值观和意识形态。我国正处于改革发展的关键阶段，社会矛盾多发，利益诉求多样，价值观念多元，西方价值观乘虚而入。由于意识形态领域的根本对立，西方资本主义国家试图对我国进行意识形态的分化和渗透，妄图占领我国思想意识形态的高地。"文化自信是一个国家、民族发展中更基本、更深沉、更持久的力量。一个民族文化中最核心的部分就是价值观，只有对本民族的价值观产生了自信，才能有本民族的文化自信。"面对价值观的渗透与反渗透斗争，我们必须坚守和捍卫好价值观领域的这块阵地，确保意识形态的稳定与安全。因此，在大学生志愿服务中开展社会主义核心价值观培育，必须始终坚持马克思主义的指导地位，才能够扩大主流价值观的影响力，为自觉抵御西方不良思想提供强大的思想武器。

另一方面，西方国家志愿精神中的奉献、团结友爱、互帮互助等思想与我国倡导的社会主义核心价值观有着本质的区别，西方国家的志愿服务精神来源于宗教，终结于所谓的感情寄托或者宗教信仰，而我国的志愿服务是全心全意为人民服务的具体体现，和西方倡导的志愿服务理念有着本质的不同。在大学生志愿服务中进行社会主义核心价值观培育，把社会主义核心价值观倡导的价值准则作为志愿服务活动的价值尺度和评判标准，才能够抵制西方所谓的文化渗透，打破西方国家对我国实施西化战略的图谋。

（三）培育大学生良好精神风尚的必由之路

一方面，大学生对社会主义核心价值体系和核心价值观的认同与内化程度，是他们承担未来重任的前提条件。习近平总书记说："道德之于个人、之于社会，都具有基础性意义，做人做事第一位的是崇德修身。"要广泛开展社会主义核心价值观的宣传教育，积极引导他们形成与现代社会符合的价值观念，不断夯实大学生价值观形成的道德基础。社会主义核心价值观与志愿服务是精神文明建设和意识形态领域内的两个关键要素，都强调以德为核心，都体现一种道德追求和道德修养，都倡导一种道德实践和价值自觉。我们提倡要把社会主义核心价值观内化于心、外化于行，而大学生志愿服务作为培育和践行社会主义核心价值观的示范平台，对于提升大学生道德修养、培育良好精神风尚具有非常重要的理论和实践意义。

另一方面，当代大学生的思想可塑性强，大学时代，也是对他们进行社会主义核心价值观培育的黄金时代。我国的高等院校历来是进行思想政治教育工作的主阵地，也是培育大学生践行社会主义核心价值观的重要场所。目前，大学生的个人价值取向整体上呈现出积极向上的好的一面，以社会主义核心价值观为导向。但也有少部分大学生受到多元化思潮的影响，甚至被一些不良思想所侵蚀，造成他们的价值取向出现偏离。面对社会主义市场经济条件下的逐利趋势，一些大学生开始把经济利益作为自己价值判断的唯一标准，把个人利益放在集体利益之上，这和社会主义核心价值观倡导的价值准则背道而驰，与他们作为社会主义建设者和接班人的身份更加不符。大学生志愿服务作为培育和践行社会主义核心价值观的有效载体，是能够看得见摸得着的社会道德实践活动，它把自我价值的实现与服务社会结合在一起，将高尚情操外化于行，在提升大学生道德修养的同时引领了主流道德建设。因此，通过大学生志愿服务培育社会主义核心价值观，是培养当代大学生良好精神风尚的必然要求。

（四）引领国际公益价值观潮流的需要

大学生志愿服务中价值观，是社会主义核心价值观在大学生志愿服务领域中的具体体现，其不仅是社会主义核心价值观的部分内容，更带有强烈的大学生志愿服务色彩。大学生是我国开展志愿服务的中坚力量，对大学生志愿服务中价值观进行培育，不仅有利于我国大学生志愿服务活动的开展，更有利于我国整体志愿服务的发展，使我国的志愿服务在国际志愿服务舞台上彰显中国特色。

一方面，国际间公益价值观潮流涌动、相互碰撞，其中有些公益价值理念值得我们深入挖掘和学习。比如，国际社会也会通过开展各种实践活动对社会成员的公益价值观进行培育；许多国家通过发展公益事业来帮助政府协调一些政策杠杆所触及不到的社会矛盾，一定程度上缓解了政府治理社会的压力，缓和了社会矛盾。我们可以对公益价值观进行合理分析，从而为我国大学生志愿服务的顺利开展和经验总结提供有益借鉴。

另一方面，在批判借鉴国外公益价值观的基础上，要兼具特色，引领潮流。我国大学生志愿服务中价值观和西方所谓的公益价值观之间存在的本质区别在于，我国大学生志愿服务中价值观具有鲜明的中国特色。我们在合理借鉴国际公益价值理念培育的同时，要有机地将社会主义核心价值观与大学生志愿服务完美地融合，形成具有中国特色的一脉清流，从而对国际公益价值观产生重要影响，进而让承载中国特色、凝聚中国智慧的社会主义核心价值理念影响世界，引领国际公益价值观潮流。

（五）增强社会大众凝聚力的需要

社会是人的社会，社会是由一个个具体的人组成的，离开了个人也就没有社会；个人是社会的个人，个人是社会关系中的存在，没有社会也同样没有个人。社会主义核心价值观能增强大众凝聚力，其一在于其具有鲜明的价值导向，推动道德建设；其二在于形成道德意识和道德责任，促进道德建设，形成道德建设正能量；其三在于能够转化为大众的道德建设自觉和道德建设动力，把社会主义核心价值观内化为大众的精神追求。这是道德建设的最高境界，也是增强大众凝聚力的必然要求。国家倡导的核心价值观成为大众的精神追求，就能形成凝聚力，成为社会和谐、国家发展的永恒精神力量。国家践行富强、民主、文明、和谐之德；社会践行自由、平等、公正、法治之德；公民践行爱国、敬业、诚信、友善之德，得民心，做到明大德、守公德、严私德的境界，整个社会的凝聚力就形成了。

大学生是推动社会发展的动力和国家建设的希望，是最活跃的一股力量，也是培育和践行社会主义核心价值观的可靠原动力，"他们信仰什么主义、举什么旗、走什么路，决定着国家和民族的命运"。大学生志愿服务活动，是大学生参与社会活动、积极投身实践的重要形式之一。大学生志愿服务中价值观培育，有利于加快他们对社会主义核心价值观的认知进程，进而带动社会大众对其认可认同进程，从而增强社会大众的凝聚力。

（六）为社会提供了全新的社会动员方式

由于志愿服务的不断发展，其影响力越来越强，越来越被大众所接受，并且逐步成为一种全新的社会动员方式，这在很大程度上积极地引导了社会主义和谐社会的构建。志愿服务作为一种低成本、个性强、作用巨大的社会动员手段，凭借着志愿精神的感召和志愿服务不计报酬、平等参与、自主选择、力所能及等一系列特征，成为不同职业社会成员融合一致、共同服务社会的必要途径，在服务社会的同时，也可以有效提升志愿服务群体的自我价值、自我能力。相关数据显示，自1993年志愿者项目开始实施以来，我国已累计有超过4亿人次参加了超过80亿小时的、不同形式的志愿服务活动，这成为中国志愿服务发展史上最为重要的成果之一。从目前来看，我国参与志愿服务的主体还是青年学生，他们占据了志愿服务人数的大多数。例如，在四川抗震救灾中，青年人占到了70%；在上海世博会的志愿服务工作中，青年人占到了91%；广州亚运会的志愿服务工作中，青年人占到了90%，以上这些数据都可以表明，现在志愿服务的主体是青年人。志愿服务在全国范围内如火如荼地开展，不单单是创造了一种被当代年轻人接受、热衷、追逐的时尚潮流，更实现了社会动员方式和机制的创新和转变，成为社会变革中社会、经济、文化等领域发展的重要载体。

（七）优化了当今社会发展的精神品质

志愿服务活动作为一种时代发展的新型产物，以无偿服务于人的方式，逐渐在人类日常生活及社会工作等领域活跃起来。自愿、无偿是志愿服务的主要特征，奉献、友爱、互助、进步是志愿服务的精神真谛，参与志愿服务活动，并不求付出的回报，而是获得一种精神上的慰藉与满足，这与奉献精神如出一辙。笔者认为，"友爱""互助"的志愿服务精神，是当前社会形势下志愿服务活动最真实的价值体现。一方面表现在施助者（即志愿者）与受助者（被服务对象）之间，在活动过程中所形成的和谐的社会关系，正是当前构建社会主义和谐社会的价值追求；另一方面表现在同为服务者的志愿团体内部成员长期以来生成的情感缔结，如默契、友情等。

爱因斯坦说过，一个人的价值应该看他贡献了什么，而不是应该看他取得了什么。马克思的人的本质论强调，人的价值分为自我价值和社会价值。首先，自我价值的实现需要社会对个人的尊重和满足，志愿者正是在服务于人的过程中，得到社会的认可与评价，进而实现了自我价值的满足和思想境界的提升。其次，社会价值的实现需要个人对社会的责任和贡献，正是有了无偿的志愿服务活动存在，才会有无私奉献、互帮互助的社会氛围和平等友爱、团结进步的人际关系。志愿服务精神是儒家精神"仁者爱人"的精神传承，是当代"雷锋精神"的全新阐释，是践行社会主义核心价值观的精神支持。随着社会的向前发展，国民素质的不断提升，培育"奉献、友爱、互助、进步"的志愿服务精神，对于构建社会主义和谐社会事关重大，志愿者服务团队则会成为社会中不可忽视的重要力量，然而培育志愿服务精神看似简单易行，实则任重道远。当代大学生思想开放、积极上进、价值多元，这决定了他们对未来社会有着很强的好奇心，喜欢接触新的事物和新的挑战，因此，志愿服务活动正好符合了当代大学生的心理，在很大程度上抓住了大学生的精神需求和内心想法。大学生志愿服务工作的开展，真正实现了大学生对社会、国家、他人的奉献实践，真正凸显了"我参与、我奉献、我快乐"的精神特征，通过大学生参与志愿服务，实现了大学生自我价值的凸显和自我能力的实现，同时也净化和升华了自己的信念理想，志愿服务正逐渐发展成为一种精神时尚，并慢慢演化为一种生活态度和精神品质，深受广大青年的欢迎。

在价值取向上，志愿服务与理想信念教育是相容相通的。从本质上讲，志愿服务是一种基于个人自愿的实践活动，其核心是帮助他人增进福利、促进社会进步。人们参与志愿服务的动机是受驱于利他主义，以个人社会价值的实现和完成为目标。理想信念教育本质上是一种精神塑造活动，是使人们形成与中国特色社会主义共同理想相适应的价值观、人生观和世界观。在这个过程中，通过一系列理论传播、知识教育和实践引导等不同方式的教育教学方法，作用于人们的精神世界，具有超越个人本位和功利主义的社会导向和利他特征。由此可见，在价值取向上，志愿服务的这种社会性和利他性与理想信念教育具有高度的契合性，理想信念教育是一种针对学生的精神世界进行引导和改造的观念活动，侧重于价值取向和价值观念的形成环节，旨在用思想引领思想、用观念改造观念。然而，这种观念活动能否产生实际效果，或者说要检验理论教育的成效如何，还需要通过实践活动进行验证。马克思曾说："人的思维是否具有客观的真理性，是一个实践问题，并不是一个理论问题。人应该在实践中证明自己思维的现实性、真理性，以及自己思维的力量，亦即自己思维的此岸性。"志愿服务作为一项实践活动，是人们主动介入社会事务、自愿服务他人的活动，这种社会性和利他性的活动恰恰可以为理想信念教育提供有效的实践体验，从志愿服务的角度来讲，通过开展富有广泛性、综合性、实践性的志愿服务活动，可以帮助学生将课堂所学知识及时内化为一种技能，还可以锤炼和锻造学生强烈的社会责任感，将实现个人价值与社会价值有机统一起来；相对应的，从理想信念角度来讲，开展以思想道德建设为基础、以马克思主义理论教育为核心、以爱国主义教育为重点的理想信念教育，可以不断提升大学生投身志愿服务活动的主动性和自觉性，可以使学生更加深入地理解志愿服务的社会意义。归根结底，志愿服务可以为理想信念教育提供有效的实践体验，而持续有效的理想信念教育也可以为之提供必要的精神动力和价值指引，确保志愿服务始终秉持非功利性的价值取向，始终依循正确的实践方向。

第二节　大学生志愿服务中价值观培育的重要意义

　　大学生志愿服务中价值观培育，无论对国家、高校或者大学生本人，都有着重要的现实意义和深远的历史意义。

（一）有利于实现中华民族的伟大复兴

人民有信仰，国家才有力量。一个国家的强盛，离不开精神的支撑，一个民族的进步，有赖于文明的进步。精神立则人格立，精神强则国家强。这就是精神的力量。对一个国家而言，核心价值观是体现国家意志和民族精神的价值坐标。一个国家和民族，贫穷落后固然可怕，但更可怕的是精神荒芜。没有理想信念，精神缺钙，就会得"软骨病"，就会止步不前，甚至衰落退化。自改革开放以来，中国取得举世瞩目的成就，"中国模式""中国速度""中国故事"成为世界关注的焦点。中国已经成为世界第二大经济体、第一大贸易国。但与中国经济实力的发展相比，文化的影响力和文化的软实力没能并驾齐驱、同步繁荣，文化力量尚需增强，文化自觉、文化自信、文化自强尚需提升。习近平指出："核心价值观，其实就是一种德，既是个人的德，也是一种大德，就是国家的德、社会的德。国无德不兴，人无德不立。""国家的德""社会的德""个人的德"，揭示了我国意识形态建设的必要性和根本方向。建设中国特色社会主义，实现中华民族伟大复兴，需要全体中国人，尤其是当今的大学生积极培育和践行社会主义核心价值观。大学生志愿服务是培育和践行社会主义核心价值观的有效载体，也是增强其时效性的重要手段。通过大学生志愿服务中价值观培育，有利于实现中华民族的伟大复兴。

（二）有利于培养合格的社会主义事业接班人

中国特色社会主义事业不能后继无人，而大学生作为时代的骄子，更应当是社会主义事业的接班人。大学生价值观念的正确与否，不只是个人发展问题，更重要的是它决定着将来我国社会主义事业的发展方向。"大学生思想政治教育对于社会主义建设事业的重要性是确保我国在激烈的国际竞争中始终立于不败之地；确保中国特色社会主义事业兴旺发达、后继有人。"

大学生志愿服务中价值观培育属于思想政治教育工作的一部分，应该充分意识到思想政治工作在大学生志愿服务中价值观培育方面的重要性，引导大学生以社会主义事业接班人的姿态和立场去履行社会责任。长期以来，我国大学生思想政治教育还存在薄弱环节，即教育内容、教育方法与社会生活实际脱节，教育所传授的政治原则和价值观念在与青年的生活实际"对接"时欠缺中间环节，这样的政治理念、核心价值观难以内化为青年的自觉行为。因此，造成了个别大学生"智力因素高，非智力因素弱；政治热情高，综合素质弱；理论水平高，实践能力弱；自我评价高，社会责任弱"。而志愿服务是一种基于自愿，不以获得报酬为目的，用自己的时间、技能、爱心为他人和社会提供服务的行为。通过参与志愿服务，大学生在服务社会、服务他人的同时，不仅了解了国情，也经受了锻炼，提高了自己的思想修养和道德境界。这实际上是一个"双赢"的过程，既是助人，也是自助；既帮助了服务对象，同时也让自己的精神得到满足、价值观得到提升、灵魂得到净化。应在志愿服务中开展社会主义核心价值观培育，运用马克思主义及其中国化理论教育大学生，培养和造就有理想、有道德、有文化、有纪律的有用人才和忠诚的共产主义继承者。在大学生志愿服务中培养其建立起社会主义核心价值观，可以让大学生志愿服务中价值观培育在为将来我国高速发展和转型后的治国理政输送人才方面发挥更加有效的作用。因此，要利用好大学生志愿服务这个平台，积极开展社会主义核心价值观培育研究，用社会主义核心价值观武装他们的头脑，培养社会主义事业合格的接班人和建设者。

（三）有利于建设和谐校园、和谐社会

一方面，大学生志愿服务中价值观培育有利于建设和谐校园。大学生志愿服务活动，是大学生开展无私奉献、互助帮扶的实践活动，大学生在这个过程中感受到了团结互助的力量，感受到了无私奉献的价值，无形中改善了大学生之间的人际关系，提升了大学生对社会主义核心价值观的认知范围。在大学生志愿服务中开展社会主义核心价值观培育，反过来又促进大学生志愿服务的顺利开展，加快了大学生志愿服务常态化、标准化进程。随着大学生志愿服务的深入开展，大学生之间的关系更加和谐，大学生和大学校园之间的关系更加融合，有利于营造大学校园充满朝气的和谐氛围，为建设一个关系和谐、人文气息浓郁的和谐校园奠定了坚实的基础。

另一方面，大学生志愿服务中价值观培育有利于建设和谐社会。大学生志愿服务中价值观培育能够营造和谐的人际关系，从而加速和谐社会的实现进程。大学生通过参与志愿服务，锻炼了人格和性格，学会了与人交流沟通的能力，从而形成了和谐的人际关系。目前有很多形式的志愿服务

项目可以让大学生锻炼自己的人格品性，如通过社区养老机构的助老行动、民政部门或社会福利机构的帮孤行动、针对残疾弱势群体的帮扶行动、针对边远地区的支教行动等，使中华民族五千年来积淀的温和的处世态度、善良的人格品德、恭敬长序的性格、节俭的生活作风、谦逊的交往心态等优秀品德得到了大学生群体的一致认可，加强了大学生群体及其他社会成员对社会主义核心价值观的认同感，有利于社会成员之间、社会各个组织之间的融合，有利于社会各种力量的整合，把社会上的分散力量凝聚到一起，促进和谐人际关系氛围的形成，为和谐社会的实现奠定基础。

（四）有利于传承和弘扬中华民族优秀传统文化

志愿服务中所提倡的奉献、友爱、互助、进步的服务理念，是中华民族优秀传统文化的重要组成部分，是中国传统文化——"善"的发展和延伸，体现的是人与国家、人与社会、人与人之间的关系。而社会主义核心价值观是对中国传统价值观进行一个"凤凰涅槃"式的"扬弃"的成果，同时，也是中华民族优秀传统文化的内容在当代的表现形式，并被赋予了新的时代意义。因此，对大学生志愿服务中价值观培育进行研究，有利于挖掘中华民族优秀传统文化的积极因子，将脱胎于中华民族优秀传统文化而又凝结在社会主义核心价值观中的"行善立德"的理念与现代志愿服务相契合，并将其运用到价值观培育过程之中，使服务社会与实现个人价值有机地结合起来，陶冶情操，立德修身。这不仅仅有利于大学生志愿服务的顺利开展，还与扶危济困、助人为乐的中华传统美德一脉相承，有利于传承中华民族优秀传统文化，又反映了社会进步发展的时代要求，更体现了社会主义核心价值观的要义。

大学生志愿服务中价值观培育有利于弘扬中华民族传统美德，其是涵养社会主义核心价值观的重要源泉。其中，"孝悌为本、仁爱友善是中华民族爱国情感之基，以人为本、天下己任是国人担当精神之源，礼让诚信、人文化成是公民道德教育之本，追求公平、崇尚正义是社会秩序之基石，尚中贵和、万物化育是社会和谐之秘诀，变易日新、自强不息是改革创新之动力"。一个国家如果没有品德，这个国家就不会得到发展；一个国家的人民如果没有品德，就不会在社会中立住脚跟，我国五千年来形成的社会美德蕴含在中国的传统文化之中，这是我们民族精神的根本保障，里面有无数可以深深挖掘的思想政治教育的资源。比如，传统文化中所大力宣扬的"天行健，君子以自强不息"的自立自强精神；敬业乐群的尽职尽责观念，等等。这些传统美德，是中华民族优秀传统文化的有机组成部分，大学生对这些传统美德接触时间长、理解程度深，合理利用它们，为大学生志愿服务中开展社会主义核心价值观培育创造了条件、减轻了阻力、拓展了外延。

（五）有利于加速大学生社会化的进程

在大学生志愿服务中进行社会主义核心价值观的培育，是志愿服务方向性、科学性的重要保证。同时，大学生志愿服务是加速大学生社会化进程的重要手段。学校教育的作用是在学生走向社会前培养其所必备的理论素养，而通过大学生志愿服务的实践培养才是大学生掌握社会机制的重要平台，更是大学生从一个半社会化的个体变为完全社会化的个体的重要途径之一。例如，对许多参与"大学生志愿服务西部计划"的青年来说，西部基层工作成为"一次前所未有的经历"，他们更加深切地了解了国情，增进了与人民群众的感情，对社会形成了比较客观和清醒的认识，从而能够理性客观地规划自己未来的人生道路。当今社会，大部分人对知识背景的学习都是以集体的形式、在学校环境中进行的，这种模式需要在空间上与社会进行相对分离，因此，不可避免地会造成理论与实践在一定程度上相脱节的现象。这种现象迫使大学生在即将毕业或毕业之后要经过社会化的改造，否则，就会让大学生带着强烈的理想主义走向社会，这种理想主义与现实的碰撞必然会带来一些不适应。以什么样的方式让大学生去接触社会、在哪些方面需要更多的时间磨合，这都是大学生志愿服务在大学生完成社会化改造中所要思考的问题。大学生群体通过积极参与大学生志愿服务，获得一些社会经验和人生阅历，明确自己的长处和优势，逐步形成更加适合社会现实生活的心理倾向、性格特征和行为方式。这在一定程度上弥补了学校集体教育与社会脱节的问题，让众多的大学生在走进社会之前清醒地认识到自身的不足，从而在心理上有一个充分的准备，以便正确而有效地实现社会化的目标。

（六）有利于大学生更好地践行社会主义核心价值观

大学生正处于价值观塑造的关键时期，除了理论学习，更需要实践来加深对社会主义核心价值观的理解与认同。作为践行社会主义核心价值观的有效载体，志愿服务在大学生价值观塑造阶段作用非凡，其与社会主义核心价值观的培育是相互影响、相互联系的关系，两者在价值取向和行为判断上是高度一致的。应利用好志愿服务这个载体，对大学生进行社会主义核心价值观培育，让大学生深入理解社会主义核心价值观的具体要求，从而将社会主义核心价值观的具体要求贯穿到大学生的日常行为和活动中，实现知行统一。同时，培育大学生志愿服务中价值观为大学生的实践活动提供了必要的精神指引和价值导向，保证了大学生开展社会实践活动的方向性和针对性，反过来又不断加深对社会主义核心价值观的理解和认同，实现在过程中领悟，在领悟中深入，在深入中践行这样一个良性循环，推动大学生更好地践行社会主义核心价值观。

第五章 "互联网+"视域下大学生志愿服务的现状

第一节 "互联网+"视域下中国大学生志愿服务发展的研究理论依据

一、马克思主义关于人的价值理论

马克思人的价值的主要内容可以简要概括为：人的价值是人生价值与人格价值的统一，人的价值是自我价值与社会价值的统一，人的价值的实现途径是社会实践。

关于人生价值与人格价值的辩证统一，马克思指出："个人怎样表现自己的生活，他们自己就是怎样。因此，他们是什么样的，这同他们的生产是一致的——既和他们生产什么一致，又和他们怎样生产一致。"这里，"怎样表现生活"说的是人生价值，"自己就是怎样"说的是人格价值。个人怎样表现自己的生活，主要体现在生产上，即生产什么和怎样生产。马克思通过对人及其生活表现的分析，论证了人生价值与人格价值的辩证统一关系，即人格价值和"他们生产什么一致"；人生价值和"他们怎样生产一致"。第一，一个人的人格价值，和他"生产什么"的人生价值一致，主要是指由于分工不同、职业不同、所从事的工种不同，而呈现出不同的人格。工农商学兵，各行各业的人们，每个人的人格价值都打上了他的职业烙印。同是工人，不同工种的工人，人格也有区别。人格价值就是他所从事的工种工作的表现。人生价值，是人作为生命运动过程，对他人、社会和人类承担的责任、所发挥的作用和意义，是人作为生命体的持续性的价值。人格价值，是人作为生命有机体，因自己努力创造的成果而获得的尊重和名誉，是人作为生命体的现实性的价值。一个人生产什么，就是他承担了什么责任，发挥什么作用，具有什么意义。是否尽责，作用大小，何种意义，就决定了他的人格价值。解放军是最可爱的人，教师是人类灵魂的工程师，劳动模范受人尊敬，这就说明了人的人生价值与"生产什么"的人格价值相一致。一个人的人格价值，和他"怎样生产"的人生价值一致，主要是指人在生产、工作中的态度、方法、程序、创新以及时代性等，和他得到的评价一致。态度积极、严肃认真、踏实肯干的人，受人欢迎；采取科学方法、先进方法的人，是学习的榜样；遵守规章制度，按程序办事的人，安全生产，让人放心；大胆创新，有所发现，有所发明，有所作为的人，令人尊敬，这就是人格价值和"怎样生产"的人生价值的一致。时代性，在生产力层面来说，就是人们怎样生产的标志。正如马克思所说："各种经济时代的区别，不在于生产什么，而在于怎样生产，用什么劳动资料生产。劳动资料不仅是人类劳动发展的测量器，而且是劳动借以进行的社会关系的指示器。"由此可见，石器工具生产，铁器工具生产，机器工具生产，电器工具生产，信息工具生产，就是"怎样生产"的时代性。时代性，是无数人生价值积累的结果。随着人们创造的积累，生产不断发展，时代不断进步，人格价值的内涵、内容和文明程度也就发展起来，俗话说，长江后浪推前浪，世上新人超前人。正是说明了人格价值与时代性的人生价值的一致。

关于自我价值与社会价值的统一，人的价值具有两重性。人既是价值物的创造者，又是价值物的享受者，既是目的，又是手段。马克思指出，以一定的方式进行生产活动的个人，发生一定的社会关系和政治关系。"社会结构和国家总是从一定的个人的生活过程中产生的。"马克思正是从分析现实的个人与社会的关系中论证和说明了自我价值与社会价值的辩证统一。第一，自我价值和社会价值互为前提。一方面，社会价值是自我价值的前提。每个人一生下来"都遇到前一代传给后一代的大量生产力、资金和环境"，也是在社会、学校环境中成长的，这样，社会价值就成了自我价值形成的前提条件。人的需要，要从他人和社会方面得到满足，人的积极性也要社会给予必要的鼓励，只有在社会倡导的前提下，人们才能充分发挥自己的积极性、主动性和创造性，为社会做出应有的贡献。另一方面，个人自我价值是社会价值的前提。每个人的能力、水平和发挥程度，是创造社会价值的条件，一个人敢于担当、勇于作为、善于做事，又尽职尽责，奋发向上，就一定能创造出可喜的社会价值。集体富裕、国家富强、社会文明，都要靠历史上的无数个人创造出来。第二，自我价值和社会价值相互制约。在马克思的价值思想中，自我价值和社会价值是人的价值的两个方面，在马克思看来，人既作为社会的主体存在，又作为社会的客体存在，自我价值与社会价值不可分割，自我价值是社会价值的前提，社会价值是自我价值的外在表现，它们不仅相互联系，而且还相互制约。这种相互制约的关系，一是表现在：一个对社会和他人负责任、有帮助的人，必定是自尊、自强、富有人格的人，而一个自尊、自强、富有人格的人，也必定是敢于担责、关注社会和关爱他人的人。二是表现在：尊严、名声、资格，制约着一个人的责任范围和活动领域，从而制约了他的社会价值。付出、成绩、贡献，制约着一个人的社会形象和社会评价，从而制约了他的自我价值。三是表现在：当人们为他人和社会做了好事的时候，肯定的社会评价会激励人们奋发向上、不懈奋进，积极为社会创造价值并做出贡献，那么他在人格上"就是一个高尚的人，一个纯粹的人，一个有道德的人，一个脱离了低级趣味的人，一个有益于人们的人"；而否定的社会评价，会挫伤人们的积极性，使人不敢作为，或不愿作为（如扶起摔倒老人被讹事件）。这是社会价值制约着自我价值的表现。人是有意识的、经过思虑或凭激情行动的、追求某种目的的人，当权威人士提出倡议，做出合理解释，赢得公众拥护、支持，而实现了经济社会发展的时候，这就是自我价值制约着社会价值的表现。第三，自我价值和社会价值相互作用。一方面，社会价值是自我价值的目标导向。马克思认为，共产主义是现实的人们的经济运动，是人类社会发展的必然结果，是不以人的意志为转移的客观规律。这就为人的自我价值的实现提供了目标导向，指明了自我价值发展的正确方向。自我价值要在实现社会价值的过程中才能实现。个人只有把自己同社会和他人联系起来，积极为社会、为他人做贡献，才能有所作为，出成绩、出政绩、出成就，在实现社会价值的过程中实现自我价值。自我价值的实现还依赖于社会提供的条件。个人的主观努力（学习、锻炼、增智、提质），要在社会提供的物质条件和精神条件下，才能产生效果、发挥潜能，从而做出贡献。另一方面，自我价值是社会价值形成的基础条件。马克思揭示了共产主义必然要实现的客观规律，又指出实现共产主义，要求人们为它创造各种物质条件和精神条件。在历史上活动的现实的个人，要通过不懈努力，持续奋斗，创造条件，消灭资本主义私有制，消灭剥削和压迫，消灭阶级，把现存的资本主义制度变成自由人联合体的条件，建立共产主义制度。总之，社会价值目标，是自我价值实现的导向力；而自我价值实现的内在诉求，是社会价值目标达到的推动力，两者是相辅相成的。

关于人的价值的实现。人的价值的实现，是人的本质力量的对象化，是一个人潜在价值的外在化，是一个价值创造、价值认可、价值享用的社会过程。人的价值实现的根本途径是实践，实践是人的价值与现实的中介，人的价值要面向现实，必须"成为实践力量"，即通过实践才能实现。人的价值的实现是一个社会实践的过程。马克思分析指出："一切劳动，一方面是人类劳动力在生理学意义上的耗费；就相同的或抽象的人类劳动这个属性来说，它形成商品价值。一切劳动，另一方面是人类劳动力在特殊的有一定目的的形式上的耗费；就具体的有用的劳动这个属性来说，它生产使用价值。"从马克思对劳动二重性的分析来看，在商品中凝结的人的价值是耗费人类劳动力的两种不同形式的结果。雇佣工人在商品中实现人的价值，一方面是耗费"人的脑、肌肉、神经、手等"的生产实践过程，另一方面是耗费劳动力特殊形式用途的生产实践过程。马克思在《资本论》中分析了"资本的生产过程""资本的流通过程"和"资本主义生产的总过程"，论述了雇佣工人，即作为人的价值，是如何在资本主义制度下实现的全过程，从而也就论述了人的价值如何在社会实践中创造、评价和使用的过程。资本的流通过程，实际上就是作为资本形式的人的价值的流通过程，货币资本、生产资本和商品资本三种资本的循环，实际上就是作为三种形式出现的人的价值的评价和循环运动。资本主义生产的总过程，实际上是分析了作为剩余价值形式的人的价值如何在不同资本家之间分配和消费的问题，剩余价值转化为利润、利息、地租等，是被剥削者作为人的价值在不同剥削者之间变换，是人的价值在分配实践领域的运动过程。离开社会实践的过程，就不可能实现人的价值，而任何社会实践都离不开个人与他人、个人与社会的联系，都必须处于社会的各种联系之中。

马克思主义人的价值理论是高校思想政治教育的重心。一方面，人的价值在于对社会的贡献和责任，人是一切社会关系的总和，也就是说，社会是由每个人组成的，由一个个孤立的人组成了一个整体的社会，因此人是社会组成的基本单位。高校思想政治教育强调，作为社会中的一分子，就要承担社会的责任，为社会的发展添砖加瓦，奉献出自己的绵薄之力，这是高校思想政治教育的重点任务。另一方面，社会的发展为个人价值的实现创造了条件，提供了个人追求更高价值的平台，成就了个人的发展。因此，高校学生要树立正确的价值观，即树立正确的社会价值和个人价值，也就是正确对待社会利益和个人利益，当社会利益与个人利益发生矛盾时，以社会利益为重。这是高校思想政治教育的重点，也是高校学生树立正确价值观的核心。

我国是一个社会主义国家，马克思主义在意识形态领域中居于指导地位，具体到志愿服务工作中，就是要坚持以马克思主义的基本原理去指导志愿服务的实践。尤其在高校思想政治教育中，如何去更好地发挥志愿服务的作用，对高校思想政治教育产生更为积极的影响是未来中国志愿服务的工作重点。在新时期要更好地在马克思主义指导下科学合理地进行志愿工作，就要注重马克思主义的普遍原理与大学生志愿服务工作相结合，大学生志愿服务价值与马克思主义人的价值理论具有内在一致性，这主要体现在三个方面。

第一，大学生志愿服务价值的内在精神核心与马克思主义人的价值理论相一致。志愿服务价值的精神核心是社会主义志愿精神，其具体的表述就是奉献、友爱、互助、进步。在志愿服务中，正是通过人与人之间的良性互动来消除现代社会分工化给人带来的隔阂。追本溯源来说，志愿服务的初衷就是对社会的弱势群体进行社会自身的第三方救济，以此来实现社会的发展，促进社会的进步，进而实现志愿服务的社会价值。这与马克思主义人的价值理论是一致的。众所周知，马克思在青年时期就十分关心底层人民的生活，尤其在发现当时无产阶级过着穷困潦倒的生活时，更加激发了要改变这种社会现状的愿望。马克思的这种情怀也体现在他的学说之中。在马克思主义人的价值理论里，实现社会价值就是要对社会、对他人做出应有的贡献。从客观上来说，这是从社会决定人的价值的角度出发的；而从主观上来说，这与社会主义志愿精神是相契合的，是一种自我价值的实现。可见，志愿服务价值与马克思主义人的价值理论都以一种高尚的精神作为指引，其内在核心精神都是通过对他人的援助以完成自我价值的实现。

第二，大学生志愿服务价值的目标与马克思主义人的价值理论相一致。

一方面，志愿服务活动的价值体现在推动社会安定团结、促进社会和谐、提升社会凝聚力、弘扬国家文化、带来一定的经济及社会效益等方面，但这一切都围绕着一个重要的核心目标，就是通过志愿服务价值的实现来推动社会向前发展，消除人与人之间的疏远感，促进人与人之间的和谐。另一方面，在志愿服务活动中，大学生本身的自我价值也得以实现，大学生通过行动回报了社会，在推动社会向前发展的同时也实现了自我的发展。在马克思主义人的价值理论中，人的社会价值实现的根本作用也在于此。从个人价值和社会价值的辩证关系来看，一方面，个人价值的不断实现为社会的发展提供了可能；另一方面，社会规定了人的基本价值应该是其社会价值。因此，大学生应当不断通过对社会进行奉献以推动社会的发展，改善社会环境，同时，社会的发展也反过来促进了个人的发展，以此来完成个人与社会的同步发展。综上所述，志愿服务价值的目标与马克思主义人的价值理论的一致性在于推动社会的发展，并在社会发展的同时兼顾个人的发展，从而形成一个个人奉献社会、社会回报个人的良性发展模式。

第三，大学生志愿服务价值的实现途径与马克思主义人的价值理论相一致。志愿服务中的核心价值在于它的社会价值。志愿服务的社会价值是在志愿服务活动中通过志愿者无偿的、公益的劳动体现出来的。志愿服务的社会价值在于能维护社会团结稳定、提高社会凝聚力等方面，从实质上说就是通过个人对社会的奉献，对社会产生积极的影响。在这一点上，志愿服务价值的实现途径与马克思主义人的价值理论相同。马克思主义人的价值理论也强调了社会是由无数个人构成的，社会与个人是互相依存的关系，正由于社会上的每个人实现了自身的社会价值，整个社会才会进步、发展。在这里，尤其应该引起注意的是，志愿服务价值的实现途径不单单是指大学生通过志愿服务活动来完成社会价值的实现，还包括在志愿服务活动中对大学生志愿工作者的工作给予肯定，尊重大学生志愿工作者的劳动以保证志愿工作者自我价值得以实现。具体来说，就是志愿组织要规范自身的管理，本着对大学生志愿工作者负责的态度切实履行自身的责任，这也正是破解当今中国志愿组织困局的关键。尊重志愿工作者的劳动与马克思主义人的价值理论中关注自我价值的实现是一致的，是马克思主义人的价值理论的重要组成部分。

二、马克思主义关于人的全面发展理论

马克思主义中人的全面发展指的是人的劳动力（包括体力和智力）的充分自由的发展，是人的才能和品质的多方面的发展，是人的社会关系的丰富和发展，以及个人和自身、社会、自然的协调发展，是人的劳动力的充分自由发展。马克思认为，人是社会关系的总和。人的发展程度和社会化程度成正相关。人发展得越充分，人的自觉性、实践能力以及创造力就越强，并逐渐获得全面的能力。人与动物的重要区别之一在于，人除了生存的基本需求之外，还有享受和发展的需求，这是人的本质需求，人的才能的需求是一种发展的需求。马克思认为，全面发展的人是在道德意识的引导下，实现了全面发展的人，这也将成为他人全面发展的条件。共产主义社会当中仍然如此，道德意识是调节社会关系的必要条件，当社会中的个人与他人的道德意识都得到了普遍升华，人和社会才能说是全面发展。人作为社会存在，人的本质是由社会关系所决定的。马克思认为，全面发展的人一定是全面地占有自己的本质的人。只有当人的社会关系获得了全面的发展，人才能全面地占有自己的本质。所以，全面发展的人一定是社会关系全面发展的人。人的全面发展理论体现马克思主义关于人的未来发展状态的价值追求，体现了一种人性的科学精神，是符合时代发展要求和趋势的价值目标。

马克思将个人发展的最高阶段称为"有个性的个人"，即真正的个人，而此阶段的个人所组成的共同体，马克思称之为"自由人的联合体"。不同于自然意义上基于血缘关系而形成的共同体，它是个人实现其自由与个性的途径，同时也将成为自由个人的生存状态。马克思认为，在这个共同体中，每个人都是作为个人参加的。它是每个人的一种联合，这种联合把个人的自由发展和运动的条件置于他们的控制之下。在这样的共同体及其存在方式中，个人的存在呈现出无限的可能性和开放性，即个人的存在更多的是一种"能在"而不是一种"定在"，这种存在是全面的与丰富的。这正是马克思所言的个人以自由的方式占有自身，他是现实中任何一种可能存在者，而不必然是一种存在者。马克思认为，要实现人的发展的第三个也是最高的阶段，即"有个性的个人"阶段，人的自由全面发展必须是这一

阶段人的"个性"表现。马克思认为，人的全面发展是这样一种发展方式，每一个人都是社会中的完整的个人，都能得到平等、自由、诚信、正直与和谐的发展，这是全面的发展，更是每个人占有自己全面本质的发展。人的全面和自由的发展是一个历史的过程，一个不断超越一定历史束缚的过程，一个逐步改善和进步的过程，更是一个促进全人类解放的过程。按照马克思的历史唯物主义观点，未来的社会主义社会和共产主义社会将是一个"自由人的联盟"，社会发展的最终目标则是人类的自由全面发展。未来的共产主义社会将是个人自由发展的联合体，共产主义运动将是一种现实的运动。在那样的联合体中，每个人作为主体可以得到更多的自由，它不是每个人占有多少物质资料，而是人们为自己为自由而发展。在个人高度发展的状态中，每个人都不仅是自然的主人，更是自己的主人。个人"不应该仅仅被理解为直接的、片面的享受，不应该仅仅被理解为占有、拥有"，而应当理解为"以一种全面的方式，作为一个完整的人，占有自己全面的本质"。理想的自由联合体为人们提出了这样的设想，人们创造出来的劳动产品和生产资料置于自己的完全控制之下，人类来支配物和对象而非他们作为异己的力量存在来支配人，人们在这样全面而丰富的社会关系中真正成为具有自由个性的人，真正实现全面的发展。

以人为研究和工作对象的思想政治教育，坚持以人为本的原则和培育四有新人的目标，高校思想政治教育的目的和归宿和人的全面发展的内涵有着辩证统一的关系。大学生志愿服务是促进大学生多项能力的发展，提升道德品质，是联系社会融入社会的重要渠道之一，是推进思想政治教育目标和人的全面发展的重要抓手，在参与志愿服务的过程中，人的自觉性、独立性、创造性得到加强，自觉自愿地参与到社会活动中锻炼各方面的能力。不论一个人是否自愿参加志愿服务活动，在参加后或多或少都能从中主动或被动地得到感情、道德的升华，对社会更加了解，个人与社会的关系将会更加密切，大学生志愿服务是促进人的全面发展的重要环节。

三、马克思主义幸福观

马克思主义以其哲学理论为基础、以社会实践为依据，从而总结出了无产阶级幸福观理论。马克思明确提出："如果我们选择了最能为人类而工作的职业，那么重担就不能把我们压倒，因为这是为大家做出的牺牲；那时我们所享受的就不是可怜的、有限的、自私的乐趣，我们的幸福将属于千百万人，我们的事业将悄然无声地存在下去，但是它会永远发挥作用，而面对我们的骨灰，高尚的人们将洒下热泪。"这段话是马克思的劳动幸福观深刻的体现，人只有在劳动中，才能创造出物质和精神财富，通过劳动去实现自我价值。马克思主义幸福观认为，生命是幸福的载体，需求是幸福的动力；物质生活和精神生活是幸福的内容；劳动实践是幸福的源泉；自我实现和无私奉献是幸福的终极归宿。

首先，马克思主义幸福观要求劳动和创造要相结合。马克思主义幸福思想是在创造中、过程中和结果中实现的。劳动创造了人和人类社会，是劳动使人独立行走并学会使用工具，从而创造了自己想要的幸福生活，使人从大自然中走出来。只有在劳动过程中，人类才能意识到自身的价值。强调劳动与幸福之间存在的关联性，马克思主义幸福观认为，人民群众的幸福主要是靠人民群众自身创造的，劳动是人获得幸福的来源和保障，在劳动过程中，劳动者和自身的劳动产品产生异化，使劳动者的身心处于不自由的状态，阻碍了对幸福的获取，只有在自由自觉的劳动中，劳动者才能真正获得幸福。马克思主义幸福观认为，生产劳动是人类最基本的特性，从而得知生产劳动的自由性和自觉性是人的劳动创造区别于动物本能生产的本质所在，自由自觉的创造性劳动对于人的发展和幸福实现具有重要意义。马克思主义幸福观要求人们努力通过自己的劳动创造保障自己生存和发展的物质基础，并在劳动过程中完善自己的精神生活，实现物质幸福和精神幸福两手抓。人只有在劳动中才能创造物质财富和精神财富。人通过劳动创造可以满足自己的物质需要，劳动过程中也使自己的思想发生变化，肯定了自己存在的价值，增加了自身的精神财富。

其次，马克思主义幸福观要求物质生活和精神生活相结合。强调物质幸福与精神幸福的一致性，人类生活一般分为物质生活和精神生活两方面，这两个方面是辩证统一的，马克思认为，人类的幸福不仅体现在物质方面也体现在精神方面，肯定了人们合理而正当的物质利益追求，同时也强调了人们的幸福生活和精神生活具有紧密的联系。在马克思的幸福思想诞生以前，一些学派往往把物质生活和精神生活割裂开来，甚至对立起来。但是单纯追求精神生活的享受，既不能激发人类劳动去创造生活，也不能使人在精神上得到真正的满足；而片面强调物质享受的合理性，就会导致庸俗的享乐主义。因此，马克思主义幸福观既重视人们正当的物质福利，又强调了精神生活在幸福中的重要地位。物质生活的满足是人们感知幸福的基础，不仅是人们生存与活动必不可少的条件，也影响着甚至决定着人们精神层面的需求。但是一个人的幸福感不仅仅来源于物质享受，人们在社会实践中体验到的文化、情操、感情等也是提升幸福感必不可少的内容。因此，只有一个人的物质生活和精神生活都得到满足，才能获得真正的幸福。

再次，马克思主义幸福观要求人的幸福和人的本质相结合。劳动是人的本质力量的体现，与享受相统一，是实现幸福的基础和前提。通过劳动，人不仅获得享有幸福的基本条件，而且能够实现自己的自我价值，不断改造自己的客观世界和主观世界，实现自己内在的本质力量，从而不断增强自己追求幸福的能力和动力。幸福问题与人的本质问题不可分割，解决幸福问题要以人的本质的科学认识为基础，在人的本质中寻找答案。马克思批判了黑格尔和费尔巴哈关于人的本质的错误思想，把人的本质归结为"自由自觉的活动"："人的本质不是单个人所固有的抽象物，在其现实性上，它是一切社会关系的总和"，强调了人的现实性，将实践活动和社会关系有机结合在一起，互为作用，相辅相成，共同构成了人的本质，而马克思正是在这种人类的实践活动和社会关系中找到人的幸福答案。在《1844年经济学哲学手稿》中，马克思通过批判分析一系列经济问题，从人的本质异化角度谈到了人的幸福。马克思认为，在私有制条件下，劳动对于工人来说并不是包含在他的本质内的，而是一种外在的东西，因而工人把劳动当成是对肉体及精神的折磨和摧残，这就是马克思所谓的"劳动异化"，而这种异化必然导致人与人相异化、人的本质同人相异化。人与人相异化也就是现实生活中的阶级对立，这是人的不幸和灾难。人的本质异化使得人不能成其为人，使之成为肉体和精神的存在物。因此，马克思认为，只有扬弃异化，才能使劳动成为自由自觉的活动，才能使人获得肉体上的解放和精神上的充实，从而使人获得尊严并实现价值，成为一个完整的人，这也是人的幸福核心所在。

最后，个人幸福与社会幸福两者是相统一的，人的社会性决定了幸福在本质上也具有社会性，也就是说，个人幸福和社会幸福是不可分割的，个人幸福是社会幸福的前提，社会幸福是个人幸福的基础，马克思提出："那些为共同目标劳动，能为大多数人带来幸福的人也是最幸福的人。"这也意味着，只有把自我幸福和社会幸福紧密结合起来，科学地融为一体，才是人生幸福的最终归宿，个人利益和幸福，只有与集体的利益和幸福相一致时才是真正的幸福，社会幸福的实现是个人幸福获得的前提和基础。

志愿服务的过程也是劳动实践的过程，这其中为社会创造着物质财富，更重要的是创造了精神财富，特别是志愿服务精神的弘扬，劳动实践是幸福的源泉，参与志愿服务也就等于掌握了幸福的源泉和现实保障，志愿服务的过程也是自我实现的过程；无私奉献正是志愿精神的体现，也是幸福的终极归宿；大学生参与志愿服务是促进社会和谐、为社会创造幸福的实践活动，促进社会幸福的实现，在过程中使得自己的思想发生变化，改变着自己的主客观世界，肯定了自己存在的价值和意义，实现内在的本质力量，产生追求幸福的动力和能力，反过来也会催生个人幸福的实现。

四、马克思关于共产主义的基本理论

人类进入阶级社会后，对于"平等"和"自由"的追求一直都没有停止过，但都以失败而告终。尤其是在进入资本主义社会之后，资产阶级所号召的"自由"和"平等"实质是以金钱为本质的变相剥削，无产阶级成了资产阶级财富积累的重要力量，马克思为了改变无产阶级被剥削的现状，提出只有全世界无产阶级联合起来消灭剥削，进入一个没有剥削、没有压迫，真正实现平等、自由的社会——共产主义社会。马克思对于共产主义社会的描述不像柏拉图所描绘的理想国那么具体，这是因为共产主义社会是在无产阶级的不断推进中建立和发展的，全世界进入共产主义社会是必然趋势。生产力水平的极大提高是共产主义社会的重要表现，马克思以生产力的发展水平为基础将社会分为5种形态，在资本主义社会中，虽然生产力得到了一定的发展，但无产阶级并没有因为生产力的发展而摆脱受剥削的境遇，马克思这样描述资本主义社会中无产阶级的状况："工人生产的财富越多，他生产的影响和规模越大，他就越贫穷。"工人在劳动中耗费的力量越多，他亲手创造出来反对自身、异己的对象世界的力量就越大，他自身、他的内部世界就越贫乏，归他所有的东西就越少。

在共产主义社会中，社会生产力发展状况是社会发展的最根本的决定因素，就像马克思所说的那样："人们所达到的生产力的总和决定着社会状况。"共产主义社会中，人成为自己生活的那个社会的主人，能够主宰自己的一切生活，不再被资产阶级剥削和压迫，是自由的人。在资本主义社会中，劳动只是人们获取基本生活资料的手段，而且为资本家增加剩余价值的那部分劳动是被迫无偿的给予资本家。但是在共产主义社会中，劳动不再是无产阶级被迫获取基本生活资料的手段，而是促其全面发展的手段，在共产主义社会中，没有剥削，人们会无偿奉献自己的部分劳动，帮助他人和社会，就像马克思所描述："结束牺牲一些人的利益来满足另一些人的需要的状况。"牺牲一部分的利益，就是指无产阶级被压迫和剥削为资产阶级创造的更多的剩余价值。

志愿服务与马克思关于共产主义的理论有着内在契合点，人们以提供各种劳动为手段参加志愿服务活动，在这个过程中，劳动不是参与者获取基本生活资料的手段，而是参与者在自身物质生活得到满足后，通过劳动提升自身精神需要的一种手段，参与志愿服务活动能够促进人的自由全面发展，人们在参与志愿服务活动中，能够彰显人之为人的本质属性，并提高人的主体性。更为重要的是，志愿服务活动是无偿奉献，和资本主义社会中剥削而产生的剩余价值有着本质区别，志愿服务在无偿原则的指引下所创造的社会价值是整个社会的财富，不属于某个特殊的阶级。志愿者参与志愿服务的手段及志愿服务的基本原则都是马克思关于共产主义社会理想描述的现实写照。

五、马斯洛的需要层次理论

美国心理学家马斯洛 1943 年在《人类动机理论》一文中提出了"需要层次"理论，该理论有两大方向：一是人类行为是由动机引起的，动机起源于人的需要；二是人的需要是以层次的形式出现的。这 5 种层次的需要是生理需要、安全需要、爱的需要、尊重的需要和自我实现的需要。而且这些需要又组成连续的层次，一旦某种需要得到满足，另一种更高的需要就会出现，又需要满足，而当更高的需要得到满足时，新的更高的需要又会凸显出来。

人的需要是行为的动力。每一位大学生志愿者都是一个具体的现实的人，他们在参加志愿服务的时候都是在不同的动机驱使下进行的，如建立在物质和现实利益需要之上的功利型动机，基于大学生自我保护心理之上的被动型动机，建立在精神层面上满足的快乐型动机，基于锻炼自己、提高能力的发展型动机，出于自身强烈的责任感使命感基础上的责任型动机。所有的动机各有不同，但归根结底是由大学生不同的需要所引起的，大学生志愿服务需要是产生志愿服务动机的源泉。

大学犹如一个小社会，大学生在这个社会中不断磨炼自己、锻炼自己、成就自己。大学时期是人的生理、心理剧烈变化的时期，也是人的世界观价值观形成的关键时期。随着文化多样化和多元价值观的发展，大学生参与志愿服务活动的动机各有不同，大都由不同的需要所引起，大学生被爱的需要、被尊重的需要及自我实现的需要的程度、显露度比较突出。大学生在参加志愿服务时必定会与人进行交往，在这个过程中，他们可以收获友谊、爱情以及获得自身的归属感，使自己被爱的需要得到满足；大学生在帮助别人的过程中使自己得到了锻炼、自信心增强，同时也获得了别人的认可和尊重，满足了自身被尊重的需要；大学生志愿服务使大学生的个人能力得到充分发挥、产生一定的成就感，久而久之会形成一种强烈的责任感，感觉自己有责任去帮助那些需要帮助的人，把志愿服务看作实现自身价值的一个重要平台。同时，大学生参加志愿服务的过程也是一种不断克服挫折、超越自我、实现自身价值的过程，使自我实现的需要得到了满足。

六、儒家仁爱、义利思想

儒家鼻祖孔子站在中国文化发展的历史转折点上，通过对春秋战国以前的中国文化进行归纳总结，创造了以"仁爱"为基础的伦理思想体系。"孔子对儒家文化甚至是中国伦理文化最大的贡献就是提出了'仁'的思想，并建立了相应的思想体系。"儒家提出的"老吾老及人之老，幼吾幼及人之幼""不独亲其亲，不独子其子"等思想都反映出了对他人的关怀和爱护，是儒家提出的人性道德最高准则的具体表现。关心爱护他人是中华传统美德的具体表现，是中华民族大家庭在几千年历史变更中流传下来的宝贵财富，更是践行社会主义核心价值观、培育社会主义荣辱观的具体实践。

志愿服务要求志愿者以"奉献"为精神根基,"友爱"为基本准则,"互助"为行动方式,"进步"为共同目标,在帮助他人中学会自助,在促进社会发展的同时提升自我发展。这符合儒家"仁爱"思想的本质规定,是儒家"仁爱"思想在建设新时代中国特色社会主义事业进程中的现实写照。

对于义利关系的集中阐述体现了中国传统伦理道德的价值取向,先义后利、以义制利是传统义利观的基本内核,同时也是中华传统美德的重要组成部分。儒家的义利思想在中国延绵五千年的历史长河中,有着举足轻重的作用。孔子认为:君子和小人最大的区别在于,君子在利益和情义之间更注重情义,而小人会为了获得利益而不择手段,孔子也将对利益的取舍作为区分君子小人的重要标准。孟子则要求"先义而后利",培养浩然正气,其著名论断:"鱼,我所欲也;熊掌,我所欲也。二者不可得兼,舍鱼而取熊掌也。生,亦我所欲也;义,亦我所欲也。二者不可得兼,舍生而取义者也。"儒家义利思想将"义"放在首位,并倡导人们在应对生活纠纷时应以道德素质为准则,只有这样,人们才会和谐相处,社会才会得到进步。另外,儒家义利思想也比较关注公私关系,并且强调在处理公私关系时,应该以"公事"为首,兼顾"私事",这和我们的集体主义精神是一致的。从逻辑层面上来讲,志愿服务符合儒家义利思想;从实践层面上来讲,志愿服务是儒家义利思想的现实写照。志愿者不以获得物质报酬为目的是志愿服务的最大特点,在参与过程中,志愿者不计较个人得失,把服务他人和社会放在首位,这和儒家的以义为首是相契合的;另外,在建设中国特色社会主义的新时代,作为主流意识形态而存在的集体主义精神,是每个公民必须具备的内在素质。相应的,志愿服务与集体主义之间具有极强的内在联系,是集体主义的具体表现,何以这样说呢?志愿服务的服务对象大多是社会弱势群体,服务活动大多与社会公共利益相关,是与提高国家公共事业整体发展水平相对应的。从这个层面上来讲,志愿者参与志愿活动,是在为提高国家整体公共事业水平而努力,也做到了将国家集体利益放在首位。儒家义利思想因其强大的现实指导意义在时代更迭中经久不衰,所以,志愿服务在不断演变发展的过程中,必须要谨记"以义为首"这一道德基础。

七、西方志愿服务基本理论

由于历史渊源、地理条件、经济发展水平等因素的不同，中西方志愿服务特点各异。"在西方，随着中世纪时期基督教的兴起和不断发展，宗教哲学成为西方社会中普遍认同的主流思想。西方社会中的政治、经济等方面在其影响下都普遍发生了重大改变。基督教所倡导的'自由、平等'等价值，则作为西方主流社会价值而存在，并渗透在社会生活的各个方面。"西方志愿服务则是以这种社会价值为基础而发展起来的，并在其影响下不断扩大和延伸。"西方基督教文化中的开放性、平等性等特征，以及其教义中的'没有等级'的博爱思想。这种外向散发型的思维模式在西方志愿服务的生产和发展历程中发挥着不可代替的作用。欧美国家在19世纪初制定的现代政治体系及制度中，就将'平等''自由''博爱'等思想作为其政治体系运行的基本思想，这些思想在社会上也广泛地受到人民的认可。"在工业革命期间，由于大工厂手工业的蓬勃发展，产生了大量的贫民，宗教牧师为了帮助贫民，纷纷成立相关组织为贫民提供基本生活帮助，所以，西方志愿服务起源于宗教慈善活动。对"超越的向往"是西方社会的普遍精神信仰，但是在基督教教义中，尘世人真正的幸福是获得彼岸的永生，而对于此岸的永生而言，只是人们获得真正幸福的铺垫和前提而已。爱是基督教最重要的教义，更是上帝给尘世间众人的告诫。爱的理念，也就成为西方志愿服务的重要思想基础，帮助、爱护他人是"爱人"的重要体现，是能够助推世人达到彼岸的永生的。由此而来，西方志愿服务最重要的理论来源则是宗教教义，最早的志愿服务活动是宗教慈善活动，最广大的参与者则是基督教徒。宗教教义，特别是基督教的"爱"的教义，是西方志愿服务的理论来源和逻辑内核，西方志愿服务发展成熟、体系完善、制度明晰，主要是得益于这一基本内核。

八、全球公民社会理论

英国学者戈登·怀特指出："当代使用这个术语的大多数人所认为的公民社会的主要思想是：它是国家和家庭之间的一个中介性的社团领域，这个领域由国家相分离的组织所占据，这些组织在国家的关系上享有自主权，并由社会成员自愿结合而形成以保护和增进他们的利益或价值。"何增科介绍,公民社会的结构性要素及其主要特征主要有4个:私人领域、志愿性社团、公共领域以及社会运动。其中,志愿性社团为公民参与公共事务提供了重要的机会和手段,提高了公民的参与能力和水平;公民社会的发展是志愿服务赖以生存的基础,志愿服务是公民社会发展的重要保障。当今世界是经济全球化发展的社会,公民社会与全球化浪潮相互融合,促进了全球公民社会的发展。全球公民社会致力于解决全球治理问题,随着国际间的交往合作日益频繁,许多地方性的问题迅速扩展为全球性、国际性的问题,因此,增强全球治理能力非常重要。全球治理的途径除了加强国家、政府之间的合作,治理跨国犯罪、环境问题等,促进企业和其他经济实体的合作,治理经济犯罪、诚信危机等问题之外,还有第三种途径——加强民间力量和非营利组织的合作。民间力量更加关注人民的切身利益问题,有利于将不同国家、地区具有共同价值追求、理想信念的人联合起来,齐心协力参加全球治理。目前,非营利组织、志愿社团等民间力量是全球治理问题上呼声最强烈、热情最高涨的势力。近年来,我国大学生志愿服务海外项目不断增多,志愿服务规模不断扩大,志愿服务领域不断拓宽。新形势下,全球公民社会的发展以及全球治理问题的解决有利于推动我国大学生志愿服务的发展。

九、第三次分配理论

针对中国目前收入分配的现状,厉以宁提出,收入不应只由市场、生产要素进行首次分配,政府应该加强调节、引导慈善事业的三次分配理论。厉以宁指出,通过市场实现的收入分配,被称为"第一次分配";通过政府调节而进行的收入分配,被称为"第二次分配";出于个人志愿,把个人可支配收入的一部分或大部分捐赠出去,被称为"第三次分配"。这是基于社会组织或个人自愿的基础之上的,有利于弥补市场和政府两次分配的不足,促进社会"大蛋糕"进一步合理分配,有利于和谐社会的构建。经济全球化在给我国经济社会发展带来机遇的同时,也给我国社会发展带来巨大挑战,如贫富差距、环境污染、社会波动等。在构建社会主义和谐社会的过程中,政府虽然采取了很多切实有效的措施,但我国贫富差距问题仍然比较突出，因此，构建第三次分配机制是新形势下的必然要求。长期以来，我国的慈善事业发展一直比较缓慢。高校积极开展大学生志愿服务的宣传工作，鼓励大学生参加志愿服务活动，可以培养大学生志愿服务精神，陶冶大学生的慈善情感，有助于大学生慈善意识的培育以及营造良好的社会环境氛围。因此，构建第三次分配机制有利于推动我国大学生志愿服务的持续健康发展，为构建社会主义和谐社会做贡献。

十、数字化生存理论

数字化、网络化、信息化使人的生存方式发生了巨大的变化，并由此带来一种全新的生存方式。数字化已经明显地改变了我们的日常。数字化的含义就是任何东西都可以转化为由 0 和 1 这些单独的字节组成的序列。它适用于图像、声音、文本和数据，所有的东西都可以用数字、数据以无限的速度和数量转移恢复。数字化生存理论是数字化、网络化、信息化使人的生存方式发生了巨大的变化，并由此带来一种全新的生存方式。数字化生存最初是由美国未来学家尼庞帝在其 1998 年出版的《数字化生存》一书中提出的，"人类生存于一个虚拟的、数字化的生存活动空间，在这个空间里，人们应用数字技术从事信息传播、交流、学习、工作等活动，这就是数字化生存"，并认为"数字化生存代表着一种生活方式、生活态度以及时刻与电脑为伍"。数字化生存具有高效性、及时性、快捷性、信息量大、覆盖面广的特点。

数字化的优势有以下方面。

第一，提供更多的自由和发展的时间。数字、网络技术作为一种先进生产力，它的广泛应用使社会生产效率普遍提高，生产效率的提高使得社会必要劳动时间缩短，这意味着人们将获得更多的自由时间。从近些年来我国居民消费结构中恩格尔系数的降低、各级各类教育事业和文化产业的迅速发展可以看出，人们正在用更多的金钱和精力开发着时间资源，从多方面发展自己。

第二，满足自身发展的物质和精神资源的需求。随着数字、网络技术的快速发展和广泛应用，人们可以更加便捷地建立跨地域、跨文化、跨社会制度的新型社会网络空间关系，人与自然、人与社会、人与人之间将以更快捷、更普遍的方式联系，各种资源将以更加高效的形式重新配置，人们将以更低的成本在网络空间获取用于自身全面发展的物质资源和精神资源。数字化和网络化不仅能更快捷地满足人的基本需要，还可以丰富人的需要，并使人产生新的需要。

第三，培养人的个性和创新能力，更新观念。数字化创造了一个虚拟空间，它将时间转换成人类发展的空间，形成一种创造性的时空结构。在虚拟时空中，人的发展立足于主体自身的现有条件和数字化平台，立足于全球性的对现实性与虚拟性相互作用认识的深度与广度，一方面以现实实践为前提和基础依存于现实世界，另一方面又使虚拟实践与现实实践互动发展，使人类实践活动不断超越现实社会空间向虚拟空间发展，这就为人们提供了重新进行自我塑造和多样性发展的空间。

同时，在虚拟空间，人的个性、主体性得到张扬，普通人的地位，其自我意识、自由意志的表达得到提升。数字化发展速度快、更新周期短、开放程度高等特点将推动人们形成新思想和新观念，而思想解放、观念更新有利于培养人们的效率意识、平权意识、全球意识等现代意识。数字化、网络化的多元知识功能则有利于培养社会主体健全的人格和独立的精神，形成新的伦理精神和道德观念，有利于培植当代社会所需要的开放、创新、奉献、共享等新意识、新观念。

数字化带来的挑战有以下方面。

第一，网络文化对人的发展的挑战。由于网络文化是在一个前所未有的网络时空中发生，又以一种全新的界面出现在人们面前，因此不可避免地对传统文化范式产生剧烈的冲击。网络文化改变着人类的文化认同和传统伦理观念。比如，当今普遍讨论的网恋、网婚等现象，人们对此就有许多不同甚至相反的看法和观点，还有人从一开始"反对"到后来表示"理解""认可"，而赞成者、反对者或"态度变化者"似乎都有充足的理由。不管如何，它所折射出来的却是网络文化对人类传统文化与伦理观念的冲击与影响，其对人的全面发展的影响将是广泛而深刻的。更为值得注意的是，网络文化对民族文化与健康人格的影响和挑战。有着不同背景文化之间的碰撞以及它们在"网络空间"中简单化、个体化的交流与融合，给人的发展的民族特质带来的影响是明显的，人们一方面生活在现实的本国度的经验世界里，秉承着本民族传统文化的底蕴，人格中最深厚的部分凝结并透露着民族特色；另一方面，人们在网络中又深受异域文化和价值观念的冲击和影响，不同文化非线性的全方位接触与碰撞，可能给民族国家的安全造成不利影响，也可能使个人的精神世界、价值追求发生扭曲。

第二，数字依赖、网络成瘾对人的发展的制约。随着人们在使用数字、网络技术中得到的好处与快感的增多，一些人慢慢形成了数字依赖和网络沉迷，以至于现实生活中许多人一离开数码学习机、电子词典、电脑等，就无法工作、学习，就感到生活索然寡味。特别是"网络成瘾者"对网络的强烈依赖与沉迷及其产生的一系列后果已经成为一个社会问题，并严重影响和制约人的健康、全面发展。"网络成瘾者"对网络的强烈依恋，致使一些人的兴趣单一，工作、学习的热情与动力减弱，导致生活质量下降。同时，"网络成瘾者"与网友关系密切，而对自己身边的人甚至包括亲人则比较冷漠，他们有困惑不向家人和朋友表露，而是在网上倾吐，致使人际交往范围变窄。他们希望得到较高的社会赞许，但在现实社会交往中却遇到困难，从而产生社交焦虑。这些后果都将制约人的健康和全面发展。

数字化生存已经成为人们生活中不可或缺的一部分，它也彰显着国家科技和综合实力，被大多数国家列为国家战略。与此同时也意味着，人类已经进入数字化时代，这要求"互联网+"环境下的大学生志愿服务需要利用这些特点，为大学生志愿服务提供更广阔的空间和平台，使其赋予时代性和创造性。转变思维方式，树立新的理念，更新传统的服务方式和方法，科学积极地认识数字化生存的价值，促进大学生志愿服务的可持续性发展是很有必要的。

第二节 "互联网+"视域下高校志愿服务的机遇

一、"互联网+"为大学生志愿服务创造更好的发展条件

（一）"互联网+"促进知识信息的快餐化

现代社会随着科学技术的进步、生产领域的不断细分、生产力的不断解放，快节奏的生产生活方式已是必然，不断更新的信息频率、短小精粹的内容、一呼百应的势头，深受青年群体欢迎，同时，信息的碎片化、快餐化趋势无可避免。生产生活节奏的加快，信息被分成简短微小的模块进行传播，迎合了快节奏下利用松散的、碎片化的、低成本的了解多元世界的需求。大学生等青年群体作为受众当中富有创新力、容易接受新鲜事物的一类，面对"互联网+"的大众性、交互性、个性化的特点，给他们带来了平等、共享、个性的体验，满足了他们自我意识的实现，"快餐化"的信息传播模式成为不可避免的趋势。大学生志愿服务可以有针对性地开展志愿服务，提升大学生志愿服务的效果。借助"互联网+"时代的海量信息和数据处理能力，做到志愿者服务效果反馈及时、准确，不仅有利于提升服务水平，而且能更好地以此为基础建立长效激励机制，促进志愿工作健康发展。

（二）"互联网+"助力公益参与的多元化

所谓志愿服务多元化发展，就是让志愿服务发展更具专业化、规范化、特色化及精准化。"互联网+"利用信息通信技术以及互联网平台，让"云""网""端"与志愿服务事业进行深度融合，正成为提升志愿服务资源使用效能、推动志愿服务多元化发展的助推器。

"互联网+"下多种手段工具的应运而生，丰富和便利了大学生志愿服务的途径和方式，创造了微公益，创新了志愿服务的形式。我们从"捐转发""捐步数""捐关注"等新颖的捐赠方式中，可以看出网络捐赠平台的

成长,互联网与公益的结合更加紧密。例如,在支付宝客户端里,有一款"蚂蚁森林"的公益行动,它是指:支付宝的用户如果步行、地铁出行、在线缴纳水电煤气费、网上缴交通罚单、网络挂号、网络购票等行为,就会减少相应的碳排放量,可以用来在支付宝里养一棵虚拟的树。这棵树长大后,公益组织、环保企业等蚂蚁生态伙伴们,可以"买走"用户的"树",而在现实某个地域种下一棵实体的树。"蚂蚁森林"一时间在青年中很受追捧,成为大家茶余饭后聊天的热门,这样也扩大了公益的传播,激发了更多青年大学生的公益之心。大学生们可以在传统和新兴多种渠道下,去践行自己的助人之心。

(三)"互联网+"传播方式的时代化

在高校,不论是思想政治教育课堂理论教学,还是课下大学生志愿服务实践活动,以往的传播是在特定的固有空间范围内进行,由于传播技术的局限性,传播成本、传播密度、传播向度都受到限制,给志愿服务活动的效果、精神的弘扬带来了一定的局限性。信息受众只能是被动地接受单向、滞后、被筛选的信息,同时也难以与信息源及其他受众进行反馈交换。

"在新媒体环境下,通过电脑网络或移动网络个人终端,信息传播实现了交互的便捷性和实时性,信息不再是单向的点、链、面传播,而是点、面、点的实时互动传播。"在"互联网+"下,信息的交流传播变得多元,传统的海报、QQ不再是固定的选择,还包含了微博、微信等相关平台的应用,包含了微小说、微语录、微电影、微公益等,为大学生志愿服务的更好发展提供了更多的选择。从"互联网+"的互动性、及时性的特点来说,志愿服务可借此在志愿者之间,志愿者与被服务对象之间、与社会大众之间展开交流,这为志愿服务做了及时的宣传,使之与时俱进,并为扩大志愿服务的号召力、影响力提供了好的发展条件。

"互联网+"如同桥梁,也可以通过提供各种及时有效的志愿服务信息和资讯、安排不同层次和水平的志愿者,让服务需求和服务项目自动匹配,解决不同的志愿服务需求,为志愿服务提供多元化、专业化、精准化的契机和平台。"互联网+"中的服务反馈和激励机制可以促成志愿服务在线下高效执行,实现线上线下志愿服务管理功能的全方位覆盖与融合。

（四）"互联网+"促进育人效果的最大化

"互联网+"广泛的传播渠道、极高的覆盖率和强大的舆论监督引导功能，使得高校不得不重视新媒体在开展思想政治教育工作中的独特优势。在传统媒体传播环境下，由于技术的限制，信息的传播范围往往受到传播载体的限制而局限于特定的受众群体，如广播、电视的时限性从时间上决定了受众的深度，如报纸、杂志的区域性从地域上决定了受众的广度。"互联网+"的技术革新使得信息传播突破了传统媒体在传播时所受到的限制，新媒体的受众面不受时间和空间的限制，新媒体的信息影响远胜于传统媒体。新媒体的发展不仅提高了大学生志愿活动的效率，也为大学生宣传志愿文化和发扬志愿精神提供了一条有效的渠道。高校在组织和发动大学生参与志愿服务的过程中，运用"接地气"的宣传方式，再现志愿活动中的感人瞬间或服务趣事、展现志愿活动中的可喜效果等，引导舆论导向，从多个角度传播志愿服务的正能量。"通过教育引导一部分人，去带动影响大多数人，通过树立先进典型，去引领广大青年团体。"这是高校思想政治教育工作的主要策略之一。高校通过广泛开展大学生志愿服务活动、培育大学生志愿服务品牌等一系列手段推进大学生志愿服务的发展。在组织和发动大学生志愿者参与志愿服务的过程中，运用新媒体宣传典型事迹、人物，传播"正能量"，引导舆论导向，从而实现大学生志愿服务的育人功能的效果最大化。

（五）"互联网+"推动志愿服务精准化

"互联网+"让大学生志愿服务更加精准化。利用"大数据"分析，在最短的时间内将人员、方案、对象等进行一一对应，更便捷地将志愿服务人员和大学生志愿服务需求相匹配，让最合适的志愿者出现在最合适的场合，精准实现志愿服务需求。一方面，通过"互联网+大学生志愿服务"打造"PC+手机端"志愿服务信息平台，让志愿者快速实现注册，服务项目发布得以及时响应，服务及时"兑现"，服务过程透明可视，服务效果随手评价；另一方面，利用云计算技术，将全国乃至全球各地分散的大学生志愿服务资源共享到云志愿服务平台，让志愿服务项目与需求达到智能有效对接，实现志愿服务"私人定制化"。志愿服务也提供了人与人之间建立社交和互相帮助的机会，加强了人与人之间的交往和关怀，以社会主流价值观抢占新的舆论场，打造时代感强、受众面广的活动推广新路径，积极营造"奉献、友爱、互助、进步"的社会正气之风，从而不断提高社会的文明素养，进而提升社会文明程度。

大学生志愿服务是现代社会文明进步的重要标志，是加强社会主义精神文明建设、培育和践行社会主义核心价值观的重要内容。顺应互联网时代潮流，创新大学生志愿服务工作方式方法，让人人皆可成为一名志愿者，人人皆可做出力所能及的奉献，所有人的爱心、文明和力量最终会聚成一股强大的社会暖流，温暖着社会上的每一个人，这将成为持续不断推进大学生志愿服务的强大力量。

（六）"互联网+"推动志愿服务载体创新

跨界融合，载体创新，实现线上线下互动，提升服务效能。当前，移动互联网给人们生活带来很大改变，用电脑、手机上网成为现代生活的重要组成部分。一方面，将大学生志愿服务嫁接到电脑、手机终端，扩大了志愿服务的覆盖面，志愿服务组织可以通过 QQ 群、微博、微信等网络平台建立各种虚拟志愿组织，为志愿者和受助对象搭建沟通桥梁，吸引更多的成员加入，加强网络志愿者之间的联系。每个网民都可以成为一次志愿行为的发起者、参与者和监督者，极大提高了志愿服务的关注度、参与度，把志愿服务的发展推向更深层次。另一方面，通过互联网平台，可以吸引更多的社会力量参与到大学生志愿服务活动中来，可以第一时间将志愿服务消息、项目情况、项目进展甚至资金管理等内容公之于众，让志愿服务活动进展更透明、更开放、更公正。志愿服务活动并不仅限于虚拟空间，它可以跨越虚拟社会到现实社会中开展志愿活动，而现实中的志愿组织也可以延伸到网络，形成网上网下志愿活动的良性互补。

（七）"互联网+"促进志愿服务国际交流

西方发达国家的志愿服务开始于 19 世纪初，起步早，发展迅速，积累了丰富的经验。我国志愿服务萌芽于 20 世纪 50 年代，相比而言，起步晚，发展缓慢，经验缺乏。"互联网+"的发展加快了中西方文化的交流和融合，促进了文化多样化和多元价值观的发展，这为我国大学生志愿服务积极借鉴国外志愿服务的丰富经验提供了良好的机遇。在"互联网+"的影响下，我国大学生志愿服务对国外志愿服务，尤其是对欧美国家志愿服务的学习、借鉴不断增多，使我国大学生志愿服务在服务内容、组织管理、开展运行、评价总结等方面的经验不断丰富。近年来，我国成功举办多次国际会议与赛事，每一次国际会议、大型赛事都离不开志愿者的大力协助，这为我国大学生志愿服务借鉴国外经验提供了良好的条件。近年来，我国成功举办的多次国际大型会议、体育赛事都在发挥志愿服务重要作用的过程中，极大程度地促进了大学生志愿服务的健康发展。以 2008 年北京奥运会为例，从志愿者的招募、选拔、培训、岗位分配、组织管理等环节上，都在参照国外大型会议、赛事服务先进经验的基础上突出中国特色。结果证明，北京奥运会志愿服务受到了全世界的高度赞扬。因此，频繁的国际交流为大学生志愿服务借鉴国外经验提供了良好的条件。

二、"互联网+"为大学生志愿服务创造更好的服务环境

（一）"互联网+"有利于提高大学生参与志愿活动的积极性

大学生作为新时代的青年群体，具有一定的文化基础，对新事物和新思想更有兴趣。"互联网+"作为新时代科学技术发展的产物，借助于个人移动通信终端设备而形成的网络技术，在大学生群体中广受欢迎。"互联网+"的发展有利于提高大学生参与志愿活动的积极性。与传统媒体相比，新媒体具有信息发布成本低、覆盖范围广、传播速度快、反馈效率高等独特的优势，使高校志愿服务管理模式由原来的活动形式死板、信息传播单向、反馈效率滞后等情况逐渐向活动形式创新、信息反馈及时、宣传方式新颖等方向发展，优化了志愿服务工作管理模式。通过开发建立高校志愿服务平台，以网上策划发起、活动组织开展和总结交流等方式，为大学生创造学习志愿服务知识、参与志愿服务活动、分享志愿服务心得的机会，使大学生能够在志愿活动中有所收获，大大提高了大学生参与志愿活动的积极性。

（二）"互联网+"有利于发挥大学生志愿者的主体作用

大学生志愿者是高校志愿服务的主要因素，只有充分发挥大学生志愿者的主体作用，才能使高校志愿服务的育人功能和社会服务效益最大化。在传统志愿服务的组织过程中，大学生的参与方式往往都是"自上而下"的，

虽然有一定的实用性和普遍性，但是会给大学生志愿者一种"被志愿"的感觉，忽略了大学生志愿者内心的诉求，影响他们参与高校志愿服务活动的主动性和积极性。

互联网在大学生志愿服务工作中起着沟通和交流的作用，大学生志愿者能够迅速地获得和了解志愿活动信息，并能实时分享和评论身边的志愿者服务工作。大学生作为志愿服务的主力军，也是新媒体庞大的用户群体，新媒体所具有的互动性、主体性、个性化的特点深受青年大学生群体的喜爱和接受，新媒体已经渗透到青年大学生学习、生活的各个方面，如微信、微博、QQ和种类繁多的社交平台、电子书等网络已成为当代大学生生活中的必需品。他们在聊微信、刷微博、看微电影、进行沟通交流的时候，接收到外界需要帮助的信息，来自各志愿组织开展志愿服务的邀请时，从中选择他们真正感兴趣、对专业知识技能有所提升的志愿服务项目，并且能通过关键词的搜索或者限定，有选择性地订制适合自己的志愿服务项目，他们往往会成为志愿服务的发起者、传播者、策划者。这不仅能够让大学生志愿者的专业知识在志愿服务的实践运用中得以提升，而且能充分发挥大学生志愿者群体的创造性、自主性和主观能动性，提高参与高校志愿服务的主动性与积极性，激发他们的创造力和提升创新意识，使得大学生志愿者成为大学生志愿服务中的主体。

大学生志愿服务的发展离不开志愿者的参与，"互联网＋"又能吸引更多的大学生参与到志愿服务事业中来。2016年我国共有各类高校志愿服务组织 36000 个，注册志愿者数量 2264 万人，累计服务时间约 1.65 亿小时。近年来，在志愿精神的发扬下，国家的支持下，中国的志愿服务格局走向全民化，从党员志愿者、妇女志愿者、青年志愿者到外籍人士志愿者，涉及各个阶层。其中，民间组织近年来发展迅速，目前已有约 50 多万个。

绝大多数成立了志愿团队。"互联网＋"下，无论个体是专业的编辑，还是普通的大学生，只要有智能手机或平板电脑，有移动网络，就可以成为信息的生产者、接受者、传播者，"微公益"正被社会上更多的人所接受和推广。

（三）"互联网＋"有利于搭建志愿服务的大型平台

《中国青年志愿者行动（2014—2018）》目标任务明确提出："志愿服

务平台建设富有成效。形成一批有效对接志愿服务需求、高效整合社会资源、规范标准的实体型、网络型和复合型平台。"经过标准化建设的各类实体型平台达到50万个，网络型平台实现互联互通，建立全国性资源整合平台，在"互联网+"下，信息传播速度快、资源整合度高、平台操作便捷，与大学生志愿服务活动的组织联系，解决以往存在的联系分散、临时的状态。依托现在的网络通信技术，志愿服务组织拥有自己的微平台，可以集交流、管理、数据等多个领域的技术与功能于一身，打造一个集志愿者的招募、注册、培训、管理、宣传、激励、评价、监督、活动策划、志愿精神弘扬于一体的平台，将复杂的志愿者组织运行管理体系更加程序化、数据化、规范化、科学化，是可以实现的。"2013年四川省志愿服务评选活动，用网络展示的方式，让大众评选出自己心中好的志愿服务项目、组织和最美志愿者，此活动参与人数达到2235373人，达到了良好的志愿服务参与和传播效果。"

另外，高校志愿服务能否顺利开展，其中一个重要前提就是能否招募到大学生志愿者。传统媒体在高校志愿服务招募的方式和传播速度方面已经失去了绝对性的优势，而在"互联网+"下，新媒体的及时性、高效性深受大学生的喜爱，渗透在大学生学习、生活的方方面面，社交平台、网络已经成为大学生生活中的必需品。大学生志愿者只需要在网站上注册ID或者加入志愿服务的微信群、QQ群，就可以及时掌握志愿服务的最新信息，根据自己的实际情况选择参与和自己契合度最高的志愿服务活动，特别是对于应急性志愿服务项目的人员招募，新媒体的及时性更是发挥了传统媒体不能替代的便捷与高效的特点。新媒体的实时性在信息发布、招募志愿者等方面有着传统媒体无可比拟的优势，它的高效便捷让志愿服务更具有操作性，打破了时空限制；也将打破传统高校学生志愿者服务团体多以院系、班级为单位的组织形式，志愿者服务供需双方的范围变广，选择更多，为志愿服务实现"人职匹配"带来可能，为高校志愿服务搭建信息发布平台。

大学生志愿服务可以利用网络平台，如微博、微信、微电影等形式，不断完善宣传机制，强化大学生志愿服务主体的参与程度，并积极实现大学生志愿服务项目的不断创新，打破原始的授课培训模式，采用新技术传播模式完善培训途径，增强培训效果；大学生可以通过实时报道，志愿服务领导者通过网络平台进行统筹和协调，有利于完善大学生志愿服务的监察管理机制，同时提高组织者的管理能力和组织能力；通过网络平台时刻关注志愿者以及服务对象的变化，并实时传播和推广，以便提高志愿服务效果和评估机制等。网络平台在大学生志愿服务活动中的运用，有利于传统的志愿服务活动观念的更新，提高大学生作为志愿服务人员的意识，从而提高大学生参与志愿服务活动的积极性，保障"互联网+"引导下大学生志愿服务机制的创新性发展和提高。

（四）"互联网+"有利于整合志愿服务资源

网络的新兴和运用，让大学生志愿服务不受时空限制。"互联网+"将充分发挥互联网在志愿资源配置中的集成和优化作用，盘活潜在志愿资源，有效实现全国各地大学生志愿服务的信息共享和资源整合利用，实现全国各地大学生志愿服务信息系统互通互联、信息共享，各地域、各人群、各组织的大学生志愿服务都可以在一个大的信息环境下参与活动、互相交流、互相吸取经验、共同发掘志愿服务的共性，一起追寻志愿服务的社会价值，提升大学生志愿服务资源的使用效能，推动大学生志愿服务多元化发展。"互联网+"推动着虚拟社区、朋友圈的兴起，以青年网友为主体，以虚拟社区、朋友圈为平台的新型志愿者组织开始出现在生活中。特别是作为一种来自民间的大众的社会志愿者组织，它所蕴含的影响力和发展趋势是异常强劲的。通过网络社会和现实社会的互动，不仅降低了大学生志愿服务的项目推广成本，提高了传播速度、扩大了传播范围，而且降低了普通人参与大学生志愿服务的门槛。

"互联网+"具有信息收集速度快、数量大，数据处理能力强等特点，有利于将志愿服务各项信息资源加以整合，使得志愿者服务有针对性，实现精准志愿服务。"互联网+"志愿服务将充分发挥互联网在志愿资源配置中的集成和优化作用，将互联网的创新成果深度融合于志愿服务领域之中，从而盘活潜在志愿资源，有效实现全国各地志愿服务的信息共享和资源整合利用，有利于实现全国各地志愿服务信息系统互通互联，进一步发展壮大志愿者队伍，提高志愿者队伍建设的科学化、信息化、多元化水平，提升志愿服务资源的使用效能。

创新网络志愿服务软件，建立信息共享机制，有效整合志愿资源。建立全国志愿者档案数据库，详细收录每位实名登记注册的志愿者的个人基本信息、志愿服务时长、志愿服务领域、志愿服务涵盖地域等，利用电子化的志愿服务信息平台，有效地实现服务资源的共享，有利于科学配置不同区域的优势资源，增加了志愿者与志愿组织的自由选择空间。

志愿者资源的调配利用和志愿服务的运行管理是整个志愿者工作的基础和核心。资源短缺、资金有限一直是制约大学生志愿服务更好发展的短板，这些短板决定了志愿服务的宣传经费的筹集、活动的开展、对优秀志愿者的奖励都只能在小范围内开展，制约了志愿服务的效果和长远发展。"互联网+"条件下，大学生志愿服务的宣传、培训、反馈等程序变得简单易行且成本低。志愿服务影响力的扩大，会增加政府、社会、公众支持的机会，从而为获得更多的社会有限性资源提供了重要依托，比如，获得政府的优惠性政策，扩大与社会组织、企业的合作和交流，扩展资金、人才等资源的渠道。微博能帮助大学生志愿服务组织加强与校内、校外其他组织和机构的联系，从而获得更多的转发和关注，操作简单方便。这样使分散的资源集中，形成合力，优化资源配置，节约运行成本，提升服务效果和效率。

（五）"互联网+"有利于志愿服务体系构建

"互联网+"正在改变着我们的生活，大学生志愿服务也悄然从传统模式向新型模式转变。可以说，"互联网+"的快速发展与应用，给大学生志愿服务体系的构建带来了很多方面的影响。

第一，招募环节，让合适的人做合适的事。以前，有一技之长的大学生想参与志愿服务，不知道去哪儿报名；而很多志愿服务活动都需要专业志愿者，不知道去哪儿招募。这就导致了志愿服务与实际需求的不匹配，也在一定程度上导致志愿者服务资源的浪费。而在"互联网+"技术快速发展的今天，通过建设一个大学生网络志愿服务平台，或者微信公众号、微博都可以随时随地招募到合适的人，去做合适的志愿服务，线上线下都能解决问题。

第二，志愿服务更加精准，让服务与需求"零距离"。"互联网+志愿服务"，能够使得大学生的志愿服务活动更加精准，盘活了潜在的社会资源，避免不必要的信息损耗，使不同类型的志愿服务组织能够借助服务网络，达到志愿资源配置最佳化、服务效用最大化。

第三，线下志愿活动更加丰富。通过线上了解志愿服务需求的问题和方向，大学生志愿服务活动就可以在线下更有针对性地开展。大学生志愿者与老弱病残家庭实行"一对一"服务，为老弱病残家庭送去暖心的志愿服务，通过网络志愿服务平台，通过线上公众平台发布活动信息、服务项目具体内容，各志愿服务团队在线上领取自己合适的服务内容，再到线下落实。

（六）"互联网+"有利于大学生档案志愿服务创新

在"互联网+"时代，高校主动服务国家战略需求，对互联网人才培养模式进行升级，突破传统学科界限，致力培养具有跨学科的交叉融合视野、突破传统学科壁垒束缚的创新型人才。这为高校档案部门利用学校人才优势、创新档案志愿服务管理模式提供了智力支持。当前，在志愿精神的感召下，大学生积极参加各类志愿服务活动，为社会奉献自己的时间与智慧，志愿服务活动已成为当代青年大学生的一种精神追求，高校档案部门能够因此获得优质的志愿者资源。

三、国家的支持为大学生志愿服务提供发展动力

志愿服务从20世纪80年代的自主探索到2008年的奥运会契机进入国家视野，志愿服务已发展成为国家战略的重要组成部分。国家先后出台了相关法律法规和政策，对志愿服务事业、公益事业的不断关注和日益重视，在志愿服务意识上、政策上、资金上的大力支持，也为研究和探索大学生志愿服务提供了有力支撑。中国的大学生志愿服务已成为中国志愿服务的重要组成部分，笔者对志愿服务政策支撑的研究放在了2009年至今，因为"互联网+"的兴起，以微博出现的时间点为始。

（一）国家的高度重视使大学生志愿服务获得发展的新动力

随着经济全球化和文化多样化的发展，我国举办的国际会议和参与的国际合作日益频繁，无论是在国际会议、国际合作还是在重大体育赛事中，大学生志愿者的优质服务都得到了全国人民的肯定，志愿服务的影响不断扩大，党和国家对志愿服务与志愿精神的重视程度不断提高。2005年，胡锦涛同志对实施大学生服务西部计划做出指示，鼓励大学生参加西部计划志愿服务活动；2010年11月，温家宝总理亲切接见了亚运会志愿者，给志

愿者们送去了亲切关怀与慰问；2013年12月，习近平同志在给大学生志愿服务队回信中，对志愿者们服务他人、奉献社会的工作给予了充分肯定，勉励志愿者弘扬志愿精神，为实现中华民族伟大复兴的中国梦做出更大贡献，并向全国的广大青年志愿者致以诚挚问候和崇高敬意。此外，我国还在政策上对大学生志愿服务给予大力支持，中共中央2001年制定的《关于加强和创新社会管理的意见》对志愿服务工作做出了重要指示；2012年，党的十八大报告中提到，"深化群众性精神文明创建活动，广泛开展志愿服务，推动学雷锋活动、学习宣传道德模范常态化"。志愿服务开展的环境越来越好，志愿服务活动开展的领域更加广泛，项目不断创新，志愿活动基地不断增多，运行管理机制不断健全，使大学生志愿服务在更良好的环境下获得新的发展动力。

国家对志愿服务的认可度不断提高，政府不断出台相关政策鼓励大学生积极参与志愿服务活动。例如，大学生志愿服务西部计划，国家为志愿者们每人每月发放一定的生活补贴，且服务期满在升学、就业上获得相关优惠政策等。社会企业对志愿服务公益活动资助不断增多，有经济上的资金捐助，甚至还为大学生志愿服务提供实践基地。高校作为大学生志愿服务的培育基地，积极鼓励大学生进行志愿服务活动，设立专门的志愿服务社团、协会，给予志愿服务经费支持，开展志愿服务技能培训，如进行专业外语培训、计算机科技教育、法律知识、医疗保健知识、环保知识培训等。不但促进了大学生的专业学习发展，而且使大学生志愿者的综合素质和能力得到不断提高，更好地满足了志愿服务工作的要求。所有这些都为大学生开展志愿服务活动提供了良好的社会环境，有利于推动大学生志愿服务健康发展。

（二）加深"互联网+"与志愿服务的深度融合

国家积极推进志愿服务与"互联网+"结合的政策，值得一提的是，国家正积极推进志愿服务与"互联网+"、与时代发展方向的契合，强调将互联网、"两微一端"等技术平台应用到志愿服务的发展中。2013年，中共中央办公厅印发了《关于培育和践行社会主义核心价值观的意见》，意见中指出："组织青少年参加力所能及的生产劳动和爱心公益活动、益德益智的科研发明和创新创造活动、形式多样的志愿服务和勤工俭学活动。""互联网和手机媒体要发挥传输快捷、覆盖广泛的优势，运用多种方式扩大公益广告的影响力。"2016 年，中共中央宣传部等八大部门联合印发了《关于支持和发展志愿服务组织的意见》，意见指出："加大财政资金对志愿服务运营管理的支持力度。充分利用志愿服务信息平台等载体，及时发布政府安排由社会力量承担的服务项目，为志愿服务组织获取相关信息提供便利。"积极探索"互联网＋志愿服务"，支持志愿服务组织安全合理利用互联网优化服务，创新服务方式，提高服务效能，加强对网络社团等新型组织的志愿服务规范管理。2017 年 10 月 18 日，党的十九大在京召开，习近平谈道："要牢牢掌握意识形态工作的领导权"，"要高度重视传播手段建设和创新，提高新闻舆论传播力、引导力、影响力、公信力"，"推进诚信建设和志愿服务制度化，强化社会责任意识、规则意识、奉献意识"。2017 年，《关于加强和改进新形势下高校思想政治工作的意见》明确指出："要加强互联网思想政治工作载体建设，加强学生互动社区、主题教育网站、专业学术网站和'两微一端'的建设，运用大学生喜欢的表达方式开展思想政治教育。""要强化社会实践育人，提高实践教学比重，组织师生参加社会实践活动。""建立健全学雷锋志愿服务制度"。

（三）强化"互联网＋"下志愿服务的政策保障

国家对大学生志愿服务提供政策保障，国家相继颁布了《教育部关于深入推进学生志愿服务活动的意见》《志愿服务记录办法》《中国青年志愿者行动发展规划（2014—2018）》《关于推进志愿服务制度化的意见》《学生志愿服务管理暂行办法》等多个文件，在志愿服务的记录、发展规划、管理、权益保护等多方面做了明确的规定和详细的规范，旨在强调志愿服务、志愿精神对社会思想道德建设的重要性，以及对大学生志愿服务发展提供了具体的理论指导与支持。尤其是 2016 年 7 月 13 日，中央宣传部等八部门又印发了《关于支持和发展志愿服务组织的意见》，把支持和发展志愿服务组织纳入"四个全面"的国家战略布局之中。2017 年 9 月国务院颁布的《志愿服务条例》，对参与志愿服务的条件、培训信息做了明确的规定，并明确表示志愿者的人格应该受到尊重；政府及相关部门给志愿援服务合理的资金、指导和帮助；鼓励对表现优秀的志愿者给予表彰和奖励；鼓励单位和组织优先招用志愿服务记录良好的志愿者，并将学生参与志愿服务纳入学分；对志愿服务组织的法律地位、规范管理和行动开展等进行了系统规定。这是在国家层面第一次对志愿服务相关方面做出规定，条例的出台将进一步推动志愿服务的制度化、常态化发展，提升志愿服务的整体效能。

第三节　"互联网+"视域下高校志愿服务面临的挑战

一、"互联网+"挑战中国大学生志愿者个体

（一）"互联网+"容易加剧大学生志愿者对微媒体的依赖

大学生是微媒体的主要使用群体之一，单纯和半封闭式的校园环境，不能满足大部分学生表达自我的观点和实现自我价值的需要，大部分的学生很少有真正的展现平台，"互联网+"的来临弥补了这一缺陷，恰好能迎合这部分学生在虚拟中寻找的自我存在感和自我认同感，使心理得到满足。"互联网+"里的世界给了部分大学生不可抗拒的诱惑力，并逐渐形成了依赖，"低头族"的出现就是很好的证明。有部分同学甚至表示，他们对微博、微信的使用程度是"随时随地，想玩就玩"。这种依赖性主要体现在：对大学生人际关系、心理健康方面造成影响。在人际关系方面，一方面人是社会性动物，良好的人际关系网络有益于大学生的全面发展。平等开放的交流给大学生们提供了良好的人际交往和发展的空间，可以满足他们的自我认同和社会发展的需要。另一方面，工具的便利性和虚拟性也会导致大学生沉迷虚拟社交平台，忽略现实的人际交流相处，造成交往能力的障碍，现实中受挫会更加导致他们对微博、微信的依赖。大学生志愿者是青年大学生的重要组成部分，这也势必会影响大学生志愿者的心理健康，最终给大学生志愿者的选拔、管理带来难度，影响志愿者队伍的素质以及不利于长远发展。

（二）"互联网+"容易影响大学生志愿者的正确价值取向

"互联网+"网络平台提供大量的信息，并且信息传播速度快，良莠不齐的信息可能使大学生对不同的意识形态无法辨识，导致大学生志愿服务

活动在一定程度上受到冲击。"互联网+"包含着积极的、健康的一面，也包含了消极的、不健康的一面。针对"互联网+"为我们带来的积极健康的信息，我们将广为传播。但是对于消极的、不健康的信息，在"互联网+"载体下将很难阻止其传播，难以消除其带来的消极影响。有些信息甚至泯灭大学生对志愿服务活动参与的积极性，影响志愿服务开展的进程，无法实现预期的活动效果。

"互联网+"下每个人都是自媒体，不同的人道德品质也是良莠不齐，难免会有不良商家和一些价值观不正确的人发布具有虚假性、煽动性，甚至价值观扭曲的信息，信息的真实性、可靠性无法得到保障。此外，现阶段对于"微媒体"的信息控制、监管和法律制约存在缺陷，由于其隐蔽性强、流动性大，不受时间、地点、区域的限制，也使得监管惩处难度加大，对信息传播控制难度加大，违法犯罪的成本低。对世界观、人生观、价值观易受外界左右的大学生而言，由于其社会实践有限，对信息正误的判断能力有限，没有家长和老师的护航，较容易受到不良信息和意识形态的影响，影响正确的价值取向。

习近平总书记在2016年网信工作座谈会上指出："互联网是一个社会信息大平台，亿万网民在上面获得信息、交流信息，这会对他们的求知途径、思维方式、价值观念产生重要影响，特别是会使他们对国家、对社会、对工作、对人生的看法产生重要影响。"有研究者表示，网络传播缺乏充分的论证过程。在此情况下，学生容易失去自己的判断能力，总体而言有以下3个特点：一是容易以偏概全，通过主观臆断被动接受信息，或是产生先入为主的观念；二是解读信息时，常常抱着一种"围观""搭楼"的心态，忽略对信息真伪的判断；三是学生在获取信息时对细节把握不准，往往只能记忆一些印象深刻的矛盾、冲突，导致信息的模糊和不健全。

微博是一个影响力巨大的信息传播平台，也是舆论制造和传播的平台，由于信息、言论发布成本低，信息被不负责任地评论和转发，跟风的言论被病毒式地传播，导致大学生责任意识的降低，微博上活跃的意见领袖凭借其强大的语言能力和群众基础，如发布不当言论会使得大学生思想观念产生片面性。大学生是志愿服务的主要群体，信息来源的复杂性除了会导致志愿服务信息被淹没或不被重视，还会导致大学生不能正确地看待大学生志愿服务活动，甚至严重影响到志愿服务的政策开展和志愿组织形象的树立。

受"互联网+"的影响，人们的价值观也呈现出一些新情况、新问题。部分大学生滋生了攀比、金钱至上、享乐主义、奢侈浪费等不健康的思想，这种追求世俗享乐而忽略精神充实的现状导致大学生志愿精神减弱。此外，在"互联网+"下，部分大学生不是依据社会发展需要，而是根据自身利益需要选择参与何种类型的志愿服务。造成大学生志愿服务动机功利化倾向明显，这使原先志愿服务"不以物质报酬为前提"变成了"利益驱使"，不利于大学生志愿服务的健康发展，使我国大学生志愿服务事业发展面临严峻挑战。

（三）"互联网+"下的文化多样性造成大学生价值选择困难

随着"互联网+"的发展，文化多样性越来越显现出来，不同文化相互交流碰撞，在思想观念领域出现了中西方多元价值观并存与冲突的局面。我国传统的无私奉献、集体主义、艰苦奋斗等价值观都是大学生志愿服务的核心内容，提倡大学生在志愿服务中坚持全心全意为人民服务，一切从集体利益出发，顾全大局，不怕吃苦的精神。

改革开放以来，西方国家的一些腐朽落后的价值观无形中侵入我国，与我国传统的价值观形成多元价值观的冲突。受西方拜金主义、极端个人主义、享乐主义、非理性主义等价值观的影响，部分大学生个人利益思想膨胀，忽视集体主义价值观原则，只顾个人需要，不管他人感受，片面追求私利和过分强调自我价值的实现。还有部分大学生把感官享受、奢侈腐败奉为人生的最高境界，忘记了艰苦奋斗、勤俭节约的精神。而且，多元价值观的冲突使部分大学生思想混乱，在多样文化和多元价值观的环境中很难做出正确的价值判断和价值选择，容易跟风随大溜，不利于奉献、互助、友爱精神的发扬。

二、"互联网+"挑战中国大学生志愿服务组织

在"互联网+"时代，传统互联网平台所遇到的问题现如今同样也会面临，而且会出现新的问题。尤其在管理层面，需要大学生志愿组织积极应对来自网络监管、应急处理、体制机制等方面的挑战。

（一）"互联网 +"对大学生志愿服务网络管理的挑战

"互联网 +"的不断发展考验着高校思政工作的网络监管水平，越来越多的人使用微信、微博，由于微信、微博等网络平台允许匿名的存在，导致信息的发布和传播管理难度极大。微信、微博人数的众多以及匿名的存在，导致对信息的发布源头难以查找。在大学生志愿服务活动中，如果大学生不断传播消极信息，甚至传播有害信息，将难以控制其传播途径和速度。这将对大学生志愿服务的开展产生极其严重的阻碍，将对志愿服务工作的管理产生消极作用。由于志愿服务相关法律法规的不完善，加之"互联网 +"下网络流动性、实时性、隐蔽性的特点，新型网络犯罪层出不穷。打着"志愿服务""公益捐助"等幌子，通过建立"钓鱼网站"、发布虚假信息等手段，骗取大学生的信息和钱财。这不仅对大学生造成了经济上的伤害，而且也会使得大学生不再愿意参与高校志愿服务活动，对其价值观和志愿服务精神都将造成扭曲和损害。

大学生志愿服务的发展需要与时俱进，就必须要面对这些弊端。当发现网络上虚假志愿服务信息、消极甚至过激言论时，要充分认识到问题的严重性，及时了解情况，加强志愿服务工作信息真伪的培训，从积极正面的方向对大学生志愿者进行舆论引导。新媒体发展考验着高校志愿服务管理机制，如为了鼓励大学生参与志愿活动，将记录志愿者工作时长，累计达到一定时长即可获得相应奖励，在记录时长时就存在代替打卡的现象，严重扰乱了志愿活动的氛围和秩序。

"互联网 +"下大学生志愿服务一方面需要且有必要借助微媒体平台，去实现征集意见、开展宣传、激励优秀、及时反馈、实时报道、互动交流等，也需要大学生志愿服务组织对微平台中的应用进行积极正面的管理；另一方面，面对鱼龙混杂的微环境，要保障志愿服务沿正确发展方向运行，就需要对各微媒体、微工具中的不当言论、虚假信息、恶意广告进行管理；此外，微博、微信也是大学生志愿服务筹集资金的重要平台，资金的筹集、用途、使用明细都需透明化，但是资金被"黑客"盗用、去向不明等情况的存在说明网络监管的漏洞仍存在。"在不少学校的官方或主流的社交平台或论坛中，都会存在一些大学生或社会人士通过这些平台作商业宣传。学生从这些商业信息中获取对自己有用或者感兴趣的消息，但是这些网络平台和论坛缺乏有效的监管，使得学生在潜移默化当中接受了一些不良信息和风气，丧失了对是非判断的能力。"高校需要出台可行的激励和监督管理机制，才能保证志愿服务工作的可持续性发展。

（二）"互联网+"对大学生志愿服务组织应急处理能力的挑战

"互联网+"下，新媒体短、频、快的特点，学生在获取信息快捷、方便的同时，从另一个侧面也可以预见到网络突发事件来势之快。大学生志愿服务本身是作为一项实践活动，活动开展过程环节多、参与人员多、情况复杂，活动开展期间带有太多的不确定性。新媒体的信息传播速度非常快，容易出现没有预料到的局面。比如，出现网络报名量超额、参与人员不足、预算和具体开展不符现象；大学生志愿者根据志愿服务活动信息选择了自己感兴趣的项目，但是在参与的过程中发现离自己的想法存在很大的差距，打击了参与高校志愿服务的热情；等等；部分学生在活动过程中遇到挫折、不满时发布过激言论，引发以讹传讹，网络事件评论一边倒，学生和志愿者情绪愈演愈烈等情况，为各方带来困扰。

在"互联网+"下，信息传播的蝴蝶效应可以将普通事件的影响成级数倍的扩大，在信息互动支持和发布门槛低的情况下，个体可以根据自己对事件进行多元化的评价和解读，这时候新媒体传播负能量的情况往往随之出现，大学生作为受众，无形之中受到很大的影响。

网络突发情况犹如山洪暴发般，势不可当，速度快、影响大、难平复，这就需要志愿组织管理者高度重视"互联网+"平台，第一时间做出反应，采取合理措施，这对志愿组织来说也是一个不小的挑战。

（三）"互联网+"对完善大学生志愿服务组织机制体制的挑战

随着志愿服务事业的发展，志愿服务事业由"舶来品"逐渐做出了中国的特色，做出成绩的同时，问题也不断出现。中国在不断深化改革的同时，志愿服务模式也需要改革以迎时代之需。体制机制作为顶层设计关系着整个志愿服务体系的长远发展。中国特色社会主义新时代的到来必然改变着志愿服务体系，机制体制也应相应地做出改变，大学生志愿服务更是如此。微博、微信等新媒体与大学生志愿服务发展的融合，一方面给大学生志愿服务带来了动力和便利、活力和效力；另一方面缺乏志愿者招募、培训、激励、监督评价、保障等组织机制和运行机制的保障，长此以往很难常态化地运行下去。

"互联网＋"视域下的志愿服务与传统的志愿服务机制将产生一定的摩擦。随着科学技术的不断发展，"互联网＋"将不断应用于志愿服务机制，但是传统的志愿服务机制仍然占据主导位置，并发挥着一定的积极作用，因此在大学生志愿服务活动中，传统的志愿服务机制不可能完全废止。在新旧机制交替的过程中，必然会产生相互排斥的现象，例如，在制订志愿服务计划阶段，传统的志愿服务计划制订，需要根据实际需要进行方案制订、预评估、实施、效果评估等阶段，但是在"互联网＋"背景下，社会发展不断加快，信息传播速度快，每天都会出现各种各样的信息，很多方案和特定情境是无法预料到的，所以临时调整方案的现象屡见不鲜。对于机制体制的完善来说并非易事，对于大学生志愿服务还是个艰难的挑战。

第六章 "互联网＋"视域下高校志愿服务发展问题及原因分析

第一节 "互联网＋"视域下高校志愿服务发展中的问题

在我国现阶段，参加志愿服务的大学生人数在逐渐增加，说明了大学生的奉献精神在逐步增强，他们对于国家、社会和身边发生的事有较高的关注度，更多青年大学生希望加入到志愿服务活动中。参加志愿服务活动可以丰富大学生的日常生活，丰富校园活动，同时为增多了接触社会的机会，大学生可以将课堂学习的知识与社会的实际生活相联系，用理论去指导实践。但在大学生志愿服务发展的过程中要注意以下一些问题。

一、宏观视角下的问题简析

（一）宏观视角下的大学生志愿服务发展历程

在互联网时代发展的几年里，我国的青年志愿者服务经过中央共青团的大力弘扬和发展，已经在各个高校纷纷开展许多服务社会的志愿者活动。大学生参与志愿服务的类型也更加丰富多彩，资料显示，参加大型社会服务的比例最大，其次为专业的服务，社区经常性服务最小。为进行社会资源的有效整合，从能力上将人分为不同水平和等级，大学生由于学有专攻，被定位在社会期待较高的水平上，承担并非任何人都有能力完成的社会服务工作。从志愿者主体出发的角色扮演也要考虑客观条件，排除"大型社会服务"这种不定期、不易掌握的变数单位，在"环保、扶贫类"与"专业的服务"等志愿服务均需一定的宣传成本和物质消耗成本，"社区经常性服务"所消耗的成本最少。高校志愿组织自身运转资金完全依赖学校拨发有限的活动经费，而志愿者服务在完全免费甚至要自贴路费的情况下，进行成本较低的志愿服务成为必然。

然而，大学生志愿服务活动在其不断壮大的过程中也出现了不少不足之处。在这一部分，我们重点探究大学生志愿服务活动存在什么样的问题及造成问题的原因，有利于改善大学生志愿服务活动，使当代大学生可以更好地在互联网时代下顺畅地进行志愿服务，同时掌握时代前沿的技术。

在志愿服务早期，大学生志愿者最早由一群校园里的业余爱好者组成，这些学生充满热情和干劲，他们自发地开展一些社会服务活动，并在这些服务他人的活动中实现自我价值。这些大学生志愿活动促进了社会的健康发展，也得到了人们的关注和认可。通过十几年的成长，大学生志愿者活动得到了各方的支持，其服务项目越来越丰富和专业、服务的规模和团队越来越大、所涉及的服务范围也越来越广，并且相关的机制日益健全，为大学生志愿者服务的稳定发展提供保障。伴随着志愿者服务业日益丰富，其规模也从零散的向有组织有纪律的方向发展，发展趋势日益壮大。比如，我国的大学生西部计划服务活动，其规模就十分壮大，服务的对象也非常多，是十分有意义的项目，并且每年都会有大批大学生志愿加入大学生西部计划服务团队，前往西部，在西部基层参与志愿活动，受到了社会上的一致赞扬。另外，西部计划的稳定发展，对西藏、新疆等地区的志愿活动起到了推动作用，使得大学生志愿服务在民族地区也有较大的覆盖面。在新形势下，我国的外交事业高度发展，与各国的往来越来越频繁，2008年的北京奥运会，2010年的上海世博会、广州亚运会的顺利开展，进一步扩大了我国大学生青年志愿者的规模。2014年由山东旅游职业学院培养的第四批大学生前往迪拜参与志愿者活动并顺利完成任务回国，这些都在进一步表明我国大学生服务团队的规模不断扩大，意味着在每一个需要帮助的地方，志愿者们都在付诸实践。

自2008年金融危机以来，随着互联网时代"互联网+"技术的应用，及社会经济水平的极大提高，青年志愿者的服务意识和责任感在不断增强，其团队所能提供的志愿服务项目也在不断增加。大学生志愿组织不断拓宽其服务领域，包括对各个社区提供志愿服务、前往贫困地区从事扶贫工作、对国家号召的抗震救灾活动积极响应、积极组建海外志愿者团队。经济发展日益全球化促进了我国文化事业向多元化方向发展，信息交流日益方便，各国间进行文化的交流和相互结合为大学生志愿服务水平的提高提供了十分有利的条件，志愿服务对象也从需要帮助的老人儿童等群体扩大到每个公民，其覆盖的服务领域也不再局限于帮助弱势群体，而是覆盖到慈善事业、灾后重建、维护治安等领域。大学生西部计划志愿活动和大型赛会志愿服务活动，这些为志愿者服务体系的发展提供了非常难得的成长平台。

如今经济全球化的趋势不断加快，文化也日趋多元化，我国大学生志愿者队伍也在日益壮大和成熟，他们积极接受来自国际的合作机遇，将服务的对象扩展到国外。在中国特色社会主义新时代下，我国志愿者团队十分珍惜每个向国际化发展的机会，如与国际红十字会、世界卫生组织等国际组织合作开展服务活动。我国政府对此也十分重视和支持，积极配合联合国开展的志愿者活动。从 1981 年起，联合国志愿者组织就在北京与我国政府签订了同意相互输送志愿者的协议。所覆盖的领域主要包括保护环境、保护文化遗产、保护再生能源、开发贫困地区等。其招募的志愿者对象一般是各地区高校的大学生，招募的形式主要是志愿者自主报名后由志愿者组织进行统一筛选。在了解受助国所需要的服务后，再选择相应符合要求的志愿者前往并开展长时间的志愿服务活动。我国大学生志愿者服务事业也因此加快了向国际化发展的脚步，通过与各国特别是欧美国家进行合作，共同开展志愿服务活动，我们获得了十分宝贵的实践经验，充分实践了"引进来"与"走出去"策略。据了解，深圳在建设国家化城市过程中把志愿服务事业设为重点建设对象。珠海的大学生也踊跃参与海外志愿服务活动，将中国乐于助人的优良传统传播到海外。总而言之，我国大学生志愿服务事业正在快速国际化。

我们可以发现，大学生志愿者活动每次都能够顺利进行的主要原因之一就是其运行机制不断地完善，志愿服务机制包括招募志愿者、培训志愿者、组织活动等一系列工作。随着社会的迅速发展，志愿服务机制逐步完善。志愿活动发展至今，在共青团中央的推动下，大学生志愿活动在各大高校广泛开展，大力推动了志愿服务机制的完善，保障了志愿活动每个关键流程的完成。首先，志愿者的招募标准不断补充完善，严格遵循相应的政策规定，以保证所招募的志愿者的质量；同时，志愿者服务项目专业培训的机制在相关条例的规定下不断完善，建成一套合理的管理机制。其次，随着大学生志愿服务的管理机制逐渐健全，各个志愿项目的不断完善，所提供的服务内容日益丰富化，新时代下的不断更新的要求都能被满足。志愿服务组织在志愿服务开展结束后，对过程中出现的不足和问题进行及时的分析研究，并找到相应的解决办法，实现大学生志愿服务水平不断提高。比如，高校大学生志愿者在面试时能够享受优先录取的优惠政策；对于前往边远地区参与志愿服务的志愿者国家承担其保险费用，保障其人身安全；等等。随着大学生志愿活动的鼓励机制日趋完善，我国的大学生志愿服务事业也日益繁荣。

但是这些成绩并不能说明我国的志愿服务能力有了极大的提升，相反，对比西方发达国家来说，我国的志愿服务能力仍然有待提高和完善，那么分析好"互联网+"下志愿服务现存的问题和产生这些问题的原因，就变得尤为重要，同时还可以进一步推动我国志愿服务现状的改善。从宏观和微观两个角度来分析"互联网+"条件下我国大学生志愿服务存在的问题，主要包括法律、技术以及志愿者个人和支援组织等相关方面的内容。

（二）"互联网+"视域下高校志愿服务的技术有待提高

随着第三次科技革命的开展，互联网技术越来越在人们的生活中占据着重要位置，日益影响着广大群众的人生观、世界观、价值观。在我国，教育是根本，随着教育的普及，以及教育程度日益提高，大学生作为当代教育的杰出代表，更加熟悉网络技术的使用。据统计，我国大学生占全部网民的5%。单纯和半封闭式的校园环境，不能满足大部分学生表达自我的观点和实现自我价值的需要，并且校园中很少有真正的平台去展示学生的才能，而随着"互联网+"的来临，互联网技术发展的各类社交媒体刚好可以弥补这一缺陷，并且能够迎合这部分学生寻找自我存在感和自我认同感。"互联网+"的世界给了大部分大学生不可抗拒的诱惑力，并且在当代大学中，学生对微博、微信的使用程度很高，他们会用相当长的时间来吸收网络知识。

在我国大学生的志愿服务活动中，对于网络技术的利用率往往不是很高，一般会采取网络公示和纸质文件的形式，大学生并不能及时地掌控一手消息，我国的志愿服务应该提高网络应用水平，为我国的志愿服务提供技术支持。但是我国的志愿服务对于网络技术的应用仍不规范，具体可以表现为以下几个方面。

1. 数据库资源利用率低，志愿服务区块链技术应用率低

在志愿服务资源库的利用中，区块链的技术应用差，所谓的"区块链"技术，简称BT，也称为分布账本技术，是一种互联网数据技术，其特点就是去中心化，让每个人均可参与到数据库记录。在大众眼中，志愿服务的资源并不是个人能轻易接触到的，得到的消息往往是经过层层筛选的，可能会导致志愿服务消息的流失。

2. 整合新媒体资源的技术能力低，志愿服务信息时效性差

互联网技术的发展直接影响到我国各类媒体技术的兴起，在我国的新媒体包括电子媒体、网络媒体等，他们往往会紧紧抓住大众的关注点，随时更新大众喜欢的内容，其时效性比传统的电视、广播、报纸高。我国志愿服务的传播不能单单依靠传统的报纸、广播和电视媒介，在互联网时代下整合新媒体资源技术的高低直接影响信息传播的时效性，但是我国的大学校园过分地依赖传统的媒体，时效性和效率会低，信息传递的速度也很低。对新媒体资源的整合能力是当前我国志愿服务存在的技术问题之一。

3. 整合管理服务资源的技术能力低

当代大学生志愿服务存在的另一个问题就是资源的浪费率高，对资源的整合做得不到位。资源整合对于企业来说就是对不同来源、不同层次、不同结构、不同内容的资源进行识别与选择、汲取与配置、激活和有机融合，具有较强的柔性、条理性、系统性和价值性。创造出新资源的一个复杂的动态过程，是企业的战略调整手段，就是要做到帕累托最优原则。对我国高校也是同样的道理，但是我国高校目前对于志愿服务的资源整合力度不高，导致我国志愿服务效率低的问题仍旧存在。居民互联网技术水平不均衡，通常情况下，社区居民的构成是较为复杂的，他们的年龄、从事职业、受教育程度、社会地位等个人情况存在较大的差别，而这又是影响居民参与社区事务的重要因素，因此，同一社区居民的参与程度也会千差万别，尤其是涉及互联网技术时，这种差别被进一步放大。与从前社区服务模式相比，运用互联网技术参与社区服务对居民的知识技能提出了更高的要求，需要掌握更多技术，能否熟练、正确运用互联网技术成为直接影响社区服务信息化的重要因素，互联网技术在为社会发展带来便利的同时，也带来了不可忽视的"数字鸿沟"。

在"互联网+"背景下建设社区服务信息化必然要面对"数字鸿沟"这一难题。"数字鸿沟"通常是指人们在信息占有方面存在的贫富差距，可以将其进一步细分为物理层面和社会层面，前者人们由于经济水平与消费水平的不同而在选择数字化产品方面存在差距，即是否买得起的问题；后者则指的是人们出于性别、年龄、文化水平等社会因素的差异而在数字化产品的认识和操作水平方面产生的差异，即是否愿意用以及是否会用的问题。伴随着互联网技术的进步和不断降低的数字化设备价格，物理层面的"数字鸿沟"已经在一定程度上得到缓解，然而社会层面问题短期内却不易解决。上网技能的欠缺以及受教育水平较低依然是阻碍居民上网的重要原因。调查表明，有53.5%的非网民是由于不懂电脑或网络而不会上网，另外有38.2%的非网民是因为不懂拼音等知识水平限制而不会上网。社区服务作为社会公共服务的构成要素除了要提供针对全体成员的便民服务之外，也要重点关注社区中老年人、未成年人、残疾人、生活贫困者、失业人士等弱势群体，让他们也能共享到同等的社区服务信息化成果。我国绝大多数的老年人不会使用与互联网相关的数字化产品，因年龄限制老年人在互联网技术方面的学习能力与接受能力较低，在运用互联网技术方面存在很大困难。

（三）"互联网+"视域下大学生志愿服务机制有待完善

我国志愿服务活动是伴随着改革开放开展的，这与西方志愿服务活动发展的时代背景有着极大不同。西方的志愿服务活动主要是在工业革命的展开期间兴起，当时的时代背景为资本主义在全球范围内的迅速扩张，在全球各地、各个殖民国家寻找廉价的原材料产地和开拓新兴的市场。当时，全球化的市场还没有形成，各生产要素只是在有限的小范围内流动，人们的生产活动具有明显的地域性。而在全球化的今天，随着全球化市场的建立，任何一个国家或地区都处于生产加工环节中的一环，无法独立于整个全球化的生产活动。但是在这种时代背景下，中国志愿服务活动的发展承受着全球化所带来的巨大挑战。特别是当代"互联网+"条件下，我国的行业之间形成了一个紧密的联合体，在"互联网+"的时代背景下，我国的志愿服务体制面临着极大的挑战和问题，主要表现在以下4个方面。

1.社会转型期内矛盾丛生，志愿服务发展缓慢我国社会存在的大量矛盾，对现阶段中国特色志愿服务的建设提出了挑战，甚至对我国和谐社会的建设造成影响。

首先，大量的社会矛盾导致阶层之间的互相对立，激发各阶层之间的矛盾，不利于志愿服务的展开。其次，社会矛盾丛生导致民众的不信任感，在我国的个别地区，地方政府处理群众问题的手段过于粗糙，广大的人民群众对于政府的信任度就会降低，一旦有官方背景的志愿服务活动，那就会导致活动的滞后，甚至开展不成功。最后，我国社会矛盾具有复杂性，社会矛盾难以分门别类地厘清，这就导致了志愿服务工作无法确定工作重点，在客观上增加了志愿服务的难度。志愿服务活动在未来的发展中，必须积极面对社会存在大量矛盾这一既定事实，并且要充分认识到这一问题所带来的困难。在志愿服务活动中，要利用志愿服务活动的特点去积极化解社会矛盾，并且配合党和政府加快建设社会主义和谐社会的步伐，促进社会和谐稳定的大局。

2. 经济发展迅速，贫富差距的拉大造成服务体制的不完善

随着我国经济的发展，也出现了贫者更贫、富者更富。贫富差距日渐增大的同时造成我国社会出现了巨大裂痕，这种裂痕尤为体现在地区之间和城乡之间，事实上，一些严重的社会冲突的起因就是广大人民群众对于现实社会收入不平等、收入差距扩大不满的直接反映，这严重影响了社会的和谐和稳定。不仅如此，收入差距扩大还有可能造成恶性循环。即收入差距扩大直接带来了起始不公平，甚至带来了机会不公平，有可能造成中国社会阶层的形成和阶层固定。这样的后果就是贫富差距呈逐渐扩大的趋势。这实际上是中国现实社会的"马太效应"。值得特别注意的是，目前社会一些别有用心的不法分子或者是激进的民粹主义者利用贫富差距扩大的社会现实激发底层民众的不满，从而引起社会冲突，破坏社会稳定，从而实现自己的政治目的。这种隐患已经极大影响了中国社会稳定，并且成为制约中国经济增长方式转型的重大因素。收入差距过大这一社会问题为志愿服务带来许多困难，比如，中低收入群体认为自己是社会弱势群体，社会对他们的遭遇应该负责，而高收入群体理应对社会做更积极的贡献。因此，一些中低收入群体认为，志愿服务是以高收入群体为主体的活动，与中低收入群体没有关系，而自己作为社会弱势群体，理应受到社会的救济。而一些高收入群体认为自己的成就完全是凭借自身的努力，与社会没有任

何关系，社会中低收入者完全是由于自身原因才会沦落到生活窘迫的局面，因此他们也不愿意投身到志愿服务中。总之，这种收入差距过大造成的社会裂缝，很容易把一些人带入思维误区，认为志愿服务与自己无关，这为志愿服务的发展带来了不少困难。

3. 城市化下劳动力转移导致志愿服务体制人员缺乏

经济学家刘易斯曾经提出了著名的"二元经济"发展模式，他认为，在一些发展中国家，在经济发展的过程中，总是在国内存在着落后的农业经济和先进的工业经济。而劳动力转移的趋势就是不断地从相对生产过剩的农业部门转向工业部门，这种趋势变化将会持续到传统农业部门相对过剩的劳动力被完全转移到现代的工业部门中，从而导致出现一个整体的城乡经济体系。刘易斯还把整个过程分为两个阶段，第一个阶段可以视为劳动力的无限供给阶段，源源不断的劳动力将会从农村涌进城市。而在第二阶段，则由于劳动力的转移，会出现劳动力短缺的情况。因此，伴随着第一阶段向第二阶段的过渡，将会出现"刘易斯第一拐点"；而随着第二阶段的到来后，统一的城乡经济体系建立，将会出现"刘易斯第二拐点"。中国的人口众多，中国的劳动力转移过程涉及的人数之多、规模之大是世界前所未有的，数以亿计的劳动力从农村涌向了城市。虽然农村向城市转移的劳动力资源对于我国城市发展起到了积极的作用，为城市的第二产业和第三产业的发展贡献出极大的力量。但是由于城市的面积毕竟是有限的，城市各方面的公共资源总量，如住房、交通、自来水、供热等也是有限的。大量农村劳动力涌入城市造成了城市公共资源的严重缺乏，并引出了许多社会问题。如何安置相对过剩的劳动力，是一个必须解决的重要问题。在转移的过程中，由于大量的人口涌向了城市，造成了一定程度上的劳动力过剩，而过剩的劳动力在城市中生活，就有可能为社会带来一些不稳定的因素。这点在全国各大城市内都有或多或少的体现。并且，随着大量劳动力的进城，其亲属也随之进入到城市，如何保障其亲属配套的社会保障、教育等问题，也是城市管理的重要问题。中国特色志愿服务体制在发展的过程中要积极应对这一问题。进城务工的农民作为社会中的弱势群体，如何对其进行基本的救助，单凭政府的力量是远远不能达到预期的效果的，这是由于我国劳动力转移的人数过多的现实所决定的。而且由于制度上的缺失，农民工权利意识淡漠等基本现实，决定了志愿服务活动要在农民工这一弱势群体中积极地展开，如给予农民工一定的法律保障、开设农民工子弟学校、为特别困难的农民工给予一定的社会救助等方式，保障农民工的基本权益，促进劳动力转移的平稳过渡，推进社会的和谐稳定。

4.道德观念缺失下志愿服务体制发展滞后

在当今社会中，我国社会所呈现出的道德观念缺失的情况较为严重，而究其根本原因就是在全球化进程中受到外来思想的入侵而导致了信仰的缺失，信仰的缺失造成了社会思想的"空心化"，多数人没有形成正确的世界观和人生观，因此，在市场经济强大的资本运作面前，成为拜金主义者、享乐主义者、个人主义者。从近年中国社会的发展来看，道德的缺失已经成为众多问题中最重要的一个。中国社会的道德观念的缺失，不单反映在民间社会，还反映在党政机关中。从中纪委每年"双规"的名单中可以看出，其中有一些官员身居高位，但是由于缺乏社会主义信仰导致道德沦丧，沦为了资本的奴隶，为了私利，置国家与人民的利益于不顾。在市场中，"假奶粉""瘦肉精""黑心棉"等对人民生命安全有极大危害的产品源源不断地走进市场，而且诸如此类的事件屡禁不止，其方式越来越隐蔽，手段越来越多样，危害越来越大。还给人民的财产和生命安全带来了巨大的损失。道德缺陷的社会问题强烈地制约着志愿服务在中国的发展。当代中国的道德缺失主要表现为拜金主义、个人主义、享乐主义等。在市场经济中，许多人在强大的资本运作面前沦为了金钱的奴隶，他们认为金钱应该作为一切活动的目的，因此很难接受志愿服务中的志愿性与公益性特征。同时，市场的一项基本原则就是要求劳动力可以在市场各部门中自由流转，这使人从原来强烈的组织束缚中解放了出来，在客观上刺激了生产力的发展。但如果不加以正确引导，就很容易导致公民的"原子化"倾向，导致个人对社会漠不关心，只对自身活动负责，缺乏相应的社会责任感。这种情况的发生，对我国志愿服务发展起到了一定的阻碍作用。

二、微观视角下大学生志愿服务问题简析

在"互联网+"的时代背景下，我国当代大学生的志愿服务除了有宏观背景下的互联网技术应用在志愿服务领域的滞后，以及志愿服务法律规范不完善的问题外，还包括微观的方面，比如，在志愿服务活动中，"互联

网+"条件下专业性人才缺失的问题、志愿服务观念差等问题。以下将从微观方面描述我国大学生志愿服务在"互联网+"视域下存在的相关问题。

（一）"互联网+"视域下大学生志愿服务观念有待改变

1.传统观念对大学生志愿服务的影响

奉献精神是高尚的，是志愿服务精神的精髓，志愿者通过参与志愿服务，可以提高自身的办事能力。专业人才相对匮乏毫无疑问，社区服务信息化必然会朝着专业化的方向发展，而这必须有充足的专业人才做支撑。但目前我国城市社区服务信息化专业人才相对匮乏。首先，社区工作人员普遍缺乏专业技能。例如，居委会工作人员对互联网技术还处于一知半解的状态，其自身所掌握的信息应用知识尤其是互联网技术还不能与其所承担的任务相匹配，大部分城市社区都缺少计算机专业的工作人员来专职负责社区服务信息化建设，许多负责人是"半路出家"，学习了一些信息化方面的皮毛知识，根本难以应对社区服务信息化实践过程中出现的问题，同时，当前也缺少适合社区服务信息化人才培养的专门培训机制，导致目前社区内较少有人能够独立熟练操作并负责日常社区服务信息。其次，社区工作者的薪水福利待遇普遍偏低，不仅难以吸引中高级专业技术人员从事社区相关工作，而且也导致社区人才流失现象严重。有许多年轻人将在社区基层工作作为自己职业生涯的一块跳板，一旦有机会从事薪酬水平更高的其他职业便会谋求新发展，造成社区工作人员流动性高、团队不稳定。社区服务信息化欠缺精通网络运营、开发应用软件、维护网络安全的专业技术过硬的人才队伍。社区服务信息化最终要靠人的主观能动性去落实，缺乏专业人才会严重影响到实践的最终成效，由于社区当中缺乏真正能够运营、管理好服务信息系统的专业人才，致使许多原本设计好的功能无法按照原计划发挥作用，掣肘了社区服务信息化的进一步发展。儒家思想是我国古代社会产生的重要思想体系，在我国几千年封建社会中一直居于统治地位。儒家思想中包含的"仁爱""礼让"等思想在一定程度上孕育了最为简单的志愿服务思想。例如，"仁者爱人"等主张更是明确提出了要对社会弱势群体给予必要帮助的思想主张。除儒家思想外，道家、墨家等中国古代思想流派都或多或少提出了包含志愿服务精神的思想主张，这在客观上有利于志愿服务理念在我国社会上的广泛传播。

中外都有深厚的志愿服务思想渊源，所不同的是，西方的志愿服务思想渊源主要是以宗教的形式存在，因此，宗教组织的志愿服务一直在西方志愿服务中占据了很大的比重。而中国的志愿服务思想渊源主要来自儒家思想，在儒家思想体系中"仁"的含义就是爱别人，儒家思想作为中国封建王朝的统治思想，对中国的影响是极其深远的。而且，由于政府在赈灾、救济等工作中一直占据绝对主导地位，导致我国人民具有比较依赖政府的心理习惯。因此，我国现在的志愿服务也是多由具有官方背景的志愿组织所开展。当然，其他各学派也都或多或少提出了包含志愿服务思想的主张，但是由于思想地位无法与儒家相比，因此对现代志愿服务的影响较小。传统慈善观念对当代志愿服务发展产生了重要影响，中西方不同的慈善理念也对志愿服务的发展起到了不同的影响作用。二者有相同之处也有不同之处。西方志愿服务思想基础来源于宗教信仰。不可否认，西方宗教信仰虽然有其糟粕之处，但从志愿服务思想基础来看，西方宗教式的志愿服务思想有助于从每个人内心深处形成自觉的对于志愿服务精神的认知，这就是西方志愿服务精神中赖以产生和发展的信仰基础。在西方世界，志愿精神的发生主要依赖于个人内心的坚持，而这种坚持更多的是与一种外在的精神寄托联系在一起，可以这么说，西方志愿精神与基督教的普世价值密不可分，但这种外部精神寄托式的信仰强化了西方志愿精神。而中国志愿精神的发展到目前为止有两条线索，一条是中国传统文化里所倡导的精神，儒家思想、道家思想、墨家思想和佛教思想都有所涉及，但是以中国传统文化思想为基础形成的中国现代志愿精神主要强调一种内在的自觉修为，属于内在的道德范畴；另一条线索是政府发起的规模巨大的志愿活动，在大规模的志愿服务活动实践中，这种志愿精神主要靠一种外在权威机构的号召力，而这种志愿精神所体现的思想基础则与我国几千年遗留下来的习惯有关。因此，中西方志愿服务基础虽然在一定情况下具有相类似的特点和性质，但是其表现形式在不同的文化背景下呈现。

在"互联网+"背景下我国不应该闭门造车，各国的文化都有其先进之处，吸取别人的长处，弥补自身的短处，尤为重要。我国大学生的志愿服务就应该对比中西思想的优势，取人之长，补己之短。

2."互联网+"视域下大学生志愿服务平台有待搭建

志愿服务平台是志愿活动进行的一个必不可少的媒介，充分发挥志愿服务平台的作用会使得志愿服务活动事半功倍，但是我国的志愿服务平台在目前阶段仍旧存在一些问题，主要体现在以下几方面：

（1）"互联网+"下的志愿服务平台各自为政

从平台的基础功能来看，各平台都为志愿者和志愿组织提供线上服务的功能。志愿者可通过平台自主注册登录、查询活动信息、自主加入活动、实现服务时长累计等。志愿组织可通过平台自主发布活动信息、进行在线活动管理。各平台功能雷同，重复建设，造成了资金、设备、技术人员等资源的浪费。从平台的开放程度来看，各志愿服务平台建设分散、无交互性，各自独立运行，维持着"信息孤岛"的状态。没有实现"同人同城同库"的数据整合，跨部门共享利用信息资源的水平也比较低。在志愿者、志愿组织的招募注册、志愿活动的组织开展等方面存在着"交叉重叠""多头管理"的现象。在"互联网+"的大时代背景下，要实现志愿服务的信息化发展，目前最大的困难是工作体制机制不顺，多头交叉发力。

（2）"互联网+"下志愿服务平台沟通不畅

在"互联网+"志愿服务平台的管理过程中，建立及时、高效的沟通渠道是必不可少的。但在现实情况中，政府的行政主导力过强会对平台的管理产生消极影响。在管理过程中，政府作为志愿服务平台的建设方，常常会通过行政命令来强硬干预，不仅影响了沟通的有效性，一定程度上还会挫伤志愿者的参与积极性。以江苏省文明办的"志愿江苏平台"为例。首先，从沟通的方向上来看，省、市、区、乡镇、社区五级文明办的沟通单纯地以上下行沟通方式为主，其中，市、区和乡镇文明办充当了信息传播的媒介，而省文明办和社区之间没有建立直接的沟通渠道。在基层文明办和社区的互动过程中，基层文明办负责传递社区的问题和需求。但对传递的具体内容，社区并没有监督的权力。不同的社区间、志愿者间互不相识，彼此的服务经验无法进行交流。不同的市、区文明办之间也是自行其是、各不相干，没有建立正常的沟通渠道。其次，从沟通的可逆性来看，也以单向沟通为主。社区被动地按照上级要求开展活动，志愿者也无法进行信息和需求的反馈。因此，直接导致了沟通效率的低下，志愿者的诉求长期得不到关注和满足，久而久之就易产生挫折感，甚至会直接抗拒参加志愿活动。

（3）"互联网+"下各个平台之间交互性弱

志愿服务平台的建设目的是能为志愿服务双方提供及时的信息资讯，

促进志愿服务资源的整合与对接，提高志愿服务的质量。目前，江苏的志愿服务平台都只是单向地发布信息，没有实现信息的自动匹配和智能推送，也没有真正实现志愿服务信息资源的有效对接。在"互联网+"的时代背景下，促进各行业与"两微一端"的拓展融合是大势所趋。而江苏志愿服务在"两微一端"方面的建设仅仅是在网络平台的基础上进行简单的技术嫁接，并没有充分发挥新媒体传播范围广、互动性强的优势。目前，4个省级志愿服务平台依然没有实现与用户实时交流、沟通的功能，平台的作用仅限于信息的单向传播，且没有建立用户的反馈机制。因此，也就导致了无法把握志愿服务双方的核心需求，无法使用户产生使用依赖，久而久之，注册用户放弃使用也就成了必然。

"互联网+"志愿服务平台的运行与发展不仅需要政府的支持和保障，也需要社会群体的广泛参与，就服务平台的管理而言，在宣传力度、社会认知度等方面仍然存在明显不足。志愿服务宣传力度不够，比如，江苏志愿服务的宣传阵地主要有报纸、网络、电视、电台等。近年来，随着互联网的普及，网络平台的宣传作用尤为重要，对志愿服务精神、志愿服务活动、志愿服务项目的宣传报道占据了平台内容的大部分，可以说平台内容的更新主要是新闻报道类信息的更新。但实际上，平台传播的内容和目的都带有很强的行政性，浏览的访客也大多数是从事相关工作的行政人员或资深志愿者，他们本身对志愿服务已有较深入的了解，因此，宣传的效果也就打了折扣。对于已经通过平台注册了的志愿者而言，一方面，有些志愿者是在被强迫的情况下注册使用的，自然也不会积极宣传和带动其他人使用平台；另一方面，使用平台的志愿者大多没有受过专业的培训，因此比较缺乏传播志愿服务核心文化的专业素养。而对志愿服务不甚了解的群体，则很难有机会浏览到该类网站，更谈不上接受志愿服务文化的传播，使得宣传目的也就无法实现。由于宣传力度不够、依靠行政手段的强硬推广，致使公众对志愿服务平台这一新生事物存在很多误解和偏见。一些组织和志愿者认为，这是政府的形象工程，是在"作秀"；一些志愿者认为，把志愿者的服务时长与个人在单位的考核评优挂钩，是对志愿精神的亵渎；一些志愿者认为，在注册时需要填写身份证号、手机号等真实信息，个人隐私无法得到保护；还有一些志愿者认为，让志愿者打卡、记录服务时长的方式太过功利，有违志愿服务的初衷；等等。可见，广大志愿者对"互联网+"志愿服务平台的使用还缺乏正确的理解与认识。

3. 大学生志愿服务组织有待变革

在"互联网+"视域下，除了互联网技术会影响我国大学生志愿服务发展，我国的法律规范也会影响我国的志愿服务机制的运行与管理。在考察志愿工作状况的过程中，笔者研究了大量图书、期刊和网络志愿服务组织的信息，采用比较分析的研究方法，主要分析国内研究现状。

（1）志愿服务组织的参与度不高

大学生对志愿服务内涵的认识不够深入，他们对志愿服务的理解程度是肤浅的。大部分大学生没有清晰了解志愿服务的定义及内容。某些人将志愿服务跟向雷锋学习相提并论，某些人了解到的志愿服务就是全部自主的行动。另外，他们不认可志愿服务的价值，并把志愿服务作为一种形式主义的活动。这些观念的偏差严重制约着大学生志愿服务的健康有序发展。其中，大学生志愿者更愿意选择参加短期的志愿服务活动，导致在很多短期的大规模志愿工作活动里，来自各地的学生积极参加。相反，在长期的志愿服务项目上，如"关爱农民工""留守儿童"等，志愿服务项目报名的人数明显不足。例如，在"关爱农民工子女"志愿服务中，只有部分大学生愿意参与，而实际参加该项目的大学生比预期更少。

（2）志愿服务组织服务层次偏低

由于大学生在校除了课业外，参与志愿服务活动的范围有限，加上固有的思维惯性，大学生志愿服务的大部分仍在低层次水平，如为老年人、身体残缺人士、无父无母的小孩等力量弱小的人提供志愿工作，有的在街区、道路旁等地方进行打扫卫生、志愿干活儿。这种志愿活动表现出内容单调、没有独创性等特点，层次较低，不能充分发挥大学生志愿服务人员的专业水平与知识，使志愿工作的社会积极作用减少了，对志愿工作的持续性成长有阻碍作用。而且，志愿工作的满意程度于很大方面是由志愿者的工作力度决定的。如今的大学生志愿服务很大程度上只限于学校，对社会的认知有局限。而且，大学生目前还处于求学阶段，执行力相对薄弱，对志愿工作的质量产生消极作用。除了这些，在服务期间，少数大学生志愿者，尤其是作为家里独生子女的志愿者，与他人接触不多，无法融入团队，不能及时处理问题，严重影响了大学生志愿服务的质量。只有志愿者的热情是不可能完成志愿服务的，相关的培训和监督是必不可少的。可见，针对大学生志愿者进行培养存在着急迫性。

（3）志愿服务人员的服务动机不纯

部分大学生参与志愿服务动机不明，由于志愿服务是完全自愿的行动，缺乏约束性，并且大学生群体思想品德存在差异，所以有部分大学生参与志愿服务目的不明确，带有从众心理。如此情况下，使得部分志愿者服务意识不足，并且不具有持久性，进而无法达到志愿服务的目的。同时还有部分志愿者参加志愿服务是出于自身利益的考虑，如有些大学生是为了自身的荣誉；有些是为了完成学校的志愿活动的任务，被迫参加等。以上情况对于志愿服务与大学生的心理发展都有着不利影响，这不仅会影响志愿服务的质量和水平，也容易使活动流于形式，使志愿服务在道德认知、道德情感和道德行为习惯的养成上无法发挥应有的作用，而且此类动机和行为也容易影响其他志愿者，造成行为导向上的偏差。

同时，个别在校大学生参加志愿工作时期，心里并未真正产生对志愿工作的热情。某些学生仅仅是按照学校的要求，当看到其他同学和室友参加志愿活动时，会盲目跟从，或只为增加参加志愿教育活动的学分，甚至部分学生参与志愿者工作，只是把它当成廉价的工作契机。如今大部分志愿工作是由团委或学生工作部、"志愿者组织"等组织起来的，志愿者队伍往往是以学生为主体，高年级学生负责，低年级学生成为骨干的团体构成。大多数志愿者团队每年有所变动，因此，人员位置变换大、人员流动大，每年志愿者无法确定人数。志愿者从应聘、被选用及进行相关训练之后参加志愿服务工作，整个过程经常是志愿者团体本能的固有组织，缺乏专业指导和意见。此外，志愿人士被选拔的过程不够公开，志愿义教工作存在没有监视操作流程等现象。

（4）志愿服务组织激励机制不完善

目前，高校志愿服务经费主要是由专项资金或办公经费划拨的，这是志愿服务活动资金的主要来源。那些不属于共青团名义下的部门或志愿者协会，只能申请学校小数额的资金，这些资金用于组织的维持杯水车薪，导致组织无法有效运转。组织的赞助支出将不得不依靠外来资金，其中有着各种不稳定的因素。每一个大学生志愿者组织都存在经费不足、缺乏有效运作的现象。重要的原因是他们无法拓宽赞助对象而获得社会财力的赞助。若没有固定的资金赞助，就不能有效利用志愿队伍里的资金，这是融资难的一个重要原因。

除此之外，我国相关政府部门及企业对志愿服务工作方面的帮助具有局限性。

发达国家的志愿服务起步较早，经过长时间的尝试和积累，相关规章制度大都比较完善，并对参与志愿服务的个体有相应的激励和回报措施。而我国大学生志愿服务规章制度的不完善影响和制约着大学生志愿服务活动的发展。

第一，招募制度

"不以规矩，不能成方圆。"在调查中发现，多数大学生志愿服务组织没有明确的进入、退出制度。大学生志愿者加入志愿服务组织通过"只要想加入就可以加入"的方式在各种招募方式中排名第一位，占到了绝大多数。可见，大学生志愿服务组织在招募志愿者时，由于各种各样的因素影响，没有严格的准入规则。调查过程中在和志愿者交谈时，一位负责人说："在纳新时，各社团间的竞争比较激烈，如果增设面试环节，参加志愿服务的人会减少"，这也是影响招募制度形成的原因。

第二，培训制度

许多大学生志愿者在参与活动之前并没有给予他们专业、系统化的培训。大学生志愿服务尚未形成完整的培训制度，一方面是由于学校和志愿服务组织不够重视，认为只要有爱心、有奉献精神就可以了；另一方面是受到经费的制约，进行系统地、专业地培训需要有专业的技术人员、场所以及设备等方面的投入。大学生志愿者有参与志愿服务的热情，但是考虑到参与活动需要培训会耗费时间和精力，比较麻烦，他们会因此放弃。这些因素在某种程度上阻碍了大学生志愿服务培训制度的形成。

第三，激励制度

恰当的激励制度有利于激发大学生志愿者的主动性和创造性。在现实生活中，许多人潜意识中存在大学生志愿服务就是提供无偿服务的观念，存在大学生志愿者是免费劳动力的错误认知，进而认为"免费的劳动力"不需要激励，只需要其提供无偿服务即可。

4.大学生志愿服务组织保障方面存在的问题

（1）志愿服务组织不健全、不完善

目前，我国的高校大学生志愿服务组织一般在高校共青团或者相关组织的领导或指导下，由学生会或者社团具体负责，其他的形式比较少见。我国正式开展青年志愿服务活动以来，经过多年的探索和改进，已经初步建立起了志愿服务组织管理网络和队伍，但还有待进一步健全完善。比如，一些团队还没有健全的管理制度，往往只是在初期负责招募或者登记志愿者，而对志愿者的培训、管理和活动的组织、实施等方面的引导和培养却做得不够。

（2）高校资源保障不到位

高校大学生志愿者还没有真正步入社会，其经济尚不独立，所以在志愿服务中，需要有高校和相关部门提供资金、后勤等资源保障。例如，大部分志愿服务活动需要高校提供安全保障、身份证明、交通费、食宿费等基本补贴。很多高校志愿者认为在权益保障方面欠缺，主要体现在：一是资金经费有限，开展活动时难以到较远的地区进行，或者开展的活动程度有限，效果不理想；二是人力资源有限，很多高校大学生志愿服务队伍不能配备足够的人员，导致志愿服务有很大的局限，难以形成合力；三是业务培训不足，主要是目前很多志愿服务组织的培训机制不健全，零散单一，深度不足，通常是决定开展哪些类型的服务或者确定了服务方向、对象之后，才进行相关的培训或者临时引导，根本没有建立起一套科学的培训系统和可持续性的体制机制。

（3）与服务对象协调不到位

开展志愿服务，不单单是要有主动参与的高校大学生志愿者，还要有接受服务的对象或者组织。被服务的组织能积极配合，双向出力，是使志愿服务取得良好效果的基本保证。但在实际情况下，志愿服务组织与被服务机构沟通不足，被服务机构对志愿服务的重视程度不够，思想认识不高，安排管理不当，经验不足，容易造成志愿服务开展不顺畅，在很多方面形成阻力。

大学生志愿服务形式和内容上缺乏创新，在我国大力推动"互联网+各行业"的形势下，大学生志愿组织主动适应社会需求，开创性地开展活动十分重要。但缺乏创新，也是当下大学生志愿服务面临的困境之一，主要体现在形式和内容两方面。内容上，尽管现如今可开展的志愿服务达十余种，但大部分志愿服务仍然以传递爱心、慈善活动、倡导社会风尚、捐款捐物等为主，科技普及、传递专业技能、网上服务、法律援助等活动甚少，活动过程没有很好地体现出学校或志愿组织的特色性与新颖性。在形式上，宣传方式以惯用的宣传栏、传单为主，网络平台虽然开设但利用效果不好；招募方式、培训方式、评估方式上也存在类似的问题，缺乏创新性和时代性，大学生志愿服务效果有待进一步提升。

服务效果的好坏由多方面决定，"互联网+"下应该对大学生志愿服务的效果提出更高的要求，服务效果需更好地改善，表现为：认同度不够、影响力不大、服务活动质量浅表化、志愿者心理预期达不到、创新不足等方面。大学生志愿服务活动开展走"形"未走"心"，服务质量浅表化，作为提供社会服务满足社会需求的志愿服务，呈现出供需不对称"剃头挑子一头热"的尴尬局面，造成资源的浪费，消耗了志愿者的服务热情，也未满足被服务方的需求；大学生志愿服务想要树立品牌，取得实质性帮扶效果，仅有一腔爱心和积极性是不够的，志愿服务项目需走向常态化、品牌化，保持持续性。现实中很多高校缺乏这种持久度，短期化、同质化的服务不能为服务对象带来质变。导致志愿服务浅表化，活动后参与者达不到自己的参与目的，社会也往往把这些实践看成是学校教育学生的一种方式，对活动所带来的意义与价值感受不深，宣传不到位，导致认同度不高，综合以上多项因素，以致服务效果自然就不尽如人意。

（4）大学生志愿服务组织志愿服务活动内容单一，选题不灵活

第一方面，服务面较窄。总体来说，我国高校大学生志愿者开展的志愿者活动服务面较窄，活动内容比较单一，形式比较单调，缺乏真正有意义的大活动，很多活动是浮在表面上的，没有深入地或者真正地做好实施。有的只是按照上级要求机械地完成任务，没有在服务对象和内容上进行详细的计划和统筹，很多志愿服务活动重复开展或者没有服务最需要帮助的群体。高校大学生志愿服务活动主要集中在扶贫、医疗、支教、敬老等几个方面，相对国外的志愿服务活动来说在形式和内容上要单一得多。许多国家的志愿服务活动已经拓展到很多领域或在相同领域深入创新，比如，老人儿童日托、儿童课余活动、社会义举、民权维护、社区开发、文化艺术、医疗卫生护理等。与之相比，我国的志愿服务活动特别是高校大学生志愿服务急需引导拓展。

第二方面，志愿服务内容与社会发展贴合不到位。随着时代的进步和社会的发展，我国的社会民情和矛盾也在不断发生变化，需要进行志愿服

务的领域也在随时发生改变。比如，20 世纪 90 年代，我国的教育水平很低，欠发达地区特别是贫困地区教师缺乏，高校大学生志愿者开展支教活动，无疑是对我国教育事业的极大贡献。现在，除了极度贫困的地区，我国的教育水平已经有了很大提高，现在再开展基本文化课的支教活动意义就不大了，而更需要音乐、美术等素质拓展科目的支教活动。但是，因为缺乏系统的计划和充分的沟通协调，很多志愿服务还停留在以前旧的思维框架下，没有跟上时代的步伐，没有做到真正符合实际的需要，这也是高校大学生志愿服务活动亟待改进的问题。

除了管理组织不完善，奖励激励机制不健全，也影响了青年学生参与志愿服务的积极性。志愿服务活动建立在自愿的基础之上，但是需要一个良好的激励机制，这是事物发展规律的基本体现。高校和有关单位应加强对志愿服务活动的奖励激励，加强对志愿服务的质量评估，加大对志愿服务活动成效的推广和运用，让高校大学生参与志愿服务活动的积极性、主观能动性得到充分调动，让高校大学生参与志愿服务活动的成绩得到表彰奖励，使志愿服务活动能够更好地健康发展。高校应该进一步加强组织保障、经费支持、后勤保障、协调统筹等方面工作，形成较为稳定的组织保障机制，为志愿服务提供必要的条件和基础，更好地利用高校大学生志愿服务这个平台弘扬社会主义核心价值观。青年志愿者团队要进一步建立健全服务管理体制，拓宽服务内容和领域，大力开展多样化、个性化、有特点的服务，以求适应志愿者行动的长远发展。

（5）志愿服务发展动力和支持度不足

进入 21 世纪以来，我国大学生志愿服务从学雷锋、环境保护、社会公益宣传等方面逐渐拓展到大学生暑期社会实践、西部计划、对弱势群体的关怀等。应用型高校的志愿服务也有类似的历程，但应用型高校的很多志愿者团队的服务对象就是未来就业对口的行业一线，如医院、相关企事业单位等。其办学特点和专业特色决定志愿服务过程中的"专业+"特色更加明显。我们以就业为例，从就业导向的角度来审视目前的志愿服务，主要存在以下问题：

第一，志愿服务定位不清晰，动力不足。从学校角度而言，出发点是为锻炼学生，提高学校知名度，从而组织学生团队进行志愿服务。但学校往往会忽视学生的需要，使得学生沦为志愿服务的配角，锻炼的目的和指向并不明确，导致学生进行志愿服务的功利性较强，自我建设和锻炼的动力不足。从学生角度而言，将志愿服务更多看成是学校德育加分的选项，或者是抱着出去玩的心态，真正将志愿服务看成锻炼自我、提高就业能力的比例较小。从职业态度维度看，在做志愿活动时经常会出现学生迟到现象，执勤活动中存在玩手机、脱岗等现象，志愿服务态度有待改善；从组织角度看，组织活动能力较弱，新媒体运用和推送能力不足，影响活动效果推广；从实际效果看，体验完初期的新鲜感之后，同学开始对志愿活动变得有所推诿，实际的活动效果堪忧。从被服务的单位或组织而言，往往将这类志愿活动定性为本职工作的补充或者调剂，能够为大学生志愿者提供专业知识实际运用和实践机会较少。同时，由于业务繁忙，对志愿者成员的培训较少或者不够系统，专业知识与技能的传授尤其缺乏。另外，志愿服务的管理机制和体制，存在院校管理和服务基地双重管理，容易出现多头命令交叉矛盾、信息传递存在偏差的现象。

第二，志愿服务低层次徘徊且缺少发展方向。目前，志愿服务活动主要通过学校社团组织，行政化和官僚化色彩比较浓厚，可提供的服务项目和内容比较单一，比如，敬老院送温暖、农民工子弟学校支教、关爱残障儿童等。或者在社区、地铁站、医院等导引路线、清洁卫生等服务。这些活动层次较低、内容趋同，不能充分运用大学生志愿者的专业技能和兴趣，抑制了志愿服务社会效应的扩展。很多志愿服务项目是需要有志愿者来执行和完成的，学生的激情和活力也需要这些舞台来展示，但如果较长时间地被动配合和从事趋同性的工作，往往会出现大学生退出和拖延现象，对学生主动性的发挥会产生不利的影响。部分大学生没有真正理解志愿服务的意义，跟风和其他人一起参加，将志愿服务当作完成任务，进行简单拍照、维持秩序和路线导引等，心中充满迷茫，所以，参加志愿服务断断续续，能够提供的服务内容水平较低。大学生运用专业化水平提供志愿服务的能力不足，往往凭借热情和兴趣参与活动，运用医疗康复、健康宣传、技术支持、社会工作等方面的专业技能提供志愿服务的概率不高。

第三，与大学生职业发展结合不密切。行业一线，比如，血液中心、医院等企事业单位的应用性、专业性较强，为这些对口就业单位提供志愿服务的队伍成员来源庞杂、专业背景杂糅，专业对口度较弱、知识鸿沟较深，在团队组建伊始就无法与上述未来的实习或者就业岗位匹配，故在志愿服务过程中只能按照流程进行服务，不能在志愿服务过程中运用专业知识，志愿效果不理想。部分对口性志愿者团队的成立初衷，是希望学生结合所学专业知识开展服务活动，在服务过程中理论结合实际，学以致用，既服务社会又加深专业学习，如能提前感受工作氛围、熟悉相应的工作规范和要求、学习临床等实践操作的内容、发现理论学习与实践的偏差，对未来的就业是非常有益处的。而这些深层次的内容却在实际服务过程中较少涉及，从用人单位招聘上来说，可能存在时间间隔及其他现实因素的影响，参加过该单位志愿服务的大学生志愿者应聘成功的概率并不是很高，与设想中对口专业学生服务对口单位以增加求职机会的期望值差距较为明显。

第四，受众面较窄。以就业为导向的志愿服务旨在尽可能多地覆盖更多的学生，为他们提供专业实践和锻炼的机会。但从志愿服务实践来看，大学生报名高校组织的校内外志愿者项目积极性不高，主要是学生干部、入党积极分子、预备党员及党校学员参加，很多情况还是受到指令或者有功利化的需求才参加，普通同学的参与积极性并不高，学生群体参与志愿服务的比例有待提高。此外，大学生对运动赛事、大型活动等短期类的志愿项目兴趣度较高，比如，马拉松、大型国际会议、博览会、歌舞晚会等，对需要一段时间内参与的志愿项目则表示精力不足而放弃，很多志愿服务还是在老师和班干部组织下的临时性参与，不能激发大学生志愿服务的成就感和归属感。

第五，大学生志愿时间随入校时间递减。大学生志愿者团队在每年都要招收一大批新成员，而老成员则所留甚少。这是由于团队在每学年初招收新成员时，报名参加的人数比较多，队员的积极性也很高，但是随着时间的推移，队员的积极性逐渐消退。许多队员由于种种原因主动退出团队，或虽未退出团队但已经不再参与各种活动。到新的学年，大二、大三的学生只留下为数极少的骨干成员，团队中几乎所有的队员均需从一年级新同学中补充与吸收，这一情况在高校较为普遍。

第六，大学生志愿者活动实效性不强。大学生志愿者活动在形式上主要有在校园义务劳动、清理街头小广告、社区义务支教、去敬老院或儿童福利院、残联献爱心等，形式过于简单，缺乏教育内涵。这些活动大多没有结合专业，没有起到锻炼实践能力的作用。

第七，大学生志愿服务能力较为欠缺。由于现在大多数大学生志愿服务活动在选拔志愿者上缺乏要求，参与门槛较低，而大学生缺乏相关能力的筛选与相应的技能培训。虽然大学生具有一定的理论知识，但是我们不能忽略大学生普遍缺乏社会实践能力的现状，并不能很好处理志愿服务中遇到的问题，他们往往专业技能不足、社会交往能力欠缺，使得大学生志愿服务活动质量大打折扣，并且受到被服务单位的不满与轻视。

第八，志愿活动的内容形式十分有限，并且不利于志愿活动长期持续开展。一方面，大部分大学生志愿服务缺乏长期稳定的志愿服务组织或机构，而是一种松散的管理模式，社会上也缺乏统一的管理机制。大部分高校没有建立完善的志愿服务申请、考核等制度，也没有把志愿服务纳入到学生素质评价系统之中。并且学校的志愿组织与社会志愿活动之间存在一定程度脱节，学生们并不能很好参与到志愿活动之中。另一方面，志愿者招募与注册较随意，缺乏制度约束；志愿者培训缺乏制度管理导致志愿者服务能力较差；志愿服务记录制度还不完善；志愿者激励制度缺乏，使得志愿者持续动力不足；政策与法律保障仍不完善，以至于志愿者的合法权益未能受到很好的保护。

第九，参与度低。志愿活动信息发布覆盖范围小、志愿者权益得不到保障等客观因素影响着志愿活动的参与度。同时，目前高校参与志愿服务的志愿者在志愿活动面前也有不少踌躇不前，抱着随大溜的心态参加志愿活动，这些人往往会消极对待志愿服务的任务，给志愿服务活动带来负能量。

第十，志愿服务技术含量低，志愿服务过于简单化、形式化。目前，各高校组织的志愿活动主要有两种，一是由学生自主组织，但这类活动一般为一些常规活动，另外一种是和社会机构合作，例如，义务讲解员、交通协管之类的工作，出于对学生本身能力的考虑，技能类的志愿服务较少。志愿服务技术水平低不仅包括志愿项目本身的低技术，也包括志愿者的专业水平普遍不高。高校志愿者不存在学业文化水平低的问题，所以这里的专业是指志愿者们在开展志愿服务项目时的服务能力。

第二节 "互联网+"视域下中国大学生志愿服务问题原因分析

一、志愿服务平台监督和管理缺位

（一）平台活跃度弱导致志愿服务进程缓慢

目前省级志愿服务平台服务层次低、服务方式单一。服务功能仅限于数据统计和信息发布，没有利用和发挥出服务平台的优势，更没有实现与"互联网+"的融合发展，平台为志愿服务双方提供资源对接、个性化服务的功能还比较落后，省级志愿服务平台目前只能算是志愿服务的信息发布平台。目前，省级志愿服务平台的服务功能仅限于为志愿者、志愿组织提供注册登记、志愿活动信息查询。平台的管理人员主要是对注册人员信息和活动信息进行审核，其工作重心也是信息管理，而不是为用户提供服务。通过省级志愿服务平台进行调研，以我国发达的东部省份江苏省为例，通过使用第三方网站流量统计工具 Alexa 对 2017 年 1—3 月的网页访问量进行统计发现，除省文明办的志愿平台在访客数量和页面浏览量方面均有数据外，其他几个志愿服务平台基本无用户访问。团省委的志愿服务网和省妇联的女性 e 天地在 2017 年 1—3 月的数据统计中，均没有访客量，也无页面浏览量，说明网站的活跃度几乎为零，所谓的服务功能也近乎形同虚设。

（二）注册志愿者使用热情不高

目前，江苏志愿者队伍年龄结构呈现出年轻化特点，尤其是大学生群体占据了志愿者队伍的主体。大学生志愿者充满激情，易于接受和掌握新鲜事物，是使用志愿服务平台的主力人群。但是，大学生志愿者队伍也存在人员流动性大、队伍稳定性缺乏的现实，随着志愿者自身积极性的减退，主要出于考试复习、就业压力等原因，志愿者参与志愿服务的时间难以保障，甚至是减少或中断志愿服务，造成了志愿者队伍的"隐形流失"。有的志愿者虽然完成了注册，但在参与志愿服务时却并未使用平台进行打卡记录;有的志愿者虽然注册并使用了信息平台,但在毕业后就慢慢放弃了使用,逐渐成为"僵尸用户",还有的志愿者因被强制使用服务平台,产生了对志愿服务的反感,参与志愿服务的积极性也因此受到了挫伤。

(三)志愿者需求被忽略导致志愿服务者积极性差

不论是推动志愿服务平台发展,还是完善志愿服务体制机制建设,其出发点和落脚点都是满足社会对志愿公益服务的需求,而作为志愿服务的主体——志愿者的需求却很容易被忽略。志愿者在提供服务的同时也通过展现自我,获得自我满足及成就感,但实际上,他们的自我或多或少地没有得到充分展现,他们的期望在一定程度上也受到了打击。志愿服务平台本可以为志愿者提供一个更为广阔的空间,但在管理和运行中却忽略了平台的用户主体——志愿者的现实需求,因此无法真正服务于志愿者,也无法使志愿者产生使用依赖。

首先,通过志愿服务平台自主选择加入志愿活动的志愿者,并没有与活动组织方真正建立服务意向。他们往往只是被动地接收通知、听从安排,再按部就班地按照要求开展工作,自身的专业知识、特长优势及主观能动性都无法得到施展,在服务中的现实需求和真实感受也无法得到反馈和重视。其次,由于志愿组织发展的良莠不齐,一些志愿组织的专业人才、经费等资源很有限,致使志愿者希望获得专业培训、提升技能的需求难以实现,而服务平台的建设也依旧没有解决这一困境。以江苏省为例,开设了培训版块的"志愿江苏平台"和"江苏志愿信息系统"仅仅是在栏目内容中发布了几条与志愿服务相关的文字材料或是相关文件代替了志愿培训的内容。再次,在组织内部,有时志愿者没有得到应有的关怀与认可。获得成绩时,没有得到充分的肯定或奖励;遇到挫折时,没有受到温暖的支持和鼓励。在志愿服务平台上,基本上也都是对优秀志愿者、志愿者之星的表彰事迹展示,大部分没有获得表彰的志愿者则被忽视,使他们参与志愿服务的积极性受到了打击,进而削弱了对团队的归属感。有些大学生加入了好几个学生社团,参加的活动比较多,有时候因为时间冲突,打卡记录的志愿活动时间就不是很长,也从来没有获得过激励。评优不光考核服务时长,也要考核服务质量,希望能获得更多的精神鼓励和认可,一般服务时间比较长的志愿者比较容易被评优、评先进。但对于那些在有时间的情况下积极参与其余活动，而且也是全身心投入服务的志愿者，组织应对其给予关注和重视。

二、志愿组织的线上培训存在的问题

（一）针对志愿服务项目的在线服务功能未开发

在志愿服务项目的开展环节，志愿服务平台发挥的主要作用是发布活动内容、招募条件、报名情况等相关项目信息。起到的主要是管理和监督的作用，但是却忽略了指导与评估的功能。对于在项目开展过程中的资源配置是否合理、服务对象的实际需求是否得到满足、志愿者的专业性是否得以发挥等问题，平台均没有发挥出资源对接、服务指导的功能。同时在平台的维护、信息的对接与对项目的服务等方面，缺少与社会工作的结合和专业的指导，通常是只在网上发布活动信息，把相关信息对社会一公布便算完成，而对于项目开展的具体情况、是否需要后续服务等并不关心，因此，志愿服务平台针对志愿服务项目的服务功能可以说是微乎其微的。目前，省级志愿服务平台大都只能实现简单的信息发布和数据记录，没有充分利用互联网的信息和数据优势，对已有的志愿服务数据资源进行大数据分析和精准定位，建立针对项目的科学的项目评估方式。

同时，平台还缺乏与其他社会资源的互联互通及专业工作人员的科学指导。在项目开展过程中，既没有通过志愿服务平台建立在线评估机制，也没有实现实时督导，因此可以说，平台针对项目的在线服务功能还没有开发。以"志愿江苏平台"为例，志愿者登录平台后，只能看到志愿服务项目的时间、地点、服务对象、招募条件等信息，对参与服务所要履行的具体职责却没有明确规定，志愿者对所要从事的具体工作也并不知情。而在项目开始后，当志愿者遇到诸如角色融入困难、与服务对象交流障碍、无法胜任岗位等问题时也无法通过平台进行反馈和得到解决。整个项目的开展过程，志愿服务平台都是没有发挥作用，项目结束后，平台也仅是简单地将活动状态更改为"已结束"，除此之外，并无其他功能。目前志愿服务平台的建设还只是一种推动志愿服务发展的手段，有很多不完善、不健全的地方，对志愿活动的指导、服务评估这些都还没有完善，还需要专业的社会工作领域的专家帮助。

（二）大学生志愿服务平台运行效率低

平台在大学生志愿服务中的应用尚处于起步探索阶段，志愿服务组织通过微博和官方微信发布的信息与互动评论度高的博文相比，呈现出信息形式新颖度不够、内容单一、发布信息数量不规律、话题吸引力不强、回复评论不及时等问题。

第一，专业化程度不高。微媒体的运行管理与"互联网+"紧密相连，需要大量专业新媒体或计算机领域的专业人才或复合型人才，对管理人员的专业要求较以往传统的志愿服务更高。虽然高校专业多、人才多，但还存在经验不足、与课业时间冲突等原因，导致微平台运行管理不善。

第二，缺乏系统有效的培训。专业培训是提升志愿服务专业化的有效途径，但是大学生志愿组织不比社会性组织，培训人才和资金缺乏为培训的展开造成了一定障碍。校内组织培训往往是组织内部人员中的高年级成员对新成员的经验培训，有一定的局限性。

第三，组织之间的联合度不够。不论是学校各学生组织之间，还是各志愿服务组织之间，联系度不高，没有形成统一联合的平台和工作机制，他们更多的是各自发挥主观能动性，组织之间的联系方式主要通过微博通知对方，实际效果甚微，组织之间缺乏长期的经验的交流与学习。

（三）志愿管理服务机制不完善

我国志愿服务队伍建立时间较短，现阶段高校青年志愿服务管理主要由学校团委来负责，每个学校对志愿服务的时长、内容、频率要求各不相同。此外，很多高校没有形成一个系统性的服务制度，志愿者招募、培训、考核、激励等存在很多问题，导致高校青年志愿者不能够长期坚持志愿服务活动，一般只有低年级学生参加志愿服务活动。高年级学生一方面面临着学习和就业的压力，没有足够的时间参与到社会服务中；另一方面参与过两年志愿服务活动后，对志愿服务产生消极的态度。组织者不仅要发展更多的青年加入到志愿服务团体中，更要培养志愿服务精神，从而使整个团体能够长期服务社会。

（四）志愿服务宣传不够深入

中国共产党第十七次全国代表大会的报告里第二次提到了增强社会构建及改进社会志愿工作制度，之后志愿工作的传播范围不断增强，有力推动志愿工作的开展。在新的阶段，大学生志愿工作的传播范围仍然不够广。

第一，政府和相应的部门就志愿工作的传播不够。志愿工作的经典事件、优秀人物被传播媒体关注得很少；与大学生志愿活动有关的书籍、报刊发表数量不多；志愿工作有关的网络宣传很少，部分网站传播内容无聊、方式不够创新。从而让社会其他阶层不了解大学生的志愿工作，使得社会各阶层无法正常回应志愿工作。

第二，大学生志愿活动的传播力度不够。政府及社区居委会对志愿工作没有充分地采取相应的措施进行宣传，志愿工作的氛围不高，志愿工作的宣传单发放量极少，社区内的宣传力度不够。这与西方国家在火车站、地铁站、汽车站等大众场所大范围张贴相关告示、大型彩画等做法有很大的差异。我国志愿工作的主要部分是大学生，在很多地方仍有不足之处，需要社会各阶层对其进行帮助。当前，相关企业公司对志愿活动举行的传播活动极少，不了解志愿活动的原因、标准、作用。社会上有的人不重视志愿者，同时不清楚志愿活动的项目，对志愿者的无偿性活动认识较浅，志愿活动的举行不仅没有服务部门的帮助，也没有邻居、家人的认同。

第三，大学对志愿活动的宣传范围较小。大学对大学生志愿工作的传播有极强的政治色彩及强迫性，媒体传播作用力不够好。基本上只有志愿活动的发表人及活动方才会阅读志愿活动的网络信息，他们原本就是志愿活动的带头人，无须再多次地传播相关信息。在新时代下，社会对大学生志愿工作的要求更高，可是目前我国大学生志愿者的招聘、训练过程不完整，志愿工作安排的过程没有完整的计划，安排过程也比较随性。在新的情况下，大学生志愿工作的招聘训练体系不够完整、志愿时长不恰当、鼓励评价体系不够完善等也表明了志愿工作组织管理不合理的现象。

第四，目前志愿工作依然存在鼓励制度缺失、大学生志愿工作鼓励体系不完整等不足之处。志愿服务停止后，志愿工作组比较看重工作的结果，忽略点评志愿者及对其进行鼓励，志愿者参加志愿工作的热情降低，不能使志愿者继续成长。志愿服务组织管理欠佳，志愿服务立法工作滞后，我国在志愿工作方面的法律法规极少，目前，国家性的立法正在倡导过程中，地方性的法律有很多不完善的地方，大学生对志愿工作的规定性条例遵守不严谨，志愿工作里责任跟义务的联系不清楚，大学生志愿工作没有一定的法规保障。新时代志愿工作不能仅局限在单一的看护老人儿童、种树种草、举行讲座等志愿行动，需要开展更大、更深的志愿活动，比如，无偿"三支"、国内外大规模比赛志愿工作、大型的国际志愿工作行动等，志愿工作的模式越加多样化及内涵更加繁杂，志愿工作存在某些风险，法规的支撑是大学生志愿工作持续成长的重要保障。大学生参加志愿工作时可能会遇到意料之外的事情以及难题，当前我国的志愿工作法规针对志愿工作的权责关系表述不清晰，大学生志愿服务缺少必要的法律保护，如志愿者被侵犯了人身权利及财务伤害如何赔偿并没有清楚地规定，当事情发生后，尤其是志愿者受伤或死亡，志愿者的相关利益无法得到保护。

（五）志愿服务支持力度不足

要做好志愿服务活动的工作，需得到社会、家庭和政府部门的支持及保护。新时代，中国志愿者工作队伍在快速地增大，工作范围更加广阔，对志愿工作的挑战和难题层出不穷。

政府帮助力度不大。一个是政府部门未及时为大学生志愿者工作提供有效帮助，双方矛盾未产生满意的化解方式；另一个是，政府就大学生志愿工作的财务支撑不足，因为我国大学生志愿工作的资金来源较单调，很大部分是政府及大学的财政帮助，政府对志愿工作的财政帮助不够完善，某些方面限制了志愿工作的持续发展。

社会帮助不足。社会对大学生志愿工作缺乏认识，不看重大学生志愿工作，在志愿工作期间，大学生志愿者被看作是廉价的体力活的状况经常可以看到，甚至有一些个人和社会单位排斥、抵触，不与大学生合作。另一个原因是缺乏社会钱财支持。西方国家里，尤其是美国，个体和公司帮助慈善产业十分常见。但是我国社会层面对大学生志愿工作钱财的支持力度极小，对我国大学生志愿工作的不断成长起着消极的作用。

家庭支持力度不大。新时代，在工作节奏越来越快的情况下，某些大人仅看重孩子的学习成绩，却对其品德和社会实践能力的重视程度不高，一定程度上忽视了志愿服务精神品质的培养。大部分的家长越来越看重儿女的学习及身体健康难题，对大学生参加志愿工作持反对意见，家庭未培养儿女的奉献意识。部分家长本身参与志愿工作的时间和次数也很少，家长是孩子的榜样，其行为方式能够对孩子的思想及动作产生作用。志愿服务长效机制尚未形成，在"互联网+"环境下，我国大学生志愿工作受社会各方因素的影响越来越大，越来越吸引大家的注意，可是志愿活动并没有成为大学生的主动意识，大部分志愿工作只是靠大学的引导、政策的支持来成长。足以看到，我国大学生志愿工作并不够广泛化、平常化，主要是志愿意识不够深入。在志愿活动的传播过程里，简单的口头式的传播结果往往是不乐观的，志愿团体并未把志愿活动的思想及信念融入大学生的想法，大学里不仅没有相关课程的设置，也没有营造某些志愿工作的气氛。大部分大学生不了解志愿工作的内涵，没有参加志愿工作的热情。另一方面我国大学生志愿工作没有方案的支持，不能构成自己的团体特征。当前，在大学生志愿工作的西部规划项目外，别的志愿工作标准化、长时间化及继承化，大部分志愿工作看重结构，无深入的内容，也说不上自己拥有的团体特征。大学生志愿工作没有固定的工作场地。我国大学生志愿工作的站点、场地等不够，大学生不仅是在一个不固定的地方或随意的地方举行志愿活动。当前我国大学生志愿工作的训练体系简单、分散，未变成有条理性的制度；志愿者的权利保护不够；鼓励体系简单；归纳评价体系不够全面；等等。就高校而言，更要大力弘扬志愿精神，提高大学生参与志愿服务的内在认同度。"通过教育和宣传，大力培养民众的志愿服务精神和社会责任感，把慈善志愿活动变成完全自觉的公民行为。"

志愿服务使大学生志愿精神和社会责任担当的培育从显性教育走向隐性教育，显性教育和隐性教育是思想政治教育功能的两种呈现形式。

传统的志愿精神培育过程是以说理为主的显性教育，大学生对此有抵触心理。而志愿服务作为一种实践性很强的培育方式，在各个环节渗透着志愿精神的内容，大学生参与其中具有自愿性、积极性、主动性等特点，能有效降低大学生的抵触情绪，增强大学生的参与兴趣，所以，家庭应营造志愿意识训练的气氛，并树立无偿意识的继承教导，使其在参与过程中能主动接受志愿精神培育内容并使之内化，达到潜移默化的教育效果。

（六）欠缺长效运行机制

长效运行机制应该包括监督反馈机制与宣传推广机制。当前我国存在个别城市志愿服务活动在推进服务信息化建设的过程中，因为欠缺长效运行机制，导致个别地方的志愿服务信息化建设进展缓慢甚至停滞不前的问题。志愿服务信息化是一个持续渐进的过程，并非一朝一夕能实现，并且将互联网技术引入到志愿服务中仍然未找到一条成熟、可靠的实现路径，其过程当中无法避免地会发生一些难以提前预料的难题与障碍，必须要对志愿服务信息化发展的全过程实施动态监督，及时对出现的问题进行整改，收取反馈意见并以此为基础进行调整、革新，欠缺监督反馈机制会使得个别地方政府对志愿服务信息化缺乏长远、持续的规划，在发展过程中遇到的人力、物力、财力、技术等方面的难题往往因为缺乏事前的规划部署和后续的解决方案而望而生畏、止步不前，难以及时采取有效措施来解决发展过程中的难题致使建设遭遇瓶颈。如果不能及时了解、跟进，参与者对志愿服务信息的反馈就无法尽快做出调整，可能会将难题进一步扩大，不利于难题的解决。欠缺宣传推广机制会大大降低志愿服务信息化的知名度与普及度，不利于动员、吸引更多的志愿服务者参与到志愿服务信息化进程当中，并且无法让志愿服务者及时了解志愿服务信息化的具体实际情况，久而久之会给他人留下面子工程或者已经停止运营的错觉，不利于志愿服务信息化的进一步发展。

居民互联网技术水平不均衡使得活动的进程缓慢。通常情况下，社区居民的结构是较为复杂的，他们的年龄、从事职业、受教育程度、社会地位等个人情况存在较大的差别，而这又是影响居民参与社区事务的重要因素，因此，同一社区居民的参与程度也会千差万别，尤其是涉及互联网技术时，这种差别被进一步放大。与从前社区服务模式相比，运用互联网技术参与社区服务对居民的知识技能提出了更高的要求，需要掌握更多技术，能否熟练、正确运用互联网技术成为直接影响社区服务信息化的重要因素，互联网技术在为社会发展带来便利的同时也带来了不可忽视的"数字鸿沟"。在"互联网+"背景下建设社区服务信息化必然要面对"数字鸿沟"这一难题。"数字鸿沟"通常是指人们在信息占有方面存在的贫富差距，可以将其进一步细分为物理层面和社会层面，前者表示人们由于经济水平与消费水平上的不同而在选择数字化产品方面存在差距，即是否买得起的问题；后者则指人们出于性别、年龄、文化水平等社会因素的差异而在数字化产品的认识和操作水平方面产生的差异，即是否愿意用以及是否会用的问题。

社区服务作为社会公共服务的构成要素，除了要提供针对全体成员的便民服务之外，也要重点关注社区中老年人、未成年人、残疾人、生活贫困者、失业人士等弱势群体，让他们也能共享到同等的社区服务信息化成果。我国绝大多数的老年人不会使用与互联网相关的数字化产品，因年龄的限制，老年人在互联网技术方面的学习能力与接受能力较低，在运用互联网技术方面存在很大困难。

（七）资金短缺且缺乏供应渠道

目前，志愿服务信息化建设大多是依靠政府投资，企业负责承办，但之后的后续运作必须依靠充足的资金加以支持，初始阶段的一次性建设投资政府尚且可以负担，但是如果政府无法为其发展不断"输血"，容易导致社区早期建设比较顺利但是中后期的持续运营难度提升。社区服务信息化建设本身具有公益属性，企业需要投入大量的资金，且投入资金收回的时间相对于其他投资来说过长，能否获取利润对于投资商来说也是不确定的，这些风险必然会对企业是否为社区服务信息化后续投资产生影响，会导致社区服务信息化缺乏稳定的供应渠道。目前，我国许多城市社区在建设社区服务信息化的过程当中都面临着资金短缺的问题。例如，长春市朝阳区社区服务网络中心在发展过程中就遭遇资金难题。

（八）社会志愿服务组织制度化建设尚不健全

没有长效的管理机制和规范的工作机制，在服务领域、志愿者招募、志愿服务项目策划、内部管理以及组织发展等方面均存着在管理松散等不足和缺陷。例如，志愿者登记注册制度不严格，导致注册的志愿者人数极大地超过实际服务人数，"僵尸"比例过大，参与度和活跃度过低。且管理制度不健全，存在管理多元化、职责不清等现象。制度建设流于形式，缺乏有效监管，志愿服务容易陷入短期行为和功利主义的境地，不利于志愿服务事业的可持续发展。缺乏有效的管理机制，在志愿人才的招募、培训、任职及退出等环节管理松散，没有规范的管理流程和标准，造成很多的潜在问题以及负面效应。目前，泰州市还没有形成统一的志愿者招募、培训等机制。在访谈中，笔者了解到几乎每一支队伍里都有志愿者的流失，虽然其中不乏志愿者个人原因的退出，但更多反映出的却是管理者管理经验的缺失与凝聚力的严重不足。

（九）组织责任培育不足

组织志愿服务发展的动力，既来自企业追求社会形象、谋求企业效益的动机，也来自企业家、经营管理者、员工作为社会成员，以此方式实现公民对权利义务的追求。随着经济发展和社会进步，越来越多的企业社会开始关注和践行社会责任。虽然志愿组织参与志愿服务的动机复杂，既有完全无私的奉献，也希望获得企业形象宣传，还有希望扩大产品市场的动机，但确实承担了很多的社会责任。近年来，比如，泰州市成立了美德善行促进会，资金来源主要就是爱心企业的捐赠，不少企业也都鼓励员工参加志愿服务，但参与志愿的企业目前还是少数。在自发参与志愿服务的企业中主要以外企为主，如安利集团公共服务部的负责人介绍，安利集团每年都会安排一定经费用来投入公益事业，民营企业家参与不足。

（十）志愿者领袖作用发挥不足

个人不仅是参与志愿服务行动的主体，也可通过其行为影响成为动员主体，我们将拥有很强的调动相关资源和影响社会公众行动选择的能力的人称为志愿者领袖。在志愿服务实践过程中，"志愿者领袖"在对志愿者激发、培训、管理等工作中均扮演很重要的角色，是与众多志愿者亲密接触并与其直接联系的重要群体，缺少优秀志愿者领袖的组织被称为"一群富有爱心的乌合之众"。由于中国是传统的熟人社会，优秀志愿者、志愿项目的交流展示不足，目前，泰州市现有的志愿者领袖在动员志愿服务资源方面的影响力主要集中于所在社区，能够在全市形成广泛影响的志愿者领袖相对较少。

（十一）公民社会发展尚不足

志愿服务动员客体参与激励机制不健全。志愿者参与率高，才能有效保证社区志愿服务顺利开展，但是，目前社会公众参与志愿服务的意愿不高、参与度较低，具有较强志愿服务技能的中青年和在职人群还没有普遍参与社区志愿服务，志愿者参与意愿不足，志愿服务动员活动开展的基础是社会对志愿服务的认可，公众对志愿服务工作的支持和参与是公民社会发展的标志，也是志愿服务普及的直接动力。因此，公民社会的成熟程度对推进志愿服务工作影响巨大。现代公民意识是指在现代社会中民众个体对自身公民身份的自觉反映，既体现相关的权利，也体现自身在政治和法律上的地位、参与社会公共事务的自我感知和体验。由于我国传统伦理社会的框架和民主政治体制发展的滞后，广大群众公民意识不足，没有开展过针对性的公民教育课程，严重制约了志愿服务发展。志愿精神的弘扬是培育公民意识的重要手段，在新的社会治理背景下，政府逐渐认识到志愿服务的重要性，通过各种形式宣传弘扬志愿精神，努力营造浓厚的志愿服务文化。但是志愿文化建设只是满足于"学雷锋志愿服务月"等一些关键时间节点，没有形成长效的宣传。另外，在志愿文化构建过程中满足于浅层次的宣传，忽略了志愿服务内涵的挖掘和公民责任意识的培育，不少居民群众观念依然停留在"全能政府"时代，公众对自身在社区建设中扮演的主体角色认识不到位，部分群众认为，公共产品和服务提供的责任主体主要是党委、政府的责任，存在"与己无关"的思想；部分群众认为，志愿服务是"觉悟高"、有闲有钱人的事情，缺乏应有的责任意识和参与意识，少数部门对组织和发动社会力量参与志愿服务的重要性认识不足。

（十二）志愿服务主体培育引导不到位

人民团体力量挖掘不足是志愿服务主体缺乏的主要原因。共青团、妇联、工会等社会团体具有完备广泛的群众基础、较高的政治地位，能够在动员中担当重任。近年来，各群团组织都强化激励机制建设，优化激励方式，可以针对志愿者参与动机进行外在动员。但目前的激励机制缺乏系统性。现有的激励方式仅仅限于简单的评选表彰和物质奖励，难以吸引志愿者，调动积极性。一是考评机制的规范性需加强。由于缺乏统一的志愿者管理部门，志愿者服务计时工资多由所在志愿组织评定，规范程度不一，容易引发功利性的偏差。比如，泰州市现有办法的物质激励主要集中于一些生活用券等，缺少服务型的激励，对不同年龄层次的志愿者吸引力不一。同时，评选星级志愿者固然有积极的作用，但实践中缺乏后续跟踪评价，致使志愿者参与服务的主动性不强。二是激励机制不健全。系统的学习和规范的培训不仅可以提高志愿者的工作技能，保障志愿服务的质量，也是对志愿者激励的有效手段，但这些都有赖于志愿服务组织化程度的提高。但是，不少志愿组织存在没有培训意识，从调查中，笔者了解只有不到40%的志愿者参加过岗前培训，不到20%的志愿者定期接受志愿服务相关培训。

（十三）志愿者参加活动缺乏技术手段支撑

志愿服务停留于简单的助老助残等传统形式，无法满足居民多样化的需求，如现在能够从事心理咨询、特殊护理等具有一定专业要求的志愿者相对较少。同时，由于没有专业的指导，志愿者无法实现自我提升，各志愿服务组织普遍存在"普工多、技工少"的情况，导致许多志愿组织在参与需要较高专业资质领域的服务时力不从心。当前，不少志愿组织在人才招募、技能培训、资源整合等方面相对较弱，志愿文化、制度章程、工作流程等方面不够规范，存在"需要才找，用完就好"的现象，组织运行松散，志愿者流动性较大，遇到突发志愿活动难以提供人力保障。同时，没有保险和相关的志愿服务合同，志愿者权利、义务不对等，一是人身安全得不到保障，二是志愿服务中发生法律纠纷等难以处置，成为很多志愿者的后顾之忧，给志愿服务发展带来巨大阻碍，难以可持续发展。

第七章 大学生志愿服务中价值观培育的原则和方法

大学生志愿服务中价值观培育，是紧密依托大学生志愿服务这个有效载体，精准把握社会主义核心价值观在大学生志愿服务中的鲜明呈现，有针对性地实现社会主义核心价值观的培育。在培育过程中，正确阐述和把握大学生志愿服务中价值观培育的原则和方法，对做好大学生志愿服务中价值观培育工作具有重要的意义和价值。

第一节 大学生志愿服务中价值观培育的原则

"这个新时代是承前启后、继往开来、在新的历史条件下继续夺取中国特色社会主义伟大胜利的时代，是决胜全面建成小康社会、进而全面建设社会主义现代化强国的时代，是全国各族人民团结奋斗、不断创造美好生活、逐步实现全体人民共同富裕的时代，是全体中华儿女协力同心、奋力实现中华民族伟大复兴中国梦的时代，是我国日益走近世界舞台中央、不断为人类做出更大贡献的时代。"在这样一个崭新的时代里，就要"积极培育和践行社会主义核心价值观，就要把社会主义核心价值观融入社会发展的各方面，转化为人们的情感认同和行为习惯"。大学生志愿服务因其外在形式和内在诉求与社会主义核心价值观具有共融共通性，因此要引导当代大学生积极开展志愿服务活动，在实践中感悟价值，在践行中体验认同。新时代，大学生志愿服务应坚持正确导向、坚持联系实际、坚持与时俱进，实现大学生志愿服务中价值观的培育。

（一）坚持正确导向

应当说，实现中华民族伟大复兴的中国梦就是当代大学生在奋进过程中所应坚持的正确导向。只有坚持这样的正确导向、树立这样的正确价值观念，当代大学生才能更好地理解习近平新时代中国特色社会主义思想，才能更好地认同社会主义核心价值观对当代中国当下和长远的重大意义，才能更好地做好大学生志愿服务中价值观培育工作。

面对多元文化的碰撞和冲击，在西方文化的影响下，如今的大学生群体难免会产生价值疑虑和思想困惑。因此，聚焦大学生特色社会主义核心价值观的培育，事关实现中华民族伟大复兴事业的前途。我们应该清醒地认识到，当代大学生只有在实现中华民族伟大复兴的中国梦这一正确价值导向的引领下，才能树立正确的世界观、人生观、价值观，才能把对中国特色社会主义的道路自信、理论自信、制度自信、文化自信内化于心，外化于行，才能真正承担起新时代党和人民所赋予的历史重任。正如习近平总书记在参加"实现中国梦、青春勇担当"主题活动时所讲的那样："中华民族的伟大复兴终将在广大青年的接力奋斗中变为现实。要用中国梦激发广大青少年的历史责任感，为每个青少年播种梦想、点燃梦想，让更多青少年敢于有梦、勇于追梦、勤于圆梦，让每个青少年都为实现中国梦增添强大青春力量。"

1.在大学生志愿服务价值观培育过程中，坚持以实现中华民族伟大复兴的中国梦为正确价值导向，为当代大学生更好地成才发展指明了方向

大学生是未来国家建设和社会发展的中坚力量，同时也是实现中华民族伟大复兴中国梦的重要后备力量，因此，应当坚持以实现中华民族伟大复兴的中国梦为正确的价值导向，引导他们响应时代的号召，用社会主义核心价值观的深刻内涵涵养自身，不论在何时何地都要始终坚持用习近平新时代中国特色社会主义思想作为自我成长成才的精神指引。在坚定不移地坚持中国共产党的领导下，将社会主义核心价值观内化于心、外化于行，在确定价值目标实现的路径时，时刻将个人的梦想融入中国梦这个集体梦想之中。

在实现人生价值的具体实践过程中，将作为新时代大学生所承担的历史重任铭刻在自己的头脑中，这是当代大学生在人生价值实践中必须坚持

的原则。只有在大学生志愿服务价值观培育的过程中指明他们未来的奋斗方向，才能够使他们在未来发展的道路上少走弯路，才能够使他们在未来的生活和工作中永远怀着一颗敬畏之心，时刻对照社会主义核心价值观来规范自己的行为，才能够帮助他们在这个充满机遇和挑战的时代实现自己的人生价值，成为当之无愧的国家栋梁。

2. 在大学生志愿服务价值观培育过程中，坚持以实现中华民族伟大复兴的中国梦为正确价值导向，为当代大学生提供了实现人生价值的舞台

任何一个国家、一个民族，都离不开一个核心的价值观做支撑，中国也不例外，社会主义核心价值观集国家、社会和公民的价值目标、价值追求和价值原则为一体，是社会主义核心价值体系的最大公约数，凝练和集中表达了社会主义核心价值体系的核心要义，体现在当代中国意识形态领域的最深沉、最持久的价值诉求和价值表达。新时代，必然需要对社会主义核心价值观赋予时代解读，在新的历史条件下，大学生志愿服务和社会主义核心价值观培育有机结合，才能使当代大学生将实现中国梦作为自己思想体系形成的奠基之石，才能为中国梦的实现进行自我最大能力范围内的实践，贡献自己最大的能量。此时，实现中国梦必将成为当代大学生实现人生价值的舞台。梦想在当代大学生的心中是普遍存在的，而梦想与现实之间的差距也是客观存在的，受制于现实生活中的种种原因，大学生的梦想往往变为他们自己意识形态中较为模糊的一种意象，这种意象可能来源于他们的潜意识状态，也有可能来源于他们在接受不同信息过程中形成的零散的思维意识，还有可能来源于他们在目标不明确的状态下进行一番尝试后被现实所影响的思维定式，等等。当代大学生要实现自己的梦想，清晰的符合实际、符合逻辑的思想意识形态是必不可少的，而更为重要的是，一定要具有坚定正确的价值导向和价值观念，在正确价值导向和价值观念的引领下，逐步在实践中把梦想变为现实。当所有的社会成员包括大学生都应当将实现中国梦作为自己的价值导向和价值观念时，中国梦就成为了包括大学生在内的所有社会成员共同的大梦想，这种思想意识和价值理念也将必然上升成为民族意志、国家意志，形成一股强大的、无法抗拒的精神力量在社会改革进程中发挥出决定性的作用。当代大学生在培育和弘扬社会主义核心价值观的过程中，在坚持正确导向的同时，还要紧跟世界进步的潮流，把握人类社会前进的方向，他们所形成的理想信念、所产生

的巨大力量将直接推进中华民族伟大复兴，并在这个宏大的舞台上创造出奇迹。

（二）坚持联系实际

大学生志愿服务是大学生群体利用自己的专业技能和时间，公益性地开展社会实践的一种重要实践形式，其时代性、实践性、系统性特征鲜明呈现。大学生志愿服务中价值观培育，是积极依托大学生志愿服务形式开展的意识形态培育工作，其与大学生志愿服务同生共存、互融互进。因此，大学生志愿服务中价值观培育，必须坚持理论联系实际的基本原则，以保障大学生志愿服务中价值观培育工作的方向性、科学性。

1. 在大学生志愿服务价值观培育过程中，坚持联系实际的原则，必须紧紧依托大学生志愿服务的实际，科学地开展大学生志愿服务活动，以实现在过程中培育社会主义核心价值观的目标。

2. 大学生志愿服务是一项系统而又宏观的持久性工程，其随着志愿服务活动的深入开展或者主客观条件的变化，价值观培育的方式方法也应该呈现出同步性的特征。

首先，在大学生志愿服务初步阶段，要明晰大学生志愿服务秉承的不是西方所谓的公益价值观，也不是西方所谓的多元化价值观，而是具有中国特色的志愿精神。大学生在志愿服务过程中培育的不是其他的价值观，而是中国特色的社会主义核心价值观，只有明确了这个目标，大学生志愿服务活动才能保证其自身的科学性、方向性。反过来，社会主义核心价值观培育，更要紧密结合大学生志愿服务的实际，社会主义核心价值观内涵丰富、韵味无穷，作为其践行的有效载体之一，不可能完全承载社会主义核心价值观的全部内容，摘取社会主义核心价值观与大学生志愿服务紧密结合的部分，紧紧扣住爱国价值观、友善价值观、和谐价值观、文明价值观和公正价值观，将其与大学生志愿服务牢牢结合，从而实现大学生志愿服务中社会主义核心价值观的全面性培育。

其次，在大学生志愿服务中期，要将社会主义核心价值观贯穿大学生志愿服务的全过程，在过程中，根据大学生志愿服务的目标、过程、结果等情况的变化，不断调整社会主义核心价值观的培育方向、目标和方式方法，实现在贯穿的全过程渗透性贯穿、滋润式贯穿、全面性贯穿。

最后，在大学生志愿服务后期，社会主义核心价值观培育更要紧密结合大学生志愿服务的实际，以大学生志愿服务的实践与理论轮动性目标为参考依据，检验社会主义核心价值观培育的结果，发现培育过程中的问题，真正实现社会主义核心价值观的整体性培育。

3. 在大学生志愿服务价值观培育过程中，坚持理论联系实际的原则，要求深入剖析当前大学生志愿服务中价值观相关的问题，针对相关问题，有特色地开展大学生志愿服务中价值观培育工作。志愿服务来源于西方，西方国家大学生志愿服务渊源已久，其理论化、制度化、系统化发展别具一格。随着中西方志愿服务交流的广度、深度和力度不断增加，西方所谓的公益价值观无形中影响着我国大学生的意识形态阵地。加之，大学生主体容易受到外来价值观的侵扰，并且难以对其进行本质区分，造成在大学生志愿服务领域功利主义悄然抬头，理想信念动摇的现象时有发生，中国特色志愿精神入脑入心面临挑战。面对这样的实际问题，要将中国特色志愿精神中的奉献、友爱、互助、进步的内容当作社会主义核心价值观的精神标志，对大学生进行理论融入、实践检验、评价科学，厘清社会主义核心价值观与中国志愿精神的内在一致性，廓清中国志愿精神与西方倡导的公益价值理念的本质区别性，认准当代大学生的主体特殊性，把握当代大学生的鲜明特征，使得在大学生志愿服务过程中，真正有针对性地开展社会主义核心价值观的培育工作，提升其培育效率。

（三）坚持与时俱进

"核心价值观是文化软实力的灵魂、文化软实力建设的重点，这是决定文化性质和方向最深层次的要素。"社会主义核心价值观是一个系统的、科学的理论体系，它不但意蕴深厚，而且内涵丰富，同时它还具有完整缜密的逻辑架构。它是全面贯彻落实"五位一体"总体布局和"四个全面"战略布局的文化灵魂，是当代中国特色社会主义意识形态的本质表现。那么，在新时代背景下用什么样的价值理念来统一大学生志愿服务活动，用什么价值理念引领社会思潮，这不仅关乎新时代中国特色社会主义的发展方向，也关乎实现大学生志愿服务中价值观培育目标的价值导向。之所以把社会主义核心价值观的内容作为大学生志愿服务中价值观培育过程中坚持与时俱进的内容选择，是要使社会主义核心价值观的培育更加具有先进性、时代性，也是要引导当代大学生在多元文化的环境中始终坚持正确的价值立场、增强抵制西方多元化价值观的辨别能力。

1.将社会主义核心价值观作为当代大学生志愿服务中坚持与时俱进原则的重要内容，是大学生志愿服务中价值观培育的本质要求。

社会主义核心价值观是大学生志愿服务开展的理论基础和保障，是大学生志愿服务中价值观培育的理论来源和持久源泉，是保证大学生志愿服务科学化、方向化的重要支撑。大学生志愿服务与社会主义核心价值观是理论与实践、基础与呈现的关系，大学生志愿服务作为一种特殊的社会实践活动，必将有相应的价值观为指导，以保障志愿服务的科学性、持续性、常态化发展。社会主义核心价值观与大学生志愿服务具有内在一致性：国家观与大学生志愿服务追求的终极目标相一致、社会观与大学生志愿服务的伦理正义相吻合、公民观与大学生志愿服务的民众参与互为基础。因此，大学生志愿服务中价值观培育需要与时俱进，与时俱进最大的要求就是要将社会主义核心价值观贯穿大学生志愿服务全过程，大学生志愿服务不断发展、深入、完善的过程就是其对社会主义核心价值观认知、认可、认同程度不断加深的过程，社会主义核心价值观倡导的价值目标、价值准则、价值追求逐步递进的过程中，大学生志愿服务不断发展，使得大学生志愿服务中社会主义核心价值观培育有步骤、有节奏。

当前，"西方国家一方面不正视中国特色社会主义所取得的重大成就，想借中国的力量尽快摆脱金融危机；另一方面又不愿看到社会主义中国发展壮大和日益强盛，把中国发展视为对西方社会思想理论、价值观念、制度模式的挑战，因此加紧对我国实行西化、分化战略，加强对我国意识形态的渗透，其组织越来越周密，力度不断加大，手法也更加多样"。在大学生群体中，西方所谓多元化的价值观来势汹汹，无形中影响着我国大学生的意识形态阵地，在这种情况下，借助大学生志愿服务这个有效载体，培育和践行社会主义核心价值观，形成大学生志愿服务中价值观培育策略，对于牢牢把握对青年大学生意识形态的领导权，加强对大学生的社会主义核心价值观教育，构筑大学生群体中主流意识形态的教育阵地，具有重要的理论和实践意义。

2. 将社会主义核心价值观作为当代大学生志愿服务中坚持与时俱进原则的重要内容，是实现大学生志愿服务"知行合一"的题中之义。

培育和弘扬社会主义核心价值观是凝魂聚气、强基固本的基础工程。大学生志愿服务是践行社会主义核心价值观的优先载体之一。大学生在参与社会奉献、进行志愿服务的过程中能够提高精神境界，培育文明风尚，树立起社会主义核心价值观。大学生志愿服务中价值观培育，就是对大学生志愿服务中价值观的内容进行提炼和总结，明确社会主义核心价值观是大学生志愿服务中价值观培育的理论基础，大学生志愿服务中价值观的具体内容就是社会主义核心价值观在大学生志愿服务过程中有针对性呈现的鲜明体现。将社会主义核心价值观看作是大学生志愿服务中价值观培育的时代化标志，为大学生志愿服务活动提供与时俱进的理论指导，为大学生志愿服务实践活动提供目标和结果的检验标准，是大学生志愿服务活动的内在要求和题中之义。如果在大学生志愿服务过程中没有将社会主义核心价值观的内容与活动形式进行有效对接，没有明晰社会主义核心价值观在大学生志愿服务中的指导地位，那么，当代大学生在志愿服务中，对其应该秉承的价值理念和意识形态就会模糊不清，从而陷入到价值观冲突而茫然不知的境地中，甚至会在多元化价值观的冲突中迷失自我，进而深陷西方国家设置的文化陷阱中。积极开展大学生志愿服务中价值观培育研究，通过大学生志愿服务平台，培育社会主义核心价值观，深层次地解决了大学生志愿服务过程中价值观秉持模糊不清楚的问题，明确我们在大学生志愿服务中培育的是具有中国特色的志愿精神，是中国特色的社会主义核心价值观，从而强化了社会主义核心价值观在大学生群体中的指导地位，大大增加了对大学生进行意识形态教育的主动权，有效地解决了现阶段我国大学生志愿服务过程中的理论与实践问题。当代大学生在深入学习、了解社会主义核心价值观后会发现，大学生志愿服务价值观培育就是我们在保持中国特色的基础上与其他意识形态的国家在差别中寻找共同点，我们始终坚持与其他国家保持一种相互理解、相互尊重的状态。我们不单单在交流中紧紧把握住了"互动原则"与"他者原则"，而且将这些原则运用到了实践过程中。当然，整个过程是一个对立中寻求统一的过程，是一个理论与实践的转化过程，是一个将社会主义核心价值观一以贯之的全过程。将社会主义核心价值观作为当代大学生志愿服务中价值观培育中坚持与时俱进原则的重要内容，其目的就是要使当代大学生在全面理解和把握社会主义核心价值观的基础上，在深入理解中国特色志愿精神的维度下，正确认识和科学借鉴其他国家志愿精神的合理成分，从而更好地培育和践行中国特色社会主义核心价值观。

第二节　大学生志愿服务中价值观培育的方法

大学生志愿服务中价值观培育的方法是多种多样的，我们需要科学总结，善于发掘，结合时代，更新方法，不断完善。从当前来看，应当在综合运用各种方法的基础上，着力探寻大学生志愿服务主体特征，使大学生志愿服务中价值观的培育更有成效。

（一）探寻大学生志愿服务主体特征，强化示范引领的效应

大学生志愿服务，以其时代性、综合性、专业性的特征区别于一般的大学生社会实践形式。大学生志愿服务，其实践主题是大学生，具有专业技术高、思维方法活、信息接受度高等特征，使得大学生志愿服务的主体性特征彰显时代特色。因此，在大学生志愿服务价值观培育过程中，需要进一步强化大学生的主体意识，深层次塑造大学生主体人格，多元化扩宽大学生主体要求，进一步培养大学生主体能力，从而提升大学生志愿服务中价值观培育的实效性。

第一是激发大学生志愿者主体性发挥的深层内在动力。"所谓内在动力，就是和大学生志愿者主体密切联系的源动力，是大学生志愿能力提升的关键"。一方面，着力促进大学生自我价值的真正实现。大学生通过志愿服务活动，将自身综合条件通过社会实践作用于各种社会形式，这样的互动过程不仅仅使得大学生的相关综合能力"物尽其用"，更能使得他们在实践的过程中激发内在动力，从而提升自身荣誉感、自尊心和内生热情，大大加强大学生参与志愿服务的内生动力。这样互动的过程反复实践，大学生自我满足特别是精神层面的满足和自身能力层面的提升联动机制就会形成良性循环，从而实现大学生在志愿服务中不断发展自身、完善自身、提升自身。另一方面，加强大学生志愿者对"人类价值"的追求。从"人类价值"的

角度来看，其最终着眼于人的全面发展与自由，追求人类的价值，主要来自于对主体的自觉，来实现自我境界的提高。大学生志愿服务活动，从某种程度上说，是一种超越的社会实践活动，其体现的不仅仅是精神境界的提升，更是一种超越功利主义的最佳境界。大学生通过志愿服务活动，在志愿服务活动中不断追求奉献国家、服务社会、帮助他人的精神境界，从而在过程中实现自我精神境界的提升。大学生在追求"人类价值"的过程中，要真正去探求人生的意义和实现自我发展的路径，不断提升自我的主体性。

第二是强化大学生志愿者主体性发挥的外在动力。高校大学生志愿者主体能动性的发挥离不开外在动力的影响。所谓外在动力，就是大学生志愿者主体产生影响的外部环境和外部力量。外在动力在大学生志愿服务中起着重要的渲染、熏陶、促进、养成等作用，积极构建大学生志愿服务的外部环境，更好地强化大学生志愿服务主体性发挥的外在动力。首先，引导大学生形成良好的社会公德，"德行是社会健康发展的关键因素，人们的道德观念往往建立在自由和理性的基础上。社会成员对德行的追求逐步营造出一种宽容、理性和自由的氛围，而在这样的氛围下，大学生志愿服务是一种自由、理性的态度，更多地从正面给予支持和关怀，这样为大学生志愿服务主动性的发展起到了积极的作用"。其次，积极发挥高校对大学生的良性教育。高校是大学生志愿服务顺利开展的首要阵地和组织保障，高校教育为大学生主体性的全面发展提供了现实可能，积极发挥高校对大学生的良性教育，积极开拓形式各样、主体鲜明、内容先进的大学生志愿服务形式，不仅可以提升大学生的实践能力和基本素养，提高大学生对志愿服务的认知能力和实践能力；更可以通过制度化的构建，形成一系列奖励机制和绩效机制，提升大学生参与志愿服务的积极性、主动性和创造性，进而强化大学生志愿服务中价值观培育的主体性特征。牢牢把握高校教育的主阵地，是保障大学生志愿服务顺利开展的实践前提和前提条件，也是构筑大学生主体性发挥机制首要解决的问题之一。

第三是强化大学生世界观、人生观和价值观教育。中国特色社会主义建设是立体的、多样的、深层次的系统工程，社会文明和人际关系的和谐是中国特色社会主义现代化事业的重要内容和目标，而衡量社会文明和人际关系和谐的一个重要指标就是社会公益事业的发展，集中体现在大学生志愿服务事业的现代化发展。大学生志愿服务覆盖面越加广泛，触角渗透度越加深入，整体水平越加提升，成为社会主义现代化建设的一个重要衡量指标和表现方式。通过大学生志愿服务，大学生群体在社会实践过程中不断体会自己对于国家、社会和他人的重要意义，使得志愿服务逐渐成为一种社会风尚、一种道德风尚，反过来有助于加强大学生对整个世界的看法，对人类如何存在的正确认识和个人价值观的形成具有重要推动作用。同时，在大学生志愿服务过程中，加强对他们的世界观、人生观、价值观教育，更有利于大学生在志愿服务过程中不断深入理解大学生志愿服务的本质，深入理解大学生志愿服务精神的实质，越来越认可、认同社会主义核心价值观。强化大学生的"三观"教育，使得大学生在志愿服务前期、中期、后期不同阶段，深入理解大学生志愿服务活动的全面性、进步性和时代性，从而强化大学生志愿服务中价值观培育研究。

第四是着力提升大学生自我实现的程度。"社会的不断发展进步为社会成员群体性心理变化提供了物质基础，社会成员群体性心理的变化为志愿精神的兴起和发展打下了扎实的心理基础。"社会成员内在需求的日益增长切合了时下社会所倡导的发展理念，使得自身发展的需求向着合理化的动机演变，从而催生出志愿行动。"在强化大学生志愿服务工作的过程中，必须要以动力机能构建为切入点，强化机能建设，为高校志愿服务工作的开展奠定重要的前提条件。"在大学生主体意识渐渐增长的背景下，必须要以此为基础构建完善的志愿服务活动体系。一方面，推动志愿者的自我实现，在志愿服务的过程中把个人需要与社会需要结合起来，做到"你中有我，我中有你"，在服务社会的同时提升志愿者自我价值的实现；另一方面，凸显志愿服务者的情感体验，让大学生志愿者在志愿服务过程中不断体会到助人自助、帮助他人的乐趣和情感体验，真正做到志愿服务全过程的知行合一，确保大学生志愿服务活动的全面性和持久性，让大学生在实践中体味，在体味中成长，在成长中感悟，在感悟中不断加强志愿服务活动的兴趣和动力、丰富志愿服务的情感体验，从而夯实大学生志愿服务中价值观培育的实践基础。

（二）利用新兴技术平台，丰富价值观引导方式

第四次工业革命方兴未艾，依托互联网模式发展的新兴技术对人们日常生活影响越来越大，其中，高校学生成为互联网新技术的典型群体。互

联网企业间的内部竞争促使在线通信软件不断创新，为了迎合网民沟通需求，抓住市场份额，出现了一批批内容优质、方式新颖、沟通高效的网络社交平台，微博、抖音、快手成为当代青年的精神食粮基地，而微信和QQ之间的内部竞争也在不断地使沟通变得兼顾趣味性和有效性，让高校学生多角度、全方位地在"象牙塔"中了解社会变化动态成为可能。毫无疑问，互联网是把双刃剑，在线分享的资讯浩如烟海，有促进健康成长的精神养料，也有荼毒内心的文化垃圾，大学生在接受新鲜资讯的时候很容易将鱼龙混杂的信息都装入脑中，潜移默化地影响、混淆一些正确的价值观念，这对于成长、成才并无益处。反之，若使用备受学生青睐的新媒体平台发布正能量信息，如有针对性地发布培育志愿服务精神的资讯，大学生在浏览的过程中自然而然地会接受到正能量的引导，进而逐渐形成志愿服务意识。这是利用新媒体技术的有益尝试，更有助于实现社会主义核心价值观的传播。

1. 善于熟练运用新媒体培育社会主义核心价值观，促进高校现有宣传方式与新兴媒体的交融，使社会主义核心价值观实现校园全覆盖。

随着新媒体技术的应用和普及，高校学生的日常生活充斥着海量的互联网信息，社交工具和新型网络平台足够将变化万千的动态展现给学生，通过抖音、微博了解社会各界资讯已经成为相当一部分学生的日常习惯，基于这一点而言，新型网络平台在普及大学生以信息时也暗含着引导价值观的全过程，成为大学生认识社会、探索世界的新起点。当前，高校中传统的宣传方式还在发挥着作用，虽然做到完全的信息传播现代化还有一定距离，但越来越多的新媒体技术尝试被证实对社会资讯和新闻动态的传播更有效果，也在实际生活中被不断提倡应用。值得警惕的是，西方国家的文化入侵从未停止，随着新兴技术运用，网络成为其传播、蛊惑、诱导学生的新方式，这种思想上的偏离是最不容易及时察觉的，稍有不慎就会造成灾难性的后果。如果高校学生不能辩证对待网络上的海量资讯，稍有不注意就会陷入西方意识形态的陷阱，在认知上与社会主流文化脱节，这与志愿服务的初衷正好背道而驰。但无论如何，新媒体技术是不可阻挡的趋势，我们只能适应、驾驭它，况且新兴媒体和传统媒体作为信息传递的两种方式，各有利弊，新媒体传播速度快、内容多，传统媒体纵向延伸能力强，我们要将二者有机结合，统一于社会主义现代化建设的蓝图里，也就是又快又好地将社会主义核心价值观中的服务意识传递给广大高校学生。

要切实做到将新媒体和传统媒体共同统一在高校学生志愿服务的体系中，将两者的优势相结合，把握时效性的同时又兼顾内容深度，全方位、深层次、多领域地普及社会主义核心价值体系，让广大高校学生增强对社会主义文化的认同，也加深对志愿服务的理解，培养助人为乐、回馈社会的氛围，多种方式并举，构筑社会主义集体精神的蓝天。

2. 要善于熟练运用新媒体培育大学生志愿服务精神，就必须推动社会主义核心价值观进校园，促使新媒体成为校园宣传新方式。

新媒体传播的最重要因素是信息能够及时准确送达，除时效性外，人们更多关注的是信息的质量，往往以其内容为评判标准。"推动传统媒体和新型媒体的融合发展，要遵循新闻传播规律和新型媒体发展规律，强化互联网思维，坚持传统媒体和新型媒体的优势互补、一体发展，坚持先进技术为支撑、内容建设为根本，推动传统媒体和新型媒体在内容、渠道、平台、经营、管理等方面的深度融合。"在社会主义现代化建设的今天，高校宣传工作不应局限于老师与学生点对点的传统模式，而应因势利导地运用新媒体技术手段，扩大宣传受众群体，增强宣传效率，这不仅有利于加深宣传力度，更是为增强意识形态的宣传和普及"开路搭桥"。我国一贯坚持走中国特色社会主义道路，就离不开社会主义核心价值观的引领，这不仅是经济发展后精神文化需要跟进的结果，更是因为核心价值体系中暗含着世代中国人的立身准则和行为规范，在新时期更要毫不犹豫地遵守和践行。运用新媒体普及社会主义价值体系，不仅保证了新媒体宣传质量，更是对新兴技术的充分运用，让价值引领不再成为书上的"冷文字"，而是成为高校学生日常生活中触手可及、随眼可见的"身边事"。

首先，树立校园新媒体传播总遵循，确保以宣传社会主义核心价值体系为要旨。基于大学生日常生活中与新媒体的密切交往实际情况，使新媒体传递的信息短时高效进入当代大学生的生活中成为可能，也为借助新媒体技术传播社会主义核心价值观提供了参考。高校中新媒体平台信息传播方式主要是视频和文字两种，如何使价值引领成为不动声色、不费周章的行为？这是对相关技术从业者的考验，要切实做到使价值引领不落入俗套，让社会主义核心价值观从书本上"走下来"、从网络中"走出来"，走进学生心里，迈进学生的日常生活中。这更是从深层次反映出，在互联网新兴技术的浪潮推动下，人们对社会主义优越性的审视，我们必须充分发挥新媒体平台的作用，还要力图达到"人无我有，人有我精"的高质量水准，为全面建成小康社会交上满意的答卷。

其次，发挥新媒体矩阵的多维度宣传优势，培育符合社会主义精神文明建设要求的当代大学生。随着新媒体技术的广泛应用，多重维度的展现方式使新兴技术受到越来越多的关注，运用新媒体平台培育当代大学生的社会主义核心价值观意识成为融合高技术和新理念的尝试，打破教师的教和学生的学，不拘泥于知识的课堂传授，不强迫式地"填鸭教学"，而是采取高校学生喜闻乐见的接收信息渠道作为宣传平台，创新价值引领的方式和呈现手段，根据学生喜好倒逼宣传路径的丰富和完善。如分别利用微信公众号、QQ的班级群、微博的热门话题，多领域深层次构建价值引领的新媒体矩阵，让高校学生时刻沐浴在社会主义精神文明建设的养分中，汲取社会主义的核心价值，从而完成对当代大学生的培养。

再次，重视学生组织的推动力量，运用好学生间正式群体和非正式群体助力价值引领。大学生组织是指高校学生自发形成的具有某一相同目的的集体，有隶属于校团委的正式群体"学生会"，也有基于共同兴趣爱好组成的"兴趣社团"，值得注意的是，不论是正式群体还是非正式群体，往往具有凝聚学生思维的作用，因此要重视对高校学生组织的支持和引导，鼓励其运用相关新媒体平台沟通交流、技术交换、信息共享的同时，潜移默化地接受社会主义价值体系的引领，让社会主义精神文明不再是死记硬背的理论，不再是生搬硬套的公式，而是成为以兴趣为导向的"指南针"、反映学生真实想法的"晴雨表"。

（三）抓住时代特征，引导志愿服务体系

高校志愿服务活动是近代社会的产物，其精神内核是助人为乐的奉献意识，随着工业化进程加快，社会两极分化严重，财富差距加大带来的不仅是社会底层的经济匮乏，还有文化产品不能满足精神需要的时代特点，大学生志愿服务活动应时而生，种类多样化的对口服务项目对于帮扶校内困难群体、关护社会弱势群体起到了巨大作用。

除了改善环境的绿色环保活动，由高校学生组成，占比极大的志愿者服务群体在奥运会、全运会等国家重大活动中发挥了重要作用，不仅保障

了重大赛事顺利进行，而且在维护赛场秩序、对接观众需求等方面起到了关键性作用，是整个赛事各环节间的"润滑剂"，也是保证比赛安全进行的"镇定剂"。

北京奥运会志愿服务体系作为奥运会的亮点，体现出独有的文化内涵。首先，能够将中国传统文化和世界志愿服务标准相结合，由于受中国传统文化的影响，志愿者早期服务没有严格按照世界奥委会规则，服务从内容到方式都彰显着"实在""大方"的东方文化符号，体现的是具有中国特色的志愿服务体系。在奥运期间，我们有效地结合了奥委会规定的服务流程和规则，还保留了东方传统"待人敦厚"的特征，受到了国内外人士的一致好评。其次，奥运会志愿服务展现了中国传统文化的魅力，使中华文明内涵得到国际认同，作为世界性赛事，北京奥运会吸引了上至总统、下至平民的关注，可以说是全世界关注的盛事，各国政要、知名记者、普通游客不计其数。高校学生志愿者服务群体以其周到的服务、贴心的关照、灿烂的笑容给全世界留下了深刻的印象，处处流露出浓浓的中国风，处处传递着中国情，向全世界展现中国友好、负责的形象，也为中国更好地走向世界埋下了扎实的信任基础。最后，北京奥运会实现了志愿服务体系的创新，积极组织引导高校学生作为志愿服务的后备军，使志愿服务活动依托世界级赛事到达新的平台，给全世界带来了参考的模板，丰富了大学生志愿服务的内容，也是对其自身素质的又一提升，中国的青年志愿者成为全世界宣传的典范。

因此，利用好国家重大志愿服务活动，在活动中培育大学生志愿服务精神和助人为乐、积极奉献的价值观，一方面，能够让高校学生在开展志愿服务活动中切实体会到奉献、友爱、互助、进步的志愿精神，保障大学生志愿服务活动向科学化、方向性的开展；另一方面，有利于大学生在志愿服务过程中，深刻感知社会主义核心价值观的深刻内涵，体会到社会主义核心价值观倡导的国家观与大学生志愿服务的目标相一致、社会主义核心价值观倡导的社会观与志愿服务的伦理基础相吻合、社会主义核心价值观倡导的公民观与志愿服务的社会参与要求相融通，从而促进大学生志愿服务中社会主义核心价值观的培育，使得社会主义核心价值观在大学生群体中落地生根、融会贯通。

（四）统筹协调，实现非政府志愿组织资源整合

非政府组织，简称 NGO，广义上指政府和营利企业之外的一切社会组织。包括注册的（合法的）和非注册的（非法的）两类，它在外延上包括各种政治性的、行业性的、专业性的、联合性的、学术性的社会团体，也包括各种基金会、志愿者组织、社会救济和福利组织等社会组织及事业单位等；狭义上则指非政府的、非营利的、志愿的、自治的民间公益组织。我国官方认可的非政府组织则是指按照《社团登记管理条例》和《民办非企业单位登记管理条例》登记注册的和依法免于注册的社会组织，分为社会团体、民办非企业和基金会三种类型。非政府组织古已有之，现代意义上的非政府组织则兴起于 19 世纪的欧洲，在 20 世纪 80 年代迅速发展成为一场全球性的"社团革命"，其"对 20 世纪后期世界的重要性丝毫不亚于民族国家的兴起对于 19 世纪后期世界的重要性"。非政府组织的兴起改变了公共物品提供的组织结构，在公共物品的提供上出现了两种类型的组织——政府与非政府组织，但二者在提供公共物品方面具有明显不同的特征。非政府与企业之间的差别则主要表现在是否基于志愿基础、是否以营利为目的以及产品的公私属性上。志愿服务组织是非政府组织的重要类型，是非政府组织的重要组成部分，具备非政府组织的基本特征。有学者总结了政府与非政府组织提供公共物品的特征比较，如下表：

	政府	非政府组织
垄断与竞争	垄断组织	非市场领域的具有竞争性的组织
强制与自愿	具有合法强制性	自愿加入、自愿接受服务
灵活性	层次结构，机械系统，稳定但缺少灵活性	注重合作，结构简单，有机系统，灵活性较强
契约	与公民间明确的契约关系	与社会的契约关系不强，但受多方力量的监督
目标导向	公共利益导向，但目标多元，经常相互冲突	特定的公共利益引向，目标难以衡量且单一
资源来源	税收和部分捐赠	会费，捐赠，营业收入，政府拨款

当今时代，非政府志愿组织因其覆盖范围广、运转方式灵活、反应机敏等特点，对大学生志愿服务辐射力、影响力和渗透力逐渐加大。当今大学生行为方式多样，参与志愿服务活动动机多元，和非政府志愿组织契合

面加大，也逐渐成为大学生志愿服务活动的重要选择。要想实现社会主义核心价值观通过大学生志愿服务活动的立体化培育，非政府志愿组织成为不可忽视的一支重要力量。因此，开展大学生志愿服务中价值观培育研究，就必须整合非政府志愿服务组织的有效资源，形成机制联动，有效开展大学生志愿服务中价值观培育工作。

整合非政府志愿服务组织资源，首先就要将其运行模式和机制与政府主导的大学生志愿服务组织有机联动，实现信息互通、资源共享，保障双方开展大学生志愿服务的信息互通，实现社会主义核心价值观在大学生志愿服务活动起步阶段就避免信息失衡、步入误区。其次，整合非政府志愿服务组织资源，更要树立其正面、科学的社会形象，详细备案其设立，运行工作，保证其志愿服务活动符合相关法律、法规的要求，为大学生志愿服务中价值观培育工作提供坚实的机制基础。最后，整合非政府志愿服务组织资源，更要把握社会主义核心价值观贯穿其运转全局，而不是泛泛而谈，更不是机械解读，真正使得它们成为培育和践行社会主义核心价值观的补充平台。

（五）注重过程，实现社会主义核心价值观贯穿全局

大学生志愿服务中价值观培育，具体来说就是积极依托大学生志愿服务这个示范平台进行社会主义核心价值观培育，微观来讲，大学生志愿服务中价值观培育的具体内容是社会主义核心价值观在大学生志愿服务中具体特色呈现的具体内容，即爱国价值观、友善价值观、文明价值观、和谐价值观和公正价值观，从根本上说，我们要实现的就是社会主义核心价值观的部分内容在大学生志愿服务中的具体培育。要想开展大学生志愿服务中价值观培育，最本质的方法是将社会主义核心价值观贯穿大学生志愿服务的全局。在大学生志愿服务开始阶段，就需要将社会主义核心价值观的三个倡导讲清楚、弄明白，让大学生深入理解社会主义核心的内在理论内涵和外在表现形式，促使大学生将大学生志愿服务融入社会主义核心价值观培育的进程。坚决杜绝大学生开展志愿服务前对即将开展的社会实践活动含糊不清，对应该秉持的行为动机与理想信念避而不谈。在大学生志愿服务中期，更是需要将社会主义核心价值观贯穿始终，用社会主义核心价值观对大学生志愿服务进行指导，以及时矫正大学生志愿服务的行为方向、

内生动力和相应的理想信念，保证大学生志愿服务活动符合社会主义核心价值观的性质、要求、方向和本质，实现大学生志愿服务的科学性、方向性。在此期间，要抓住重点，将社会主义核心价值观倡导的价值追求、价值目标和价值追责与中国特色的志愿精神剖析清楚，理顺两者之间的内在一致性和内在共通性，保证大学生对志愿服务活动持守的价值观念清晰、明白，以实现对西方多元化价值观的有力抵制。在大学生志愿服务活动的后期，还要将社会主义核心价值观一以贯之。将社会主义核心价值观倡导的价值追求、价值规范具体化为相关大学生志愿服务的目标和细则，以保证大学生志愿服务的过程和目标符合社会主义核心价值观的要求，力求使得社会主义核心价值观在大学生志愿服务中落实到位。同时，可以依据社会主义核心价值观的要求，使得各项要求与大学生志愿服务的绩效考评机制与考核评价机制高度融合，使得大学生志愿服务的目标机制、过程机制与考核考评机制一一贯穿社会主义核心价值观培育和践行过程，从而实现大学生志愿服务真正成为社会主义核心价值观培育和践行载体，从而避免其处于重形式轻理论的尴尬处境。只有将社会主义核心价值观始终如一地贯穿大学生志愿服务的始终，才能真正发挥大学生志愿服务对于社会主义核心价值观培育与践行的积极作用，才能真正实现社会主义核心价值观对大学生志愿服务的指导与矫正，才能使得大学生志愿服务全过程、全方位、多角度、深层次地体现社会主义核心价值观的本质要求、内在准则和规范，才能为大学生志愿服务中价值观培育奠定坚实的实践和理论基础。

总之，大学生志愿服务中价值观培育，要坚持探寻大学生志愿服务主体特征，强化示范引领的效应；利用新兴技术平台，丰富价值观引导方式；抓住时代特征，引导志愿服务体系；统筹协调，实现非政府志愿组织资源整合；注重过程，实现社会主义核心价值观贯穿全局等培育方法。只有这样，才能正确地利用大学生志愿服务的内生动力，才能整合大学生志愿服务主体、客体、介体、环体等多方资源，形成大学生志愿服务的良性生态圈，真正实现大学生志愿服务中价值观培育的良性互动，提升大学生志愿服务中价值观培育的实效性和整体性。

第八章 高校志愿服务价值观培育的要求、机制及路径

大学生志愿服务中的价值观，是社会主义核心价值观在大学生志愿服务领域的具体体现，社会主义核心价值观是大学生志愿服务中价值观的理论基础和来源。大学生志愿服务中价值观具体是指与大学生志愿服务高度契合的爱国价值观、和谐价值观、友善价值观、文明价值观、公正价值观，它是社会主义核心价值观在大学生志愿服务领域有针对性的直接体现。紧紧依托对大学生志愿服务中价值观培育现状的调查与分析、对高校学生工作部门的访谈调查与分析、对学生家长的问卷调查及分析，在借鉴国外相关志愿服务中价值观培育有益做法的基础上，本章探讨并提出我国大学生志愿服务中价值观培育的要求、机制和路径，以增强培育的实效性，提升培育的效果。

第一节 大学生志愿服务中价值观培育的要求

大学生志愿服务中价值观培育，是对大学生开展社会主义核心价值观教育的有效途径。要想实现培育工作的可持续发展，必须牢牢把握明确立足点、突出着眼点、强化聚焦点的核心要求，紧紧围绕大学生志愿服务与社会主义核心价值观的关系进行培育。

（一）明确立足点：中国特色社会主义进入新时代

"中国特色社会主义进入了新时代"，在大学生志愿服务活动中积极培育社会主义核心价值观，必须立足时代要求，整持社会主义核心价值观的

指导地位，并将其贯穿于大学生志愿服务的全过程。社会主义核心价值观是大学生志愿服务中价值观培育的理论基础和来源，坚持其指导地位，是保证大学生志愿服务中价值观培育工作顺利开展的前提条件和基础。

新时代背景下，大学生志愿服务中价值观培育要坚持中国特色，这个特色，主要体现在"为人民服务"的思想上。"为人民服务"作为中国共产党的立党之本，影响深远。后来，我们提出的"三个代表"重要思想、以人为本、群众路线等都是为人民服务思想的继承和发展。它的内容包括心中始终装着老百姓的福祉、心中始终装着老百姓的需要、始终以改善老百姓的物质精神生活为目标等，一切工作的考量都要以人民的利益为出发点和落脚点。新时代以来，大学生志愿服务既是"为人民服务"思想在大学生社会实践层面的具体呈现，又是在理论层面的外延拓展。大学生志愿服务中价值观培育，应该坚持全心全意为人民服务这个中国特色思想内涵，只有坚持这个中国特色，才能从本质上区别于西方所谓的志愿服务价值观，才能真正实现具有中国特色的大学生志愿服务中价值观培育目标。

培育社会主义核心价值观与开展大学生志愿服务活动之间，是理论与实践、观念与行动的互动关系，贵在知行合一、行胜于言、行为心表。新时代背景下，要培育践行社会主义核心价值观，不能停留在口头上，更不能停留在理论层面上，一切理论的践行必须通过行动才能够实现。通过社会实践，促进大学生志愿服务中价值观在大学生群体中内化于心、外化于行。具体到大学生志愿服务活动，就是要在大学生志愿服务活动的开始、发展、成熟和常态化阶段，用实实在在的志愿行动来诠释社会主义核心价值观的内涵，让社会主义核心价值观在大学生志愿服务过程中落地生根、知行统一。

新时代，大学生志愿服务中价值观培育要在坚持中国特色的基础上，始终坚持社会主义核心价值观的统领地位，使其与具体的志愿服务高度结合，不断调整培育的方向和目标，从而实现大学生志愿服务中价值观培育民族化、时代化。

（二）突出着眼点：以大学生志愿服务促进社会主义核心价值观培育

大学生志愿服务是社会文明程度的重要标志，是促进社会和谐发展的重要手段，更是践行社会主义核心价值观的有效载体。因此，大学生志愿服务要以社会主义核心价值观为引领，培育大学生志愿服务文化，不断丰富和发展志愿服务的思想内涵，从而促进社会主义核心价值观的培育。

大学生志愿服务与培育和践行社会主义核心价值观是连体同构、相互促进的内在关系，大学生志愿服务与社会主义核心价值观在价值取向和评价标准上是一致的。从国家层面上讲，社会主义核心价值观强调"富强、民主、文明、和谐"的价值目标。大学生通过志愿服务奉献爱心、服务社会，集聚和放大社会正能量，有利于维护社会的和谐稳定。同时，大学生志愿服务行为本身就是彰显社会文明、推进社会进步的重要形式，又在一定程度上促进了行为文明、社会文明的发展进程；从社会层面来讲，社会主义核心价值观倡导"自由、平等、公正、法治"的价值取向，深刻地反映了中国特色社会主义的基本属性。大学生通过志愿服务为困难群众和需要关爱的人提供帮助、与社会不公正的行为做斗争，在一定程度上消除了社会的不公平现象，使社会更平等、公正。从个人层面来讲，社会主义核心价值观确立"爱国、敬业、诚信、友善"的价值准则。大学生通过志愿服务，弘扬"奉献、友爱、互助、进步"的志愿精神，崇尚"行善立德"的志愿理念，不仅是爱国主义的具体体现，更是与人为善、与人为伴理念的具体践行。大学生志愿服务是践行社会主义核心价值观的有效载体，大学生志愿者在为他人服务、为社会奉献的过程中提高精神境界，培育文明风尚，树立起社会主义核心价值观。

大学生志愿服务活动，内容多样、范围广泛、形式各异，大学生群体更是培育和践行社会主义核心价值观的中坚力量，只有以大学生志愿服务促进社会主义核心价值观的培育为抓手，才真正把握了社会主义核心价值观培育的"神"和"魂"，才是大学生志愿服务中价值观培育的着眼点。

（三）强化聚焦点：增强大学生志愿服务中价值观培育的主导权

社会主义核心价值观是推动中华民族发展进步最深层次的力量，是文化软实力的灵魂，更是中国特色社会主义"四个自信"的重要支撑，在大学生志愿服务中要积极培育社会主义核心价值观，西方所谓的多元化价值观借助大学生志愿服务活动不断对大学生进行渗透、产生影响。在大学生志愿服务领域，如果我们不去培育社会主义核心价值观，西方所谓的多元化价值观就会对大学生进行渗透和分化，从而影响或削弱我们对大学生意识形态培育的主导权。

大学生志愿服务中价值观培育，就是要有效利用大学生志愿服务这个平台，积极培育和践行社会主义核心价值观，让大学生在过程中感悟、感悟中认知，用社会主义核心价值观引领大学生志愿服务活动的全过程。同时，通过大学生志愿服务中价值观培育，引导更多的大学生积极参与志愿服务，促进社会主义核心价值观培育主体的广泛化。只有强化大学生志愿服务中社会主义核心价值观培育这个聚焦点，增强大学生志愿服务中价值观培育的主导权，才能牢牢把握对大学生进行意识形态教育的主动权，抵制西方多元文化价值观对我国大学生的思想渗透，实现对大学生进行主流意识形态的全面培育。

第二节　大学生志愿服务中价值观培育的机制

通过大学生志愿服务这个载体，构建行之有效的机制体系，是保障社会主义核心价值观培育取得实效的关键之一。大学生志愿服务中价值观培育机制的完善与建立，不仅从理论层面解决了如何在大学生志愿服务中培育社会主义核心价值观的问题，更从能力、技术层面解决了大学生志愿服务中价值观培育问题。同时，在建设大学生志愿服务机制体系的过程中，应不仅仅面对大学生志愿者，更多要面向全体大学生。因为每一个大学生都是潜在的志愿者，只有实现大学生志愿服务机制对象的全面化，才能真正推动大学生志愿服务活动的全面开展，为大学生志愿服务中价值观培育奠定基础。

（一）构建大学生志愿服务培训机制，奠定大学生志愿服务中价值观培育基础

对大学生志愿者进行必要的知识和技能培训，包括基础知识和特殊知识两个部分。对志愿者进行培训是志愿服务实施过程中必不可少的一个环节，目的是让志愿者掌握具体的技术和建立工作网络，为其承担特殊的责任做准备。根据工作岗位的要求，使志愿者掌握工作所需要的知识、技能

及态度，确保服务质量达到应有的水平。适当的培训可以让志愿者对工作更有信心，帮助他们发掘潜能，促进个人发展。培训的方式有很多，一般包括讲座、阅读、研讨、实地考察、观看录像、专题讨论、案例、角色扮演、示范等。有学者将培训分为基础培训、专题培训和自身训练3种，内容概括为2个方面：一是志愿者工作的一般描述，为什么要做志愿者和为什么要完成设定的工作，什么东西不能做，在特定环境下必须做的事情等；二是角色和责任，与什么人一起工作，责任定位，他人的角色定位等。

构建大学生志愿服务培训机制，是提升大学生志愿服务理论观念和技术水平的重要途径，有利于大学生志愿服务中价值观的培育和践行。大学生志愿服务是大学生参与社会公共事务的一种社会行为，更是培育和践行社会主义核心价值观的有效载体之一。根据前文的调查与分析，许多大学生对志愿服务活动、大学生志愿服务中价值观具体内涵的理解认知不到位，呈现表面化、形式化的现象。因此，构建大学生志愿服务培训机制势在必行。

首先，在培训内容上，要对大学生灌输与培育社会主义核心价值观。大学生志愿服务中价值观是社会主义核心价值观在大学生志愿服务领域的具体体现，是大学生进行志愿服务活动的行动指南，更是保证大学生志愿服务目标实现的关键。在理论方面，特别是大学生志愿服务中价值观方面的培训，帮助大学生认识志愿服务与社会主义核心价值观的内在联系，这不仅有利于他们对志愿服务行为的认知、有利于培养我国大学生志愿服务人才，更有利于发挥大学生志愿服务的载体作用，更好地践行社会主义核心价值观。

其次，要提升和增强大学生的志愿服务技能，大学生通过对相关知识和技能的学习，最大限度地使其行为与预期的志愿服务目标相匹配，进而提高大学生志愿活动的实效性，特别是专业要求相对较高的大学生志愿服务活动，更是要加强相关的技能培训和学习，才能保证志愿服务目标的实现。

再次，在进行专业技能培训的同时，还要实现培训与考核有机结合，以保障培训效果。通过对培训内容定时考核，及时调整培训目标和方案，为大学生志愿服务中价值观培育提供保障。

最后，实现大学生志愿服务培训形式与方式的多样化。在形式上，可将讲座、课程、经验交流、专题活动、体验学习、实习考察、比赛等有机结合。在培训方式上，可将长期培训与短期培训相结合、网络培训与现场培训相结合，这样做，既有利于定期开展集体培训工作，也有利于志愿者在课余时间自学，实现志愿服务培训全面化、立体化。

通过构建大学生志愿服务培训机制，特别是理论培训和技能培训，不仅促进社会主义核心价值观与大学生志愿服务高度结合，更使大学生在参与志愿服务中有方向、有能力、有标准地去调整自己的志愿服务行为，从而更好地实现在大学生志愿服务中培育社会主义核心价值观的目标，为大学生志愿服务中价值观培育奠定基础。

（二）完善大学生志愿服务运行机制，保障大学生志愿服务中价值观培育效果

大学生志愿服务运行机制是指大学生志愿服务活动中各个环节之间相互联系、相互作用的过程及方式。完善大学生志愿服务运行机制，不仅有利于大学生志愿服务体系的建立，也有利于提高大学生志愿服务的科学化、规范化、社会化水平。

完善大学生志愿服务运行机制，第一，要完善大学生志愿服务整体性运行机制。整体性既包括大学生志愿服务活动开展的整体性，也包括大学生志愿服务中价值观培育的整体性。具体来说，要注意大学生志愿服务运行机制是多项的、非线性的，并且是相互联系的。因此，大学生志愿服务中价值观的培育，不仅要立足于志愿服务活动本身，还应联合各个部门，统一协调，将大学生志愿服务中价值观的具体内容贯穿大学生志愿服务运行机制全过程，促进大学生志愿服务深入发展，从而更好地践行社会主义核心价值观。第二，要注意大学生志愿服务的有序性和动态性。一方面，大学生志愿服务活动从开始到结束再到反馈与评估是一个整体有序的过程，而这种"序"是在与环境不断进行物质、能量、信息的动态交流中才保持和发展起来的。因此，要保证在大学生志愿服务中逐步培育社会主义核心价值观，这个有序性是实现培育目标的基本过程，只有把握这个有序的过程，才能实现在培育过程中有的放矢。另一方面，大学生志愿服务是立足于服务社会、奉献社会的实践行动，是一个动态性的系统，而不是一成不变的静态系统。大学生志愿服务应鼓励大学生勇于实践，大胆探索创新，以适应不断发展进步的社会。因此，大学生志愿服务需要不断完善和丰富活动内容和组织形式，充分尊重和大力倡导大学生志愿者在志愿服务方面的自主性和创造性，以适应其动态性发展的步伐。

完善大学生志愿服务运行机制，在大学生志愿服务中把握整体性、有序性、动态性，将社会主义核心价值观贯穿于大学生志愿服务活动的开始、进行到常态化阶段，保证社会主义核心价值观在大学生志愿服务每一个阶段都发挥统领、指导作用，从而保障大学生志愿服务中价值观培育的效果。

（三）形成大学生志愿服务激励机制，增强大学生志愿服务中价值观培育动力

志愿者服务评估是对志愿者的志愿服务工作做出客观评价，包括对志愿活动产生的价值、效果、效率、影响、持续性等进行判定和评价。不同的标准产生了不同的志愿者服务评估分类。比如，正式性评估与非正式性评估、过程性评估与目标性评估等。"非正式评估是指每天、每周、每月不间断地对志愿者的行为提供反馈，包括赞扬志愿者的行为并鼓励其保持；对志愿者行为的偏差提出修改意见；询问'进展如何'；抽出时间认真询问；每 2~3 个月召开会议；走访服务对象，并把服务对象的意见反馈给志愿者；与志愿者一起研读有关文章。"部分学者对正式性评估与非正式性评估进行了横向与纵向的比较，认为，非正式性评估虽然具有强烈的私人特征，耗时较大，但是其以一个激励过程全方位呈现，对志愿者的影响是最大的；同时，正式性评估是指对志愿者的正式性鉴定与评估，时间一般是一年一次，在志愿服务过程中，对志愿者的志愿行为进行综合评价，对其实践过程中的优点、缺点进行归档整理和比较评价。在一般情况下，志愿者和相关的管理者对志愿行为的全过程进行记录和分析，对优缺点进行整理和归纳，比较、分析和演绎，从而找出问题，进而提出修改意见。过程性评估是指着眼志愿服务的全过程，从策划提出到活动执行，再到志愿服务活动的完结，都进行相关的记录和评价，从而实现志愿服务科学化的目标。比较常用的过程性评估方法是问卷调查、面对面访谈、现场评估等综合方法，常见的过程性评估有量化评估、等级评估和定性评估等。

志愿者效绩评估是对志愿者的影响和贡献的评估，是检验志愿服务工作成效、进行目标奖励的主要手段。"志愿者绩效评估的目的是帮助志愿者明确自己的工作任务和目标，了解志愿者在工作中的优点和不足，完善志愿者发展与能力提升规划。"评估的方法可以是定性的，也可以是定量的，但最好是结合定性和定量方法的综合性评估。评估的内容包括回顾目

的与指标；确认已经取得的成绩；获取志愿者及服务对象的反馈信息；收集有关志愿者参与的定性和定量数据。项目（活动）过程中的评估应该由志愿者督导进行，项目终期评估一般会委托独立第三方实施。志愿者绩效评估一般需遵循以下几条原则：①像对待正式员工一样对待志愿者，提出有挑战性的高绩效标准；②对待工作要严格要求，对待志愿者却要看其长处而避其短处；③绩效评估是帮助志愿者发展的工具，而非用于控制他们；④定期地询问志愿者，自己可以如何做去帮助他们提升绩效并获得成长。

志愿者激励条例指的是专门为激励志愿者服务积极性，从而更好地实现组织目标所制定的具体的激励与表彰的规章制度。志愿者激励条例，通过一定的方法和手段激发志愿者的动机，满足志愿者的某种需要，从而调动志愿者的工作积极性，最终获得组织目标的实现。志愿者激励条例在志愿者服务体系中的作用是相当重要的。由于志愿者参加志愿活动，不能通过市场交换取得报酬，其积极性会随着时间的推移而逐渐地消退。有了激励条例后，就可以通过对其需要的（物质和精神上）满足，刺激志愿者的积极性，从而更好地、更饱满地投入到接下来的志愿者服务中去。

形成大学生志愿服务激励机制，一方面，可以激发大学生参与志愿服务的积极性和内在动力，使大学生志愿者切实感受到自己参加志愿服务的价值，并产生志愿服务的自豪感；另一方面，可以使大学生志愿服务的质量得到较大提高。当前，越来越多的大学生投身志愿服务，为大学生志愿服务中价值观培育的进一步深入提供了必要的前提和可能。

形成大学生志愿服务激励机制。首先，要建立完善物质激励机制。物质激励能激发和维持大学生志愿者的热情，保持其参加志愿服务的长期性和延续性。物质激励形式多样，主要有金钱、实物、提供就业岗位等，这些措施不仅是一种对大学生志愿行为的认可，也是一种动员更多大学生参与志愿服务的激励方式。其次，要建立完善绩效激励机制，这也是最科学的一种激励方式。科学的绩效考核是一个对大学生志愿者在其工作岗位上行为表现和工作结果情况的收集、分析、考核过程，具体表现在对大学生志愿服务的数量、质量、策划、过程和团队精神等方面的内容进行绩效考核。因此，制定出科学、合理的绩效评估考核体系，建立起以"志愿者所在高校评估为主，大学生志愿者招募主体为辅，第三方参与"的科学评估模式，不仅实现了对大学生志愿服务的科学管理，包括在考核中发现问题、实现公平的奖励分配等，同时也为大学生志愿服务中价值观的培育提供动力和保障。最后，要注意大学生志愿者的线性综合评价。将大学生志愿服务者的考核评价与学校的考核激励机制相挂钩、与大学生就业辅导和推荐相挂钩，并将大学生参加志愿服务活动的考评融入学校的德育考核成绩，实现大学生志愿服务激励机制的综合化、程序化、全面化。

形成大学生志愿服务激励机制，将物质激励、绩效激励、线性综合评价机制有机结合，是保障大学生志愿服务有效开展、增强动力、扩大范围的有效措施，为大学生志愿服务中价值观培育注入不竭动力。

第三节 "互联网+"视域下强化大学生志愿服务的理念

一、提升理性认知，理解志愿服务真精神

理性认知是对认识对象基本内涵的深刻把握，它具有抽象性和确定性，是情感认同的基础和实践的深层动因。增强理性认知就是要深化对认识对象的内在结构和内在逻辑的科学把握。当前，由于种种原因，不少大学生对志愿服务的认识仍局限于志愿服务活动，而忽视了志愿服务背后所蕴含的理念、精神和文化。只有真正把握了志愿服务的精神蕴含和文化逻辑，才能够达到对志愿服务的理性认知，大学生才能在深层次上产生情感共鸣。

（一）志愿精神倡导的是一种命运共同体意识

和平与发展仍是当今时代的主题。然而，国际政治风云变幻，局部战争与冲突不断，追求和平之路并不平坦。经济危机周期性爆发，且时间间隔越来越短，全球经济发展依然步履维艰。威胁全人类生命安全的传统因素依然存在，非传统安全威胁频发，全球变暖、环境污染、贫困疾病与人类如影随形。为有效应对这些艰巨挑战，维护全人类的共同利益，唯有国家间团结合作，别无他途。1970年联合国大会通过决议，组建联合国志愿人员组织，它鼓励志愿者为本国和国际间的发展与和平尽其所能，努力促进国家经济与社会进步并使之得到持续发展。2001年，前联合国秘书长科

菲·安南在国际志愿者年启动仪式上指出："志愿精神的核心是服务、团结的理想和共同使这个世界变得更加美好的信念。"在此之后，联合国每年都会派出一批又一批的国际志愿者奔赴世界各地，提供经济、技术及社会发展方面，包括教育、医疗、卫生、环保等专业领域的志愿服务和人道主义援助。可以看到，联合国所倡导的志愿精神实质上是一种使社会变得更美好的信念，是全人类渴望和平的心声。它要求超越性别、年龄和种族观念，超越国界，倡导人与人之间的平等、友爱和互助，追求全人类的共存共荣。

20世纪80年代末90年代初，我国积极响应联合国号召，引入志愿服务，大力弘扬"奉献、友爱、互助、进步"的志愿精神，开启了我国志愿服务发展的时代。之后，我国积极参与联合国志愿者行动，在国际维和、扶贫及人道主义援助等方面发挥重要作用，为世界和平与发展做出贡献。党的十八大报告曾指出，"这个世界，各国相互联系、相互依存的程度空前加深，人类生活在同一个地球村里，生活在历史和现实交汇的同一个时空里，越来越成为你中有我、我中有你的命运共同体"。在此之后，习近平总书记多次提到"命运共同体"，呼吁各国树立命运共同体意识，"同舟共济，权责共担，增进人类共同利益"。

提出命运共同体意识，是我国对自身肩负世界和平与发展责任的积极担当。同样是对当前复杂国际形势和全球性问题的积极回应，同样是怀着对世界和平的渴望和向往、对全人类命运的深刻思考和终极关怀，志愿精神所倡导的超越国界、团结合作、共同应对挑战以及维护全人类共同利益，就是一种命运共同体意识。身处21世纪的大学生，应从战略的角度、用国际的眼光看待志愿服务，培养和树立命运共同体意识，在实践中弘扬志愿服务的真精神。

（二）志愿精神体现的是一种强烈的社会责任感

直到目前，仍有不少大学生对志愿服务的理解还停留在浅层次的自愿性质上，认为志愿服务就是"想参与就参与，不想参与就算了""参与有益，不参与也没什么要紧"等。之所以存在这些所谓的"自愿自主式选择"错误思想和观念，很大程度上是因为并没有真正理解志愿精神的内涵和精髓所在。志愿精神强调的是一种作为公民的社会责任感，是一种极强的自觉自律意识，这种内在的责任感建立在科学理性的价值判断基础之上，并促使人们积极行动，为社会发展进步和谐、人民生活幸福美满贡献一份心力。学者谢伟华也指出，"社会责任感是个人对自己所应履行的各种义务及应承担的社会责任的自我意识，是对社会责任的一种觉悟。它是一种自律意识，是个人对自身行为的约束，同时也是对自身发展所提出的要求"。

大学生作为国家发展建设的重要人才，无论是在经济发展还是社会进步方面，都需要以高度的社会责任感和使命感积极关注现实生活，并投入到社会主义现代化建设中去，尽己所能，做出自己的贡献。"四个全面"战略布局已然拉开帷幕，在五大发展理念的引领下正扬帆再出发。然而，我们也要看到，社会多元文化冲突并存，不断挤压主流价值的存在空间，扰乱人们的视线和思维；全面推进改革过程中利益结构的深度调整，不同社会阶层之间的人员流动加快；社会深层次矛盾凸显，并不时以难以预料的方式爆发，不断地冲击着道德和法律的底线；社会边缘人群相比之下弱势更加明显，并不时以极端的形式谋求社会关注。志愿服务是社会矛盾冲突的润滑剂，是国家和谐进步的助推器，更是大学生们施展才能、服务社会的广阔天地。大学生应不断深化对志愿精神的认识和理解，从自愿层面上升到自律层面，并转化为外在的行为自觉。

二、增进情感认同，构筑志愿服务新愿景

增进志愿服务的情感认同，就是要在现实生活中深刻领悟志愿服务作为一项高尚的社会事业，具有强大的感召力和持久的生命力。这种感召力和生命力既体现在志愿服务广泛的社会需求和崇高的价值追求中，也体现在千千万万个志愿者志同道合的共同努力中。

（一）树立问题意识，在现实关注中激发情感认同

一是在广泛的社会需求中感受志愿服务的强大生命力。恩格斯说过，社会一旦有技术上的需要，则这种需要会比十所大学更能把科学推向前进。可见，社会现实需要是实践创新的最直接最根本的动力。正是由于有着广泛的社会需求，志愿服务才得以在发展之初就被人们广为接受，才能够有今天的蓬勃发展。也就是说，志愿服务在我国之所以能够迅速发展，根本在于它始终关注现实的社会需求，并积极适应时代发展和社会变革，与时俱进、不断创新，始终直接为最需要的人们提供服务，这是志愿服务强大生命力的源泉。

大学生在感受到志愿服务的广泛社会需求和强大生命力的同时，会更加在情感上认同志愿服务，增强参与志愿服务的动力和信心。

二是在崇高的目标追求中感受志愿服务的精神感召力。如前所述，在现实实践中，志愿服务不仅仅是自愿、无偿地提供服务那么简单，它还有更高的价值追求。它崇尚人与人之间的平等互助，而不是单向施舍；它追求人与人之间的共存共荣，实现互利共赢，"让社会变得更加美好"；它致力于重塑人际关系，增进人与人之间的相互信任；它不是一项项或一次次活动的累加，而是一种文化的传承和精神的传递。大学生只有深刻领悟志愿服务深刻的文化蕴含和崇高的价值追求，才能在理念上更加认同、情感上更加贴近。

（二）加强沟通交流，在志同道合中增进情感认同

志愿服务为人们打开了一个新的生活空间，在这个空间里，人们热情、真诚和友爱，不分性别、年龄、信仰；在这个空间里，人们相互尊重、相互信任、相互扶持；在这个空间里，人们自由、单纯而真实，做自己想做、乐意做的事情。志愿者不是一个孤独的个体，而是一个志同道合的大群体。志愿服务也不是少数人的事业，而是千千万万个志愿者默默奉献、共同奋斗的事业。然而，开展志愿服务之路绝非平坦的通途。有的志愿者最初热情满满，但中途退出；有的志愿者在志愿服务过程中遭到误解、充满委屈；有的志愿者虽然参与全程，但却说"仅只一次"。可见，志愿服务绝非一日之功，更不可能一蹴而就，志愿者在志愿服务的过程中难免遭受挫折，它需要志愿者顽强的毅力、不懈的坚持和持之以恒的努力。那么，志愿者之间的相互交流、相互鼓励、相互支持就变得非常重要，尤其是大学生志愿者。

大学生正值青春成长期和性格形成期，心理等方面还尚未成熟稳定，容易产生波动。一旦受到打击，很容易形成消极悲观情绪，甚至发生信念动摇。因此，需要建立有效平台为大学生志愿者提供一个交流沟通的空间，使他们能够共同分享志愿服务的经历，一起探讨志愿服务的心路历程。大学生自身也应通过各种渠道和途径，一方面通过志愿者论坛、志愿者 QQ 群等网络平台加强同其他志愿者之间的交流；另一方面通过志愿服务组织加强联系、积极合作，共同服务、增进友谊，同其他志愿者一道探讨和畅想志愿服务的未来发展，共同构筑志愿服务的新愿景，在志同道合中增强对志愿服务的情感认同。

三、"互联网+"环境下铸造志愿服务品牌的理念

现在的人们不仅仅注重商品的质量，更加注重商品的品牌。鉴于品牌及品牌文化的影响力，大学生志愿服务也非常有必要打造自己的品牌，形成自己的品牌文化。现在知名度比较高的，如中国青少年发展基金会开展的"希望工程"品牌项目，凭借"让同一蓝天下所有儿童都享有幸福的童年和美好的明天"的文化理念，为数万贫困地区的孩子提供了救助，修建了多所希望学校，从而得到了社会公众的普遍认同和主动响应。伴随着"希望工程""春蕾计划""幸福工程"等知名品牌的树立，中国公益事业获得了迅速发展。

在志愿服务领域，也可以将"大学生志愿服务"打造成一个深入人心的品牌来牵引志愿服务活动，扩大志愿服务的影响力，激发服务团队的合作能力。通过在电视上和广播里的黄金时段播放有关大学生志愿服务的公益广告；利用互联网资源对公众进行宣传和介绍；在中国大学生经常登录和使用的网站及社区平台进行大规模的宣传；设计服装、队旗、手册、海报、杂志；诚邀媒体的参与，形成一定的宣传趋势，对于树立大学生志愿服务的品牌能起到极大的作用。只有树立了志愿服务的品牌，公众的参与和投入的力度才会越来越大。

四、网络化发展理念是"互联网+"环境下志愿服务工作适应社会发展的需要

当前，我国进入了与过去40年经济快速发展所不同的新常态，面对新形势、新任务，人民群众对党和政府各项工作都提出了更高的标准和要求。志愿服务是社会发展到一定阶段所产生的，是人类社会存续的需要，是个人发展的需求。在中国特色社会主义事业中，青年志愿服务可以动员和带领广大青年积极投身中国特色社会主义事业建设，成为事业建设的新尝试和新创造。志愿者组织、志愿服务工作网络化管理是应对这一新常态的重要办法。大学生志愿者需要接受什么样的信息、如何更好地接受信息，这些都与大学生志愿者的需求有直接关系。而大学生志愿者对信息的需求则

受到信息传播方式的直接影响。因此，要对大学生志愿者以及大学生志愿者组织产生良性影响，首先就要研究信息传播过程，并在此基础上针对不同层次、不同需求有效调节信息传播过程。通过网络化管理，可以有效推进大学生志愿服务工作新转变，树立大学生志愿服务工作新风气，促进大学生在志愿精神的引导下健康成长。

五、网络化发展理念是"互联网+"环境下大学生志愿服务发展的必然要求

"互联网+网络技术"的成熟和广泛应用让高校组织的开展活动涉及的领域、行业和地域被扩展。通过网络平台和交互终端，大学生志愿者们可以与民间公共服务组织以及其他高校志愿者组织交换志愿服务信息，使得开展志愿行动时得以及时沟通协调。同时，"互联网+"的运用对大学生志愿者服务活动也起到很大的帮助。通过利用"互联网+"环境下信息主体的多元化和信息传播的便捷性，志愿者可以快速、实时对志愿活动进行宣传和报道，并获得其他志愿者组织和其他志愿者的积极反馈，有利于进行更为广泛的传播与报道，这在一定程度上对青年志愿服务活动的推动起到了积极的影响。

在"互联网+"环境下，大学生借助网络媒介对自身之外以及自身难以参与的世界有更多的了解和认识，形成了对客观问题的自我价值判断。中国大学生青年志愿者在以网络媒体为媒介的志愿精神的广泛影响下，志愿服务开展越来越顺利、组织越来越庞大。当前，一些高校专门开辟了大学生志愿服务网站、微博、微信公众平台、QQ群等，通过网络媒体平台展示大学生志愿服务，并为大学生志愿服务与社会需求之间架起便捷的沟通桥梁。志愿服务网络平台较传统志愿服务信息传播渠道信息更新快、内容丰富、材料鲜活、表达效果好，而另一方面，高校志愿服务网站和"互联网+"平台以个性化的展示、故事性的讲述方式吸引了更多青年学生的关注和认同，提升了志愿服务参与的积极性。

六、"互联网+"环境下提升大学生志愿者主体意识

在志愿驱动模式下，可以通过几个方面使大学生志愿服务活动主客体都获得发展动力：

一是借助"互联网+"平台将志愿服务活动课程化。即以志愿服务活动为载体，通过慕课、翻转课堂等形式，结合志愿者的专业学习和个人趋向，设立专门课程，如在我国台湾地区推广的服务学习行动，旨在通过志愿服务理论知识的培养，通过专业课程或通识课程与志愿服务的结合，提升大学生参与志愿服务的积极性，进而提升大学生志愿者的志愿服务意识和学业专业能力。"互联网+"环境下出现的慕课以及借助"互联网+"平台的碎片化知识分享课程，很好地实现了志愿服务课程化的要求。一方面通过慕课的形式实现了志愿者跨时空主动参与志愿课程建设的需要，增强了志愿者个体的主体性；另一方面，志愿服务知识碎片化分享满足了对特定服务技能知识的快速获取需求，增强了志愿者成长的目的性。志愿服务活动课程化要将志愿者活动作为教育的载体和环境，即志愿服务活动作为大学生志愿者学习的内容。同时，志愿服务课程化还需对志愿服务活动进行学分认定，即教学教务部门对专业学习与志愿服务活动相关的部分给予相应学分，在个体发展和志愿服务的双重驱动下提升大学生志愿者参与志愿服务的动力。

二是借助"互联网+"平台将志愿服务活动融入大学生思想政治教育中。大学生志愿服务活动是高校以隐性形式开展思想政治教育工作的实效载体，相对于传统课堂灌输来说比较受大学生欢迎。传统志愿服务更多强调志愿服务现实生活的实践性，即需要到现场做。而"互联网+"环境下，通过网络传播志愿服务理念和志愿服务需求信息同样属于志愿服务范畴，即突破了传统志愿服务的时空限制，降低了参与志愿服务的门槛，使得志愿服务更容易参与。志愿服务活动是一种社会道德实践，志愿服务活动内在的道德高度使得大学生志愿者更易于认同志愿服务活动中所隐含的人文精神和思想价值。大学生志愿者在参与志愿服务活动过程中，无形地将社会主义核心价值观内化于心，使得志愿服务活动成为构建和谐社会的重要载体。

三是将志愿者个体发展教育与大学生职业生涯规划相结合。以"服务

学习"理论为基础，打通志愿服务与职业生涯发展的联结渠道。所谓"服务学习"，是指将志愿服务、社区关爱与专业学习相结合的教学理念，其更关注大学生反思性思维的形成和公民责任的养成，同时也关注培养大学生用专业知识发现社会问题进而解决社会问题的能力。通过将志愿者发展教育与大学生职业生涯规划相结合，帮助大学生认识到参与志愿服务活动将有益于其个人职业发展，并对其个人成长有重要影响。同时，志愿服务活动也为大学生就业方向的设定、就业观念的转变提供重要平台。

七、优化榜样选树，凸显先进带动作用

实践证明，榜样的力量是无穷的。实践也告诉我们，不同的榜样类型也会有着不同的教育效果。而在所有的榜样类型中，道德榜样最难树立。因为我国传统道德体系已然衰落，而现代道德体系又尚未建立起来，道德行为的判断标准不一；因为道德榜样常常要付出超于常人所能承受的代价，最难做到；因为道德的底线非常脆弱，一旦触及特定现实情境，很容易被打破，而一旦打破，便是"一个神话的破灭"。在我国树立的很多榜样中，有成功的案例，但也不乏失败的案例。可见，在志愿服务中，要树立好的榜样，真正发挥榜样的示范力量和引导作用，必须优化选择、注重建设、坚持差异，保证榜样的先进性、持续性和带动性。

（一）规范榜样选择，突出榜样的先进性

榜样是中华民族传统美德和现代道德文化的有机结合体，是时代精神的体现和象征。然而，榜样身上凝结着共同精神品质的同时，在具体特征上也会呈现出不同的道德特征。以谁为榜样，这是榜样教育首先要回答的问题。因此，在选择和树立志愿服务榜样时，应结合志愿服务的核心特征、时代要求、追求目标及实际效果等方面进行审视，恰当合理地选择榜样类型，进而使榜样类型与榜样教育的目标相匹配，切实体现和发挥榜样的先进性。在基本理念上，志愿服务榜样应既承接中华民族传统的慈善理念，又充分吸收现代志愿精神和志愿文化，亦高度契合于社会主义核心价值观，是志愿精神的弘扬者和践行者；在时代要求上，志愿服务榜样应是紧密结合社会需求，不断拓展志愿服务新领域、新方向的创新者和引领者；在目标追求和实际效果上，志愿服务榜样应是促进社会更加美好、引导人们互

助互信的积极行动者。

（二）强调品牌建设，突出榜样的持续性

榜样形成不是一朝一夕，榜样树立之后也绝非一劳永逸。如果没有榜样的后续培养和积极建设，则面临榜样力量弱化甚至形象坍塌的危险，这样的例子在现实生活中并不少见。大学生正处于思想和行为的可塑期，对榜样的形象和要求也极具多元性，且更加关注榜样的长远持久行为。然而在当前我国志愿服务榜样的宣传中，榜样的影响力一般、大学生对榜样的认可度不强、感觉模范人物离自己较远的现象仍然较为突出。因此，要注重志愿服务榜样的品牌建设，一方面促进志愿服务榜样专业化、规范化发展，并成规模化发展模式，影响地方；另一方面挖掘同类型榜样之间的相继性，形成继承性发展模式，辐射全国，进而强化榜样的持续性，形成强大的社会辐射力和深远影响力。

（三）坚持差异原则，突出榜样的带动性

坚持先进性要求与广泛性要求相结合，是我国思想政治教育的重要传统和基本经验，也是开展志愿服务过程中应遵循的基本原则。我国的志愿服务由于地区发展差异而表现出明显的不均衡性，广东、上海和北京的志愿服务比较发达，而我国一些偏远落后地区的志愿服务则较为缓慢。如果对它们提出同样的志愿服务发展标准和要求，是不现实的。可见，单一的榜样难以对发展程度各异的地方志愿服务形成感召力和带动力，产生深远持久的影响。邓小平在《全国教育工作会议上的讲话》中指出："我们在进行思想政治教育，鼓励和帮助每个人勤奋努力的同时，必须承认各个人在成长过程中所表现出来的才能和品德的差异，并且按照这种差异给予区别对待，尽可能使每个人按不同的条件向社会主义和共产主义的总目标前进。"[①] 个人尚且如此，更在地区之间存在着巨大发展差异。因此，各地在学习全国性榜样的同时，应结合地方志愿服务发展实际，选择特色的志愿服务榜样，促进本地志愿服务发展目标更加现实、具体、明确，进而使志愿服务在循序渐进中实现长远发展。

---

① 邓小平.邓小平文选（全3卷）第2卷（第1分册)[M].北京:线装书局,1995.

第四节　"互联网＋"视域下创新大学生志愿服务体制机制

一、"互联网＋"视域下创新培训机制

大学生志愿者的素质是确保志愿服务质量的关键所在。素质不仅包括志愿者的文化、道德素质，还包括对志愿服务理念的高度认同以及相应的服务技能等。大学生志愿者上岗前要进行必要的业务培训，对志愿者进行相关知识的辅导，从而在最短的时间内调动学生的积极性，使效益最大化。

培训可以采取多种形式，譬如，实践与理论相结合、集中与分散相结合、面授与远程相结合，提高志愿者的社会实践能力和服务水平。主要内容应包括志愿服务的理念、志愿者职业道德、志愿服务基本技能、危机应对的训练，尽量做到生动活泼，使志愿者便于理解、乐于接受。

二、"互联网＋"视域下建立激励机制

志愿服务是一项需要倾注感情和精力的事业，光凭志愿者的主观能动性是远远不够的，必须建立人性化的激励机制来保障志愿精神的薪火相传、生生不息。

（一）内部激励

"金苹果"理论的核心问题就是"激活心"，采取种种措施的目的就是要激活心。根据马克思的内因决定外因的辩证关系原理，"金苹果"理论则将研究的重点放在了大学生志愿者的内在驱动上。关注大学生志愿者自身特长和潜能的发挥，争取把每位志愿者都安排到适合自己的岗位，让他们感到心情愉悦和有成就感。为大学生志愿者创造学习锻炼的机会，使他们学到新知识、新技能、新观念，丰富人生阅历。要强化大学生志愿者的情感体验，让他们真切体验到"受人尊重"和"被人需要"，从而激发其坚持服务的内在动力。

（二）外部激励

外部激励包括组织激励和社会激励。组织激励主要表现在对志愿者的关怀上，管理者要时刻了解大学生志愿者的思想动态，当志愿者在工作生活等方面遇到困难的时候，组织应该伸出援助之手，使他们感受到来自组织的温暖。

社会的广泛认同，是激发大学生志愿者活力的基础所在。我们可以借鉴北京奥运会的成功经验，如奥委会专门颁发"志愿者金奖"等，使志愿者感受服务的价值，并产生志愿服务的自豪感。同时，对奥运会志愿者所提供的服务进行记录存档，并通报其所在学校或社区，当志愿者本人及其家人需要志愿服务时，可以优先获得所在社区志愿者组织的志愿服务与帮助。可将大学生志愿服务情况纳入学生考评，将其转化为学分，也可将大学生社会志愿服务经历纳入到工作经验之中，在今后就业时予以一定的参考，从而使更多的大学生积极投身于志愿服务之中。

三、"互联网 +"视域下完善评估机制

建立标准化评估机制的重点是建立标准化的绩效考核制度，通过一套系统化的方法，科学地评估大学生志愿者在一段时间内的工作表现和成效。目前，实际操作中，重点要推行分等评价法和实地评估法两种考核办法。

（一）分等评价法

就是将大学生志愿者的人格特质、才能与其他志愿工作绩效分为多方面的等级，在每一考核项目内给予不同等级的工作绩效价值，并在每个绩效价值项目内均加以简单的描述。

（二）实地评估法

就是指由志愿服务组织相关的机构派出一些社会工作督导或管理专家到大学生志愿者工作或服务的岗位上进行观察，并与其主管进行交谈，系统、全面地去收集大学生志愿者工作绩效的材料，然后撰写报告，并将报告内容报给该志愿者的主管。对于大学生志愿者而言，评估可以让其了解自己的优缺点，知道自己的工作情形，激发自己的工作热情。

评估与考核既可以评估大学生志愿者的动机，还可以评估对其委以重

任的可能性及能否配合组织发展的需求，是否需要进行工作调整，使每个人可以适才适用。

四、"互联网 +"视域下完善志愿服务组织的运作机制

（一）资金社会化运作

大学生参与的志愿活动特别是大型的志愿服务工作的流程运作需要较大的资金支持，从志愿者的日常活动到培训、激励，以及因意外事件造成的志愿者重大财产损失和人身伤害后的赔偿，乃至为扶贫志愿者和海外服务志愿者购买保险，这一切无不需要有畅通的渠道保障和大量的经费。从资金的来源看，政府部门应在责任范围内承担一定数量的开支。同时，还应考虑到长远发展问题，采取多元化的社会筹资渠道，从单一的政府拨款向争取企业赞助、民间筹集以及国际资助经费、创办实业自筹等多元渠道发展。并将筹到的经费设立专项基金，用于保障大型活动志愿服务各环节的运行畅通，形成规范的资金运行操作，接受社会监督定时审计。

（二）完善以共青团为支撑的运作机构

共青团组织作为最具群众基础又最具权威性的青年机构，具有组织和推动大学生志愿行动的种种优势，团组织要探究出新型的工作模式，来适应志愿者活动所呈现的新趋势。从校内看，首先，共青团组织应完善高校志愿者活动的组织体系，在全校范围内成立各级志愿者团体，包括团委职能部门、各级志愿者协会和志愿者服务队；其次，要完善志愿者活动的规章制度，以确保从召集到培训的规范性制度化。从校外看，团组织应做好内引外联工作，与大型活动执行方联络、交接工作衔接得当，为高校志愿者提供便利和更多的机会，为志愿者发展创造一个良好的外部环境。

五、完善配套举措，发挥制度引导力量

制度对人们的行为选择具有深远的影响。志愿服务事业的发展不仅需要志愿服务这一单项制度的引领，更需要相关制度的密切配合，进而形成制度合力。否则，即使设计再完美的志愿服务制度也可能会由于缺乏有效

支撑而变成一纸空文，难以真正落实。综观当前我国志愿服务制度建设，还需在以下3个方面着力。其中，广泛参与制度是前提，组织参与制度是关键，第三方评估制度是保障。三者相辅相成，缺一不可。

（一）广泛参与制度

吸引社会广泛参与，是志愿服务的生命力所在，也是志愿服务发展面临的首要问题。从主体来看，志愿服务不仅仅是青年学生的事，无论是机关人员还是社会人士，在力所能及的条件下都有参与的责任。我国志愿服务人数占人口总数的比例较低；主体参与度不高，远没有达到广泛参与的程度。

要打破这一发展困境，需建立和完善志愿服务广泛参与制度。这一制度是对包括谁参与、参与什么、怎么参与等一系列内容的基本规定，致力于吸引和争取最大多数的社会公众参与到志愿服务中来，形成想参与、能参与、要参与的社会风气和发展局面。一是本着发挥所长、力所能及的原则，对不同年龄段的群体进行志愿服务内容和形式的引导，进而实现"人人想做志愿服务，人人有志愿服务可做"。二是建立统一的注册平台，打破多个管理部门各自为政的局面，克服和避免重复注册现象的发生；整合基础性数据，力求掌握翔实而准确的志愿服务情况，形成对志愿服务发展态势及未来前景的科学认知和精准预测，以便更有效地应对主体参与"瓶颈"。三是普及推广志愿服务参与的渠道和途径，使广大公众对这些渠道有充分的认识和了解，并做出切合自身实际的合理选择。

（二）组织参与制度

组织化是现代志愿服务的基本特征。志愿服务组织是沟通志愿者和志愿服务对象的桥梁，是志愿精神的主要弘扬者、传承者和创新者。通过志愿服务组织，志愿者能够根据自身条件及所长选择服务对象、提供服务内容，服务对象也能够从志愿服务组织那里获得更加专业化、持续性的志愿服务。然而，我国当前的志愿服务组织并非主要依托于专业化或者职业化的志愿服务组织，而是更多地依靠传统的单位组织或者准行政化的社会团体。由于众所周知的原因，这种自产自销式的、既没有有效评估又缺乏持续激励的组织志愿服务形式，在很大程度上影响了甚至制约着社会整体志愿服务的健康发展。比如，一些单位为了完成任务，要求单位成员在规定网站上注册成为志愿者，但并不真正开展志愿服务活动；甚至很多单位开展的志愿服务还局限于没有什么技术含量的简单的体力劳动，并没有发挥本单位的志愿服务优势。

（三）第三方评估制度

在我国志愿服务组织的评估体系中，政府长期扮演着评估者的角色。由于我国大多数志愿组织团体具有行政化或准行政化的色彩，在与政府的合作中存在着职责交叉、利益关联等原因，政府的评估者角色在很多情况下并不被认可甚至被质疑。第三方评估制度是伴随着西方新公共管理运动而逐渐繁荣和发展起来的，旨在强调评估的公正性、专业性以及监督的实效性。建立和引入第三方评估有利于促进政府职能转型和创新社会治理体制，有利于完善对组织运行机制和实际效果的审核监督，有利于提升志愿服务组织的公信力，促进其科学健康发展。诚如学者袁强所言，"时至今日，开展独立的第三方评估已经成为世界政府部门与社会行业评估的一种理论共鸣和实践共识"。

第五节　大学生志愿服务中价值观培育的路径

要实现大学生志愿服务中价值观培育的目标，就必须调动一切可以调动的因素，使多种培育形式协调一致，形成合力，使不同的培育形式发挥相应的作用。如果这些培育形式能真正地形成合力，就可以形成一个大学生志愿服务中价值观培育的"生态圈"，在联动中达到培育目标。

（一）立足高校培育，拓展培育维度

高校是大学生志愿服务中价值观培育的主阵地和重要场合，要想实现培育目标，必须不断拓展大学生志愿服务中价值观培育的高度、深度、广度，提高培育的针对性、实效性。

1. 要提升大学生志愿服务中价值观培育的高度

大学生志愿服务中价值观，既是社会主义核心价值观在大学生志愿服务领域的具体体现，又是社会主义核心价值观的实践表达。因此，要将大

学生志愿服务的目标、内容与社会发展需要紧密结合，与社会主义核心价值观紧密结合，形成具有中国特色社会主义大学生志愿服务价值观；从社会主义核心价值观层面来说，社会主义核心价值观是大学生志愿服务中价值观的理论来源，因此，树立和培育社会主义核心价值观要于实处用力，从知行合一上下功夫。习近平总书记强调："培育和践行社会主义核心价值观，贵在坚持知行合一、坚持行胜于言，在落细、落小、落实上下功夫。要注意把社会主义核心价值观日常化、具体化、形象化、生活化，使每个人都能感知它、领悟它，内化为精神追求，外化为实际行动，做到明大德、守公德、严私德。"而大学生志愿服务正是培育和践行社会主义核心价值观的有效载体，是其融入大学生日常化、生活化的重要手段，因此，要将社会主义核心价值观贯穿大学生志愿服务全过程。

第一，高校要以社会主义核心价值观引领大学生志愿服务中价值观培育。社会主义核心价值观是高校德育工作的核心，大学生是社会主义现代化的建设者和接班人，高校必须坚持"育人为本、德育为先"的教育理念，做好当代大学生意识形态教育工作，帮助大学生树立正确的理想信念，养成高尚的道德情操和行为习惯。高校要扎实做好对大学生进行社会主义核心价值观的培育工作，不仅要通过不断的学习、灌输、解释等教育方法，更要对社会主义核心价值观的抽象概念进行具体化诠释，将其内容不断细致化、具体化、生活化。要充分利用不同的教育场合、教育载体，以通俗易懂的方式对社会主义核心价值观进行生活德行的示范性解读，提高大学生的认知和认同，使大学生能够知行合一。

第二，高校要从思想上充分认识到大学生志愿服务中价值观的育人功能，充分尊重大学生的主体地位。当代大学生的道德认知较高，但道德行为与其存在脱节现象，大学生志愿服务能够实现大学生道德理想与道德行为相统一、价值认知与价值行为相统一。当前，高校对大学生志愿服务中价值观的育人功能认识不足，造成对大学生志愿服务中价值观培育工作的忽视。因此，高校要充分认识大学生志愿服务的育人功能，在志愿服务中培育社会主义核心价值观念，并注重发挥大学生的主体作用，引导大学生把在学校所掌握的理论知识和专业技能在志愿服务当中去检验。在检验技能实践能力和价值观实践能力的同时，实现知行统一。

第三，要把握大学生志愿服务中价值观培育的整体性与运动性。培育大学生志愿服务中价值观是一项系统工程，高校应坚持导向性、科学性、系统性、时代性与稳定性等原则，在整体中把握运动性，在运动中把握整体性，实现培育工作的全面化。从整体性上看，一方面，从大学生志愿服务活动本身来看，它是一个需要精心组织策划、系统实施的过程，需要各个环节相互协调、整体有序；另一方面，从自身来看，大学生接受志愿服务中价值观受其自身认知、情感、思维等多种生理、心理方面的显性或隐性因素的影响，树立新的价值观念或改变原有的价值观念不是一蹴而就的，而是一个渐进有序的过程。从运动性上来看，一方面，大学生志愿服务活动本身就是不断在运动、变化和发展的。每次志愿服务的项目、对象、时间、地点、目标都是不断地变化发展的，另外，随着时代的发展与变迁，对大学生志愿服务的要求也在不断变化。另一方面，大学生的价值观念不是自发形成的。而是在一定环境和理论教育的影响下逐渐形成的。因此，大学生志愿服务中价值观的培育与形成也是不断地与大学生志愿服务环境进行物质、能量、信息动态交流的。因此，有效地培育大学生志愿服务中价值观，就一定要整体把握、宏观看待，重视培育大学生志愿服务中价值观的整体性和运动性。

总之，要提升大学生志愿服务中价值观培育的高度，需要在坚持社会主义核心价值观统领地位的前提下，主动发挥大学生的主体作用，在过程中实现整体性和运动性的有机结合，为大学生志愿服务中价值观培育奠定基础。

2. 要挖掘大学生志愿服务中价值观培育的深度

从理论上来说，第一，要精准把握大学生志愿服务中价值观的核心要义。将大学生志愿服务中价值观与大学生个人发展需求和社会发展需要紧密结合，以社会主义核心价值观为基础，培育具有中国特色的大学生志愿服务中价值观。这不仅是大学生有效开展志愿活动的首要条件，更是践行社会主义核心价值观的必要条件。第二，教育者要将大学生志愿服务中价值观的内涵融入到思想政治理论课课堂教学中去，大学生志愿服务中价值观培育本质上是对社会主义核心价值观的培育。由于大学生志愿服务中价值观更加细致化、具体化，因此教育者在对社会主义核心价值观进行理论灌输和渗透的同时，以大学生志愿服务中价值观内容为介体，生动地解读社会主义核心价值观，促进大学生对社会主义核心价值观的理论认同。思想政治理论课作为大学生价值观教育的主阵地，大学生志愿服务中价值观培育也要始终如一地坚持思想政治理论课在培育中的主渠道地位。同时，主动融入现有课堂教学，在丰富教学内容的同时优化课程内容，使大学生群体切实地意识到大学生志愿服务中价值观理论的重要性，实现志愿服务中价值观培育的科学性、目的性、针对性与实效性。第三，要深入挖掘除思想政治理论课之外的通识类、专业课课程的思想政治教育资源，使其能够成为大学生志愿服务中价值观培育的有效因子，实现大学生整体课程的深入融合，从而提升大学生志愿服务中价值观培育的理论深度和认知范围。

从实践上来说，要挖掘大学生志愿服务中价值观培育的深度，必须实现大学生志愿服务专业化。第一，要提高教学设计的科学性和目标性，使课程教育具有针对性和实效性。2010年7月，中共中央、国务院联合提出，"要创新人才培养模式，要求加强学生社团组织指导，鼓励学生积极参与志愿服务和公益事业"。志愿服务是培育大学生社会主义核心价值观的新载体，推进志愿服务的全员化、普及化既需要不断的创新实践，也需要创新理论教学。因此，高校应积极推动志愿服务进教材、进课堂的工作。一是在现有的大学生思想政治理论课中增加志愿服务教育模块，让大学生志愿服务中价值观成为培育社会主义核心价值观的重要内容；二是开设大学生志愿服务实践课程，将参加大学生志愿服务活动纳入学分，对优秀的大学生志愿者应给予表彰和就业推荐。第二，要在实践中强化大学生志愿服务组织的能力，推动大学生志愿服务专业化发展。管理体系的建立是为管理好、服务好大学生志愿者，是大学生志愿服务活动顺利有效开展的必要保障。高校要建立起社会、高校、院系三位一体的组织管理体系，强化完善大学生志愿服务的组织管理能力，形成高校党委直接领导、团委组织实施、各部门协同管理的组织模式。首先，要优化现有的大学生志愿者招募工作，包括确定大学生志愿活动的项目、评估服务对象，划定大学生志愿者具体工作的范围与职责，确定招募之前应做好的准备工作。其次，要选拔和培训大学生志愿者。大学生志愿服务的有效开展，要积极进行选拔工作，使大学生志愿者与志愿服务的相关岗位情况、需求情况等高度匹配，以提升志愿服务效果。同时，要加强相关志愿服务知识和技能的培训。这能够帮助大学生志愿者更好地完成服务任务，尤其是参加重大活动或是服务特殊群体的时候，相应培训更为重要。因此，对大学生志愿者进行选拔和培训是大学生志愿服务组织建设的重要环节。再次，高校要建立健全大学生志愿服务组织保障体系，主要包括资金保障、制度保障。资金保障是高校目前建立大学生服务组织保障体系中面临的最普遍、最突出的问题。由于当前大学生志愿服务活动开展资金来源单一，因此高校应不断加强拓展吸纳社会资金的能力，包括政府、企业、基金会、私人捐款等。同时，高校还应制定完善的志愿服务制度体系，以实现大学生志愿服务制度化、系统化与科学化。第三，要完善大学生志愿服务评价体系。科学的评价体系不仅能最大限度地激发大学生参与志愿服务的动力和激情，对促进大学生志愿服务事业的发展也具有助推器的作用。具体来说，大学生志愿服务评价是一项全面的系统性工作，目前单一的评价方法无法获得科学的评价结论。因此，大学生志愿服务评价必须综合运用多种评价方法，如过程评价与结果评价相结合、定量评价与定性评价相结合、自我评价与学校评价社会评价相结合等评价方法，通过评价机构给予客观准确的综合性评价。科学的大学生志愿服务评价体系，不仅能够有效提高大学生参与志愿活动的积极性和规范性，还可以对培育大学生志愿服务中价值观起到导向作用和激励作用，实现大学生志愿服务活动的良性发展。

总之，要挖掘大学生志愿服务中价值观培育的深度，不仅要从理论层面充分理解大学生志愿服务中价值观培育的具体内容，更要从实践层面提升大学生志愿服务的能力，为大学生志愿服务中价值观培育提供不竭动力。

3. 要拓展大学生志愿服务中价值观培育的广度

第一，要将继承中华传统美德与弘扬时代精神相结合。随着全球化进程的加快，西方思潮大量涌入，对大学生树立正确的价值观产生了直接的冲击和影响。因此，高校要将继承中华传统美德与弘扬时代精神相结合，用中华传统美德滋养大学生思想道德建设，用弘扬时代精神和民族精神引导大学生抵制拜金主义、享乐主义、极端个人主义的侵蚀。

第二，要打破单一的培育模式，形成全面培育合力。当前，各个高校对大学生志愿服务中价值观培育都不同程度地存在知行脱节、教育方法单一、教育资源整合不利等方面的问题。因此，要打破单一的培育模式，形成全面培育合力。如设立与大学生志愿服务相结合的专业教育课程，以大学生成长发展为主线，构建以专业课程教育为中心，辅以大学生心理健康教育、就业指导教育等既层次分明又协调统一的课程体系。

第三，要与社会公益组织对接，营造志愿服务文化氛围，拓展培育资源。大学生志愿服务中价值观不是空洞的论调，培育和践行大学生志愿服务中价值观必须体现在大学生志愿服务活动中。因此，要想使大学生志愿服务中价值观培育更加具有生机和活力，高校就应该在培育形式上除了采取学校组织的形式以外，还应积极主动地与社会公益组织对接，在拓展大学生志愿服务模式、扩大志愿服务内容、增加组织资金补助等单向扶持的同时，还可以共同构建大学生公益孵化基地，实现大学生志愿服务组织可持续发展。另外，高校要扩大大学生志愿服务的宣传力度，营造一种参与志愿服务的风尚和文化，形成鼓励志愿服务的良好校园氛围，为大学生志愿服务中价值观培育奠定良好的舆论氛围和校园文化基础。

总之，要拓展大学生志愿服务中价值观培育的广度，需要将其与中华优秀传统文化相结合；将其体现在多种学科模式教育中；还要将其与社会公益组织积极对接，从而拓宽其外延，多管齐下，为大学生志愿服务中价值观培育提供扎实的实践基础。

4. 要拓宽大学生志愿服务中价值观培育的幅度

第一就是要引导大学生对志愿精神的内在认同。志愿精神是志愿服务内在特征时代性的集中体现，也是社会主义核心价值观在志愿服务中的特色呈现，是保障志愿服务顺利开展、保证志愿服务科学化的理论支撑，是进行大学生志愿服务中社会主义核心价值观培育的重要立足点。因此，要提升志愿服务的层次和水平，保证大学生志愿服务中价值观培育的方向与目标的科学性，必须强化大学生对志愿精神的外在认知和内在认同。首先就是要积极开展志愿服务精神在大学生群体中的宣传教育，使其接受志愿精神的具体内容，实现奉献、友爱、互助、进步的志愿精神在大学生群体中的理论渗透与内在认知，强化大学生形成稳定的志愿伦理规范，从而为大学生志愿服务中价值观培育奠定坚实的理论基础。具体来说，就是突出大学生对志愿服务精神的内在认知，在对其进行相关志愿服务精神宣传教育的基础上，真正认识到志愿精神的深刻内涵，认识到大学生志愿服务的类型与形式与志愿精神的内外一致性，以及我国大学生志愿服务精神的时代性、特色性，更要明确我国志愿服务精神的范畴，强调志愿服务精神对大学生志愿服务本身，以及社会发展与个人成长的引导性与实践性。其次，积极推进志愿服务精神的内化，在大学生对志愿服务精神基本外在认知的基础上，对志愿服务精神形成认可、认知、认同、喜欢、主动等积极的心理态度，从而满足大学生的情感和心理需求，将大学生这个志愿服务的主体与志愿服务形式的客体有机融合，以特色的志愿服务活动为抓手，将大学生志愿服务活动与社会发展、个人成长、国家需要高度结合，逐步形成其对大学生志愿服务精神的内化，对志愿服务精神形成更为深层次的理解和认同。再次，推进大学生志愿精神的内化，还应该强化活动的执行，逐步形成大学生志愿服务的精神认同，进而实现知行合一。鼓励大学生参与各种类型的志愿服务活动，力图实现其在大学生志愿服务过程中对志愿精神的内在认同，并在实践的过程中不断深化理论认知。我国大学生志愿服务作为与时代相伴而生的新生实践活动类型，对于社会发展、国家进步以及个人成长成才具有重要的实践意义。

　　第二就是要厘清社会主义核心价值观与中国特色志愿精神的本质一致性、内在契合性。首先，社会主义核心价值观倡导的国家观、社会观和公民观与中国志愿服务精神提倡的奉献、友爱、互助、进步具有本质一致性。社会主义核心价值观倡导的国家观与大学生志愿服务追求的终极目标相一致、社会主义核心价值观倡导的社会观与大学生志愿服务的伦理正义相吻合、社会主义核心价值观倡导的公民观与大学生志愿服务的主体参与互为基础。社会主义核心价值观要想在大学生群体中落地生根，借助大学生志愿服务这个特殊的社会实践活动，无形中促进了社会主义核心价值观的理论分解和外在认同。大学生志愿服务，以社会主义核心价值观为基础，又保障了大学生志愿服务活动的系统性、机制化、方向性与科学性，两者本质一致，一以贯之。其次，廓清大学生志愿服务精神与西方倡导的公益价值观或者多元化价值观的本质区别。中国特色的大学生志愿服务精神，立足中国大地，结合中国实际，吸收中国优秀传统文化的有益因子，使得中国志愿服务精神倡导的奉献、友爱、互助、进步独具中国特色。我们倡导的奉献，是无私的奉献，是真正的奉献，既不是来源于宗教寄托，也不是寄希望于来生为善；我们倡导的友爱不仅仅是人与人的关系和谐，也指人与自然、人与社会的关系和谐友爱，这样和谐友爱的状态不是浅层次的冠冕堂皇，不是以私有化为基础，而是基于社会主义公有制基础，三者关系的深层次共融共通的和谐关系；我们倡导的互助，不仅仅是人与人之间物质资料上的互相帮助，更可以指精神财富的互相帮助，甚至指的是一方有难，八方支援，你我同在的互相帮助；我们倡导的进步，不仅仅指的是人的物质财富的增加，更指的是人的精神世界的高度解放，在基本的生存发展条件满足之后的人与社会高度发展的互相进步，这种进步是和谐的进步，这种进步是共生共通的进步。最后，我们更应该看到，社会主义核心价值观倡导的价值目标、价值准则、价值原则和西方多元化价值观的本质区别。我们倡导的核心价值观是社会主义核心价值体系的重要组成部分和最大公约数表达，既不是所谓的普世价值，又不是所谓的大同法则，而是在中国特色社会主义伟大实践中形成的，推进中国特色社会主义持久发展的精神动力和指导理论，是中国亿万人民群众最大公约数的价值表达和价值诉求，是放之四海而皆准的理论法宝。

只有明晰了大学生志愿服务中价值观培育的本质内容，拓宽大学生志愿服务中价值观培育的幅度，才能强化大学生志愿服务中价值观培育的路径基础，夯实大学生志愿服务的思想根基，确保通过大学生志愿服务这个有效载体，实现社会主义核心价值观培育的真正实现。

（二）强化政府支持，提供相关保障

大学生志愿服务活动本质上是大学生积极投身社会实践、开展社会奉献的实践活动，若没有政府的大力支持，我国大学生志愿服务工作在许多方面的推进和发展就会受到限制，这样就会大大影响大学生志愿服务中价值观培育工作的时效性。想要解决大学生志愿服务中遇到的各种问题，无疑需要相应的政策支持和合理有效的工作机制做保障，政府的政策支持和机制保障主要体现在志愿服务法和志愿服务条例的颁布上。志愿服务法是关于志愿服务的法律，它不仅对"志愿者组织""志愿者""志愿服务"等概念予以明确，也对志愿者组织和志愿者的资格条件、权利和义务等进行了立法限定。我国目前还没有专门的志愿服务法。通过统一立法明确规定志愿服务组织、志愿者的性质和法律地位，能够保障志愿服务组织和志愿者合法权益，规范志愿服务活动，对提高全社会认知程度，倡导和促进全社会积极开展志愿服务活动，对推动志愿服务事业不断发展具有重要作用。

总之，加强政府支持力度，提供相关保障，既可以保证大学生志愿服务的持久性、规范性，又可以为大学生志愿服务中价值观培育提供良好的物质基础和制度保障，为培育工作提供坚实的基础。

（三）借助社会环境，营造良好氛围

良好的社会环境是大学生志愿服务中价值观培育的外部条件，营造良好的社会环境，对大学生志愿服务中价值观培育能起到重要的促进作用。首先，社会要大力加强对大学生志愿服务中价值观的宣传力度。强有力的宣传力度可以促进大学生对大学生志愿服务中价值观内涵的深刻、全面认知，营造良好的社会舆论氛围。一是在大学生志愿服务活动开展的不同阶段，根据不同形式的实际情况，侧重选择不同的宣传主题和宣传重点，把弘扬大学生志愿服务中价值观摆在重要位置。二是精心培育大学生志愿服务文化，大力宣传典型。高校要加强对重点项目、特色活动以及典型人物的宣传报道力度，集中展现大学生志愿服务活动和志愿者的风采，扩大大学生志愿服务的影响力，引领大学生积极参加志愿服务、践行所学。其次，加强社会舆论引导，淡化功利主义气息和浮躁氛围。大学生志愿服务中价值观培育的影响力和生命力受志愿服务宣传推广程度的影响，高校要充分利用宣传途径，加强舆论宣传与引导。一方面，要加强大学生志愿服务中价值观宣传引导，引发社会对大学生志愿者的认同。在高校中，"志愿者"一词很少有一个集中展示，特别是向社会展示的机会，因此社会的理解和认可度不高，常常被认为是廉价劳动力而贬低了大学生志愿者所蕴藏的价值。以大学生志愿服务中价值观为价值导向进行广泛的宣传并激起社会的反响，有利于大学生志愿服务工作长期、稳定、有序地发展。另一方面，要弘扬道德建设，营造良好社会氛围。大学生志愿服务活动，归根结底就是"志愿"，它的本质决定了它和功利主义、实用主义背道而驰。大学生志愿服务中价值观的宣传工作，要在社会层面营造出良好的社会氛围，为大学生志愿服务活动提供适宜的社会环境，潜移默化地使每一个大学生摒弃杂念，阳光积极地加入、全身心地参加志愿服务活动，削弱西方不良思想观念的影响，为大学生志愿服务中价值观培育创造良好的社会环境。再次，创新宣传手段，强化宣传效果。高校大学生志愿者组织除了充分利用传统宣传手段，也要不断创新宣传手段。一方面，高校大学生志愿服务要通过传统的发放宣传资料、张贴海报、下发通知等传统手段进行宣传；另一方面，要通过新媒体，如建立大学生志愿者微博、微信、公众号、制作专题片等手段，不断提升大学生志愿服务宣传工作的吸引力。

除此以外，更要营造良好的文化自信氛围，潜移默化地促进大学生志愿服务中价值观的培育。当代大学生在社会主义核心价值观培育的过程中非常需要增进对中国传统文化、对中国革命文化、对中国社会主义先进文化更为深刻的了解和学习，文化自信的社会氛围对大学生社会主义核心价值观的培育极其重要。我们之所以要在营造文化自信的良好社会氛围中、在坚持文化自信的基础上来培育社会主义核心价值观，那是因为"文明特别是思想文化是一个国家、一个民族的灵魂。无论哪一个国家、哪一个民族，如果不珍惜自己的思想文化，丢掉了思想文化这个灵魂，这个国家、这个民族是立不起来的"。那是因为"我国今天的国家治理体系，是我们在历史传承、文化传统、经济社会发展的基础上长期发展、渐进改进、内生性演化的结果"；那是因为"没有文明的继承和发展，没有文化的弘扬和繁荣，就没有中国梦的实现"。要通过对中国传统的民族文化、先进的社会文化以及理论与实践相结合下红色文化的培育与弘扬展示中国正在从文化大国向文化强国迈进的形象，进一步增强人们的文化自信，在全社会形成文化自信的良好社会氛围，使大学生在文化自信的良好社会氛围中潜移默化地接受教育与熏陶，从而更主动地培育社会主义核心价值观。

总之，良好的社会环境是培育大学生志愿服务中价值观的外部条件，要通过大力加强对大学生志愿服务中价值观的宣传力度、加强社会舆论引导，淡化功利主义气息和浮躁氛围、创新宣传手段、强化宣传效果等方式努力营造良好社会氛围，促进大学生志愿服务中价值观的有效培育。

（四）提升自我修养，促进知行统一

大学生作为志愿服务的主体，其思想道德素质和理论文化修养是影响大学生志愿服务中价值观培育的重要因素。因此，大学生志愿服务中价值观的培育需要大学生积极发挥主观能动性，积极地进行自我学习、自我教育、自我提升。

首先，理论的自我学习。大学生志愿者可以通过阅读一些经典著作、参加理论研讨等学习方式认识正确的价值观念或理论原则，理解和掌握科学的价值理论，提高价值判断和价值选择的能力。特别是对社会主义核心价值观、社会主义核心价值体系的学习，能够帮助大学生树立正确的价值取向，更好地指导大学生志愿服务活动的开展。

其次，在反思与肯定中提升自我教育。每次参与完一些志愿服务活动后，大学生可以采用回顾的方式进行活动的总结和反思。一方面，可以更深刻地领悟什么是爱国、友善、和谐等大学生志愿服务中价值观的内涵；另一方面，可以理性地思考和总结在活动中自己的思想和行为，并通过反思进行自我剖析和自我评价，进而提高自己的价值观念和准则。

最后，在自律中实现自我成长。自律是自我监督与自我控制的能力，它既是成长的开始，也是成长的保障。自我控制能力越强，自律性就越高，自我成长就越快。在大学生志愿服务中价值观培育的过程中，大学生要自省自律，自觉抵制错误观念和行为，最终实现自我成长。

大学生志愿服务中价值观培育是通过志愿服务对大学生进行社会主义核心价值观培育的过程，大学生本人是培育工作实现的主体。因此，大学生通过进行自我学习、自我教育、自我成长等方法进行自我修养的提升，促进大学生思想道德认知与行为的统一，真正实现大学生志愿服务中价值观的培育。

（五）创新大学生志愿服务载体，提升培育效率

大学生志愿服务活动作为培育和践行社会主义核心价值观的有效载体，可以提升对大学生进行社会主义核心价值观培育的实效性。因此，大学生志愿服务中价值观培育必须牢牢把握大学生志愿服务，通过这个载体来培育和践行社会主义核心价值观。面对新形势、新情况、新问题，只有创新大学生志愿服务形式，才能够提高大学生志愿服务中价值观培育的实效性和针对性。

首先，创新"第二课堂"新领域。培育大学生志愿服务中价值观，除了传统的课堂模式外，还应将大学生志愿服务中价值观融入"第二课堂"之中，创新培育形式，形成一种长期的、多种形式并存的培育机制。高校应充分发挥第一课堂和第二课堂的作用，整合各种育人资源，因材施教，开展多形式、多层次的培育活动，让大学生可以从不同的角度去理解什么是爱国主义、什么是友好良善、什么是社会和谐、什么是公平正义、什么是文明价值等内容。第一，以论坛、讲座、沙龙、读书会的方式，搭建起校外专家、校内教师与大学生之间的深层次交流平台。以国内外理论热点及大学生普遍关注的现实问题为主，为师生搭建起深层次交流的平台。第

二，依托政府相关部门、高校培养单位、科研机构、慈善公益部门等多方力量，创新大学生志愿服务实践基地，拓展大学生志愿服务项目，进一步拓展大学生志愿服务中价值观的培育平台。创新志愿服务实践基地，可以帮助在校的大学生真实感受参加工作的状态，使大学生进一步深刻领会大学生志愿服务中价值观的内涵，将价值准则与价值取向更好地内化于心、外化于行。同时，通过与社会各企事业单位开展实践合作、项目合作，特别是参加项目建设等活动，诸如企业扶贫、成果转化等，使大学生能够学以致用，增强他们参加实践活动、投身志愿服务的兴趣。第三，以组织大学生观看电影、参加展览等活动形式，将大学生志愿服务中价值观间接地渗透其中，使大学生在"无意识"的状态下接受大学生志愿服务中价值观。这种寓教于乐的方式能够有效地消除大学生的抵触心理，能够隐性传输志愿服务中价值观的相关知识，让大学生在潜移默化中树立正确的价值观念。

其次，创新网络培育新载体，加强利用新媒体进行大学生志愿服务中价值观培育的力度，拓宽培育渠道。第一，以网络为主的新媒体是大学生志愿服务中价值观培育的重要阵地，良好的网络环境对培育大学生志愿服务中价值观有积极的作用。大学生志愿服务组织者应积极运用以新媒体为代表的网络媒体，将其作为有效的培育载体，发挥新媒体即时、生动、灵活等方面的优势，增强大学生志愿服务中价值观的吸引力与感召力，达到网络培育的目的。第二，在积极运用新媒体的同时，也要控制约束新媒体技术对大学生志愿服务中价值观产生的负面影响。高校要切实完善利用网络开展大学生志愿服务中价值观培育的信息监管机制，对负面的舆论和影响实施有效的监控与合理的引导，保证网络培育的方向性。第三，网络新媒体也是检验培育效果的绝佳手段。高校的相关机构也可以将大学生志愿服务中价值观培育的实际效果通过网络平台进行检验，积极主动地开展类似网络志愿服务演示、知识竞赛等趣味活动，充分调动大学生的积极性，增强他们在网络平台中践行大学生志愿服务中价值观的能力。

再次，走进社区，深度创新基层服务。通过大学生基层志愿服务活动常态化、广泛性的开展，形成基层特色的大学生社区志愿服务体系是培育大学生志愿服务中价值观的新途径。一方面，面向社区基层深入开展大学生志愿服务活动，既符合志愿服务活动的目的，也是当代大学生使命感和责任感的具体体现；另一方面，大学生基层社区志愿服务活动常态化，既符合针对性帮扶工作的要求，也是提升大学生志愿服务效果长效性的必由之路，大学生志愿服务活动进社区，开展深度服务，要加强对大学生社区服务的分类指导，依据每名大学生志愿者的性格特征、专业所长，对社区不同行业、不同人群开展不同的志愿服务。通过这种与时俱进的形式创新，吸纳社会资源，推动大学生志愿服务活动常态化、持久化、时代化，促进大学生志愿服务中价值观的有效培育。

最后，创新国际志愿服务新平台。当今，大学生志愿服务活动国际化趋势越来越明显，使具有中国特色的大学生志愿服务彰显民族性与国际性特色，创新国际志愿服务新平台，拓展大学生志愿服务范围，是提升大学生志愿服务中价值观培育的新思路。一方面，积极开展国际交流与合作，深度挖掘合作内容新领域。比如，将中国"教育扶贫项目""经济扶贫经验"与国际志愿服务高度结合，使传统国际志愿服务彰显新的中国时代特色。另一方面，新时代背景下，大学生志愿服务中价值观培育呈现出新特点、新问题、新方法，我国通过大学生志愿服务培育社会主义核心价值观的新思路，可以与国际公益价值观培育有机结合，为世界贡献中国价值、中国力量、中国智慧。

同时，值得注意的是，大学生志愿服务中价值观培育是一项长期而复杂的过程，它不仅面对大学生志愿者，更多的是面对整个大学生群体，通过大学生志愿服务这个有效载体，并不断创新新载体，对大学生进行社会主义核心价值观的培育，使他们在参与志愿服务过程中深刻理解社会主义核心价值观的丰富内涵，更好地践行社会主义核心价值观。

总之，中国特色社会主义进入了新时代，面对新形势，大学生志愿服务中价值观培育无论在高校培育、政府培育、社会培育、家庭培育还是自我培育上，都需立足新时代、把握新变化、创新新载体，从而实现大学生志愿服务中价值观培育的社会化、时代化，为实现中华民族伟大复兴的中国梦奠定坚实的思想基础。

大学生志愿服务是践行社会主义核心价值观的有效载体和示范平台，在社会主义核心价值观培育过程中嵌入和运用大学生志愿服务这一载体，对于大学生更好地践行社会主义核心价值观具有重要的理论意义和现实意义。本书在正确分析大学生志愿服务与社会主义核心价值观的内在关系的基础上，厘清大学生志愿服务中价值观的具体内容，并明确提出大学生志愿服务中价值观就是社会主义核心价值观在大学生志愿服务领域的具体体现，是与大学生志愿服务紧密结合的爱国价值观、友善价值观、和谐价值观、文明价值观和公正价值观。在此基础上，本书又通过实证调查、家长访谈和高校调研，尽可能多地获取一手资料，以厘清大学生志愿服务中价值观培育的现状，并对现状做出追根溯源的分析。针对问题，以小见大，在借鉴国外相关价值观培育做法的基础上，有的放矢地提出了我国大学生志愿服务中价值观培育的要求、机制和路径，为加强对大学生进行社会主义核心价值观的培育提供了直接的理论参考和现实路径。

参考文献

[1] 袁冬梅. 高校志愿服务管理体制和运行机制研究——以南京交通职业技术学院为例 [D]. 南京理工大学，2023.

[2] 叶文通. 广东省高校志愿服务的现状与发展研究 [D]. 华南理工大学，2016.

[3] 潘艳艳. 高校志愿服务发展研究——以 S 大学为例 [D]. 苏州大学，2023.

[4] 袁冬梅. 高校志愿服务管理体制和运行机制研究——以南京交通职业技术学院为例 [D]. 南京理工大学，2013.

[5] 兰亚明. 当代大学生志愿服务研究 [M]. 南京大学出版社，2010.

[6] 北京志愿者协会. 走近志愿服务 [M]. 中国国际广播出版社，2006.

[7] 李晓鹏. 论大学生志愿者活动的高校德育功能 [M]. 2006.

[8] 党秀云. 志愿服务制度化 [M]. 国家行政学院出版社，2013.

[9] 张萌. 社会教育与高等教育的思考：以大学生志愿服务与英语专业学习为例 [M]. 北京燕山出版社，2011.

[10] 顾志勇. 高校志愿服务：构建弱势群体社会支持网络体系 [J]. 广东青年职业学院学报，2007，21(001)：16-18.

[11] 刘洋，杨春雷. 探索高校志愿服务运行机制培育社会主义核心价值观 [J]. 教育教学论坛，2014(4)：2.

[12] 孙美晖，周成刚. 高校志愿服务组织文化建设研究 [J]. 黑龙江教育：高教研究与评估，2012(10)：2.

[13] 王芳，张乐天. 高校志愿服务活动参与主体状况的调查与思考 [J]. 上海青年管理干部学院学报，2000(3)：4.

[14] 佚名. 高校志愿服务工作现状及创新（发展）探索——以国际关系学院志愿者工作为例 [C]. 全国外语外贸院校学生工作协作会年会．2011.

[15] 胡月. 关于北京高校志愿服务存在的问题及解决对策 [J].[2023-08-15].

[16] 佚名. 关于"高校志愿服务社会化建设"的想法 [J]. 首都高校志愿服务发展研究论坛, 2008.

[17] 冯华. 高校志愿者参与志愿服务的动机及激励机制分析 [J].[2023-08-15].

[18] 牟洪涛. 共享理论视域下高校志愿服务发展路径探索 [C]. 全国学校共青团 2019 年学术年会优秀论文集 .2019.

[19] 赵秋延. 新时代高校志愿服务实践育人作用发挥路径研究——以安徽财经大学国际经济贸易学院为例 [J].2021, 2096-7853.

[20] 张佳. 高校志愿服务育人功能及实施路径的思考 [J]. 现代教育论坛, 2021, 3(12) : 93-94.DOI : 10.12238/mef.v3i12.3252.

[21] 冯旺舟, 戴芸芸. 新时代高校志愿服务融入社区治理的困境与重塑——基于大数据的视角 [J]. 中国青年政治学院学报, 2021, 040(003) : 39-45.

[22] 曹婷婷. 探究高校志愿服务思想政治教育功能的实现途径 [J]. 现代交际, 2018, 489(19) : 136-137.

[23] 宋著立. 高校志愿服务专业化路径探索 [J]. 高校辅导员学刊, 2016, 8(3) : 6.

[24] 张彩虹. 高校大学生志愿者服务现状的调查与思考——以深圳 3 所高校志愿服务为例 [J]. 中国校外教育, 2013.

[25] 李志. 高校志愿服务组织管理的长效机制研究 [D]. 中国地质大学 (北京), 2023.

[26] 邱晓飞, 王文杰, 杨蕾. 构建"社会主义和谐社会"与高校志愿服务的双赢发展 [J]. 中国电力教育, 2009, 2009(014) : 162-163.

[27] 董玉刚. 公民意识培育视角下的高校志愿服务研究 [J]. 长江师范学院学报, 2012, 000(004) : 18-21.

[28] 王锐兰. 高校志愿服务教育的应然、实然与或然 [J]. 江苏高教, 2012(6) : 4.

[29] 张晓红. 高校志愿服务教育课程化路径探索 [J]. 思想教育研究, 2011(5) : 4.

[30] 王亚煦, 张育广. 社会工作视野下高校志愿服务模式转型研究 [J]. 中国成人教育, 2014(17) : 3.